图解汽车发动机原理与构造

瑞佩尔 主编

全国百佳图书出版单位
化学工业出版社
·北京·

内容简介

本书以四冲程活塞发动机为主体，按照发动机的结构（一机体二机构七系统，即机体组；曲柄连杆机构，配气机构；燃油供给系统、进排气系统、点火系统、冷却系统、润滑系统、启动系统、电控系统）及特殊新型动力分类系统的层次，采用“一页一主题”的方式进行编写。书中内容以图为中心，文字辅助说明，图文相映地介绍了发动机各总成机构与系统的内部结构、部件位置、系统组成与功能以及控制原理。由于商用车用发动机主要是大型柴油发动机，与乘用车用发动机存在较大区别，所以用部分篇幅介绍了商用车用发动机的构造原理。

为了便于了解发动机内部运行机制以及控制流程，本书在各节点配备了若干视频，通过这些视频可以动态地演示发动机的组成部件以及工作原理。通过这种“图、文、影”的三维解说方式，相信可以让读者朋友们更快地了解和学习汽车发动机的构造与原理。

本书不仅可以供各汽车院校的相关专业作为教辅资料使用，也可供广大汽车领域从业人员作为了解、学习汽车发动机结构原理的专业书籍使用。

图书在版编目（CIP）数据

图解汽车发动机原理与构造/瑞佩尔主编. —北京：化学工业出版社，2021.10
ISBN 978-7-122-39755-3

Ⅰ.①图… Ⅱ.①瑞… Ⅲ.①汽车-发动机-构造-图解②汽车-发动机-车辆修理-图解 Ⅳ.①U472.43-64

中国版本图书馆CIP数据核字（2021）第164736号

责任编辑：周 红　　文字编辑：陈小滔 张 宇
责任校对：杜杏然　　装帧设计：尹琳琳

出版发行：化学工业出版社（北京市东城区青年湖南街13号 邮政编码100011）
印　　装：北京缤索印刷有限公司
787mm×1092mm 1/16 印张10 字数275千字 2022年3月北京第1版第1次印刷

购书咨询：010-64518888　　售后服务：010-64518899
网　　址：http://www.cip.com.cn
凡购买本书，如有缺损质量问题，本社销售中心负责调换。

定　　价：99.00元

前言

发动机、变速器、底盘合称为传统燃油汽车的“三大件”。

历经百多年的发展，汽车发动机一直沿着汽油发动机与柴油发动机两大工流行进。

车用发动机有多种分类形式，上面说的汽油机、柴油机就是按燃料的类型来分类的。内燃机（车用发动机的另一称呼）除了可以烧汽油、柴油，也可以使用其他清洁能源，如多用在卡车上的燃气发动机就可以使用 CNG（压缩天然气）、LPG（液化石油气）、LNG（液化天然气）等燃料。按照缸体与活塞分布形式，车用发动机又可分为直列发动机、V 型发动机、W 型发动机及水平对置发动机（使用这个发动机的品牌车型极少，多用在德国保时捷与日本斯巴鲁生产的汽车上）。根据是否配备涡轮增压器，发动机还有自然吸气发动机（简称自吸）与涡轮增压发动机（简称增压）的区别。随着一些新技术的应用，会听到不少带新前缀的发动机称呼，如直喷发动机（燃油直接喷射在气缸内，以前的多为进气歧管喷射），可变正时与气门升程发动机，阿特金森循环发动机，可闭缸工作发动机，等等。

除了马自达跑车上曾用过的转子发动机较为异类外，其他汽车上使用的发动机都是活塞发动机。活塞发动机也叫往复式发动机，是一种利用一个或者多个活塞将压力转换成旋转动能的发动机（带一个活塞的发动机叫单缸发动机，两个叫双缸，三个以上按数字叫。汽车上至少是三缸发动机）。活塞发动机是热机的一种，靠汽油、柴油、天然气等燃料提供动力。活塞式发动机主要由气缸、活塞、连杆、曲轴、气门机构、进排气系统、燃料供给系统、点火系统（汽油机及燃气发动机独有）、冷却系统、润滑系统及启动系统等组成。活塞发动机大多是四冲程发动机，即每个气缸完成一个工作循环，活塞在气缸内要经过四个冲程，依次是进气、压缩、做功和排气。

那么，汽车发动机分类如此之多，内部构造又是这么复杂，具体到每个类型和总成系统，它的结构形式如何？又是怎样工作的呢？为了解决这些问题，我们编写了此书。

本书以四冲程活塞发动机为主体，按照发动机的结构（一机体两机构七系统，即机体组；曲柄连杆机构、配气机构；燃油供给系统、进排气系统、点火系统、冷却系统、润滑系统、启动系统、电控系统）及特殊新型动力分类系统的层次，采用“一页一主

题”的方式进行编写。该书以图为中心，文字辅助说明，图文相映地介绍了发动机各总成机构与系统的内部结构、部件位置、系统组成与功能以及控制原理。由于商用车用发动机主要是大型柴油发动机，与乘用车用发动机存在较大区别，所以用部分篇幅介绍了商用车用发动机的构造原理。

本书在编写中以搭载于奔驰、宝马、奥迪、大众、保时捷、丰田、本田、马自达等汽车上的发动机总成为参照，借用三维透视图解、部件分解、图文对照的方式，简洁明了地讲述了各类汽车发动机的结构及原理。

为了便于了解发动机内部运行机制以及控制流程，本书在各节点配备了若干视频，通过这些视频可以动态地演示发动机的组成部件以及工作原理。通过这种“图、文、影”的三维解说方式，相信可以让读者朋友们更快地了解和学习汽车发动机的构造与原理。

本书由瑞佩尔主编，此外参加编写的人员还有朱如盛、周金洪、刘滨、陈棋、孙丽佳、周方、彭斌、王坤、章军旗、满亚林、彭启凤、李丽娟、徐银泉。在编写过程中，参考了大量国内外相关文献和品牌官方信息资料，在此，谨向这些资料信息的原创者们表示由衷的感谢！

限于水平及成书仓促，书中疏漏之处在所难免，还请广大读者朋友及业内专家多多指正。

编者

目录 CONTENTS

发动机类型

汽油发动机（大众 TSI）

柴油发动机（大众 SDI）

油电混动发动机（本田锐混动）

燃气发动机（沃尔沃商用）

根据动力来源不同，汽车发动机可分为汽油发动机、柴油发动机（如大众的 SDI 柴油发动机）、燃气（CNG\LNG\LPG）发动机（多用于商用车）、油电混动发动机、纯电力驱动等类型（见上图）。按进气系统的工作方式可分为自然吸气、涡轮增压（如大众的 TSI 汽油增压发动机、TDI 柴油增压发动机）、机械增压和双增压四个类型。按活塞运动方式可分为往复活塞式发动机和旋转活塞式（转子）发动机两种。按气缸排列型式分为 L 型直列发动机、V 型发动机、VR 型发动机、W 型发动机和水平对置发动机（斯巴鲁与保时捷汽车用得多）等（见下图）。按气缸数目不同可以分为单缸发动机和多缸发动机。现代汽车多采用 3 缸、4 缸、5 缸、6 缸发动机。按冷却方式不同可以分为水冷发动机和风冷发动机。水冷发动机冷却均匀，工作可靠，冷却效果好，被广泛应用于现代车用发动机。按冲程数可分为四冲程和二冲程发动机，汽车发动机广泛使用四冲程发动机。按燃油供应方式可分为电喷发动机、缸内直喷发动机（如大众 FSI 发动机）。

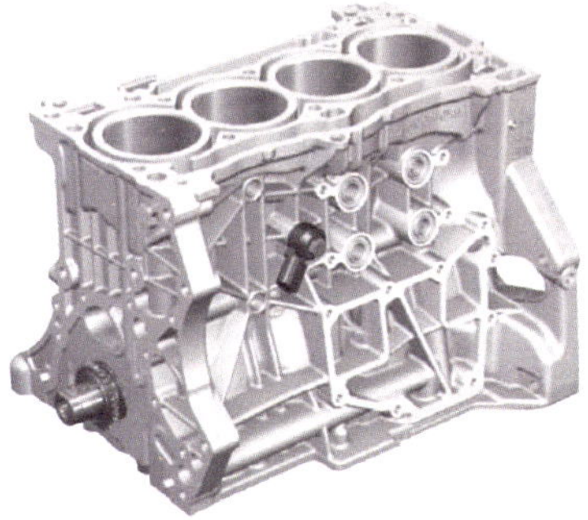

直列（L 型）发动机（4 缸发动机）

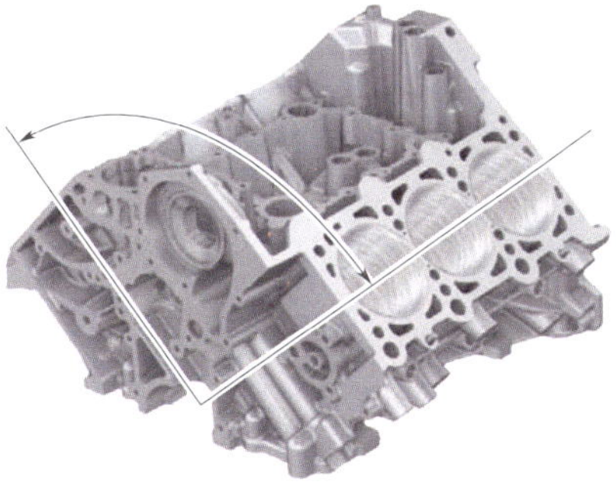

V 型发动机（6 缸发动机）

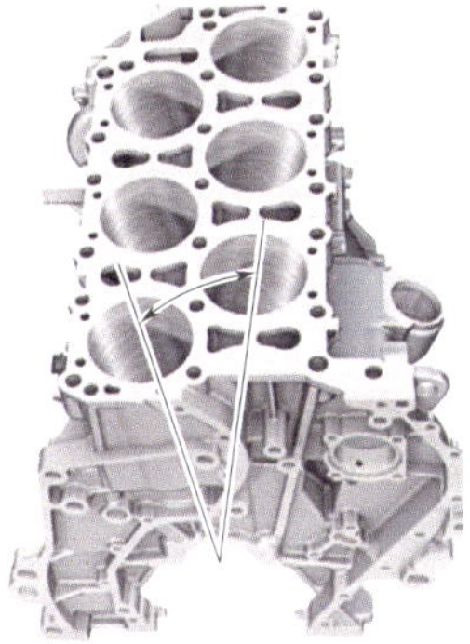

VR 型发动机（6 缸发动机）

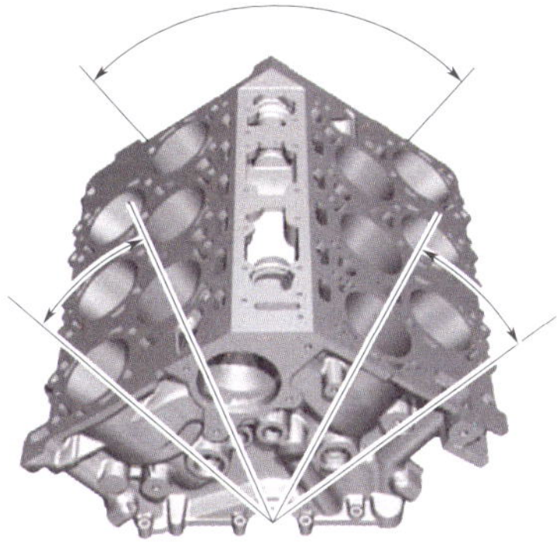

W 型发动机（12 缸发动机）

发动机专业术语

压缩比

压缩比指的是排量和压缩室容积之和与压缩室容积之比。

燃烧室

燃烧室的边界由气缸盖、活塞和气缸壁构成。燃烧室的容积根据活塞位置不断变化。活塞到达上止点位置时，燃烧室即压缩室。活塞到达下止点位置时，燃烧室由压缩室和排量构成。

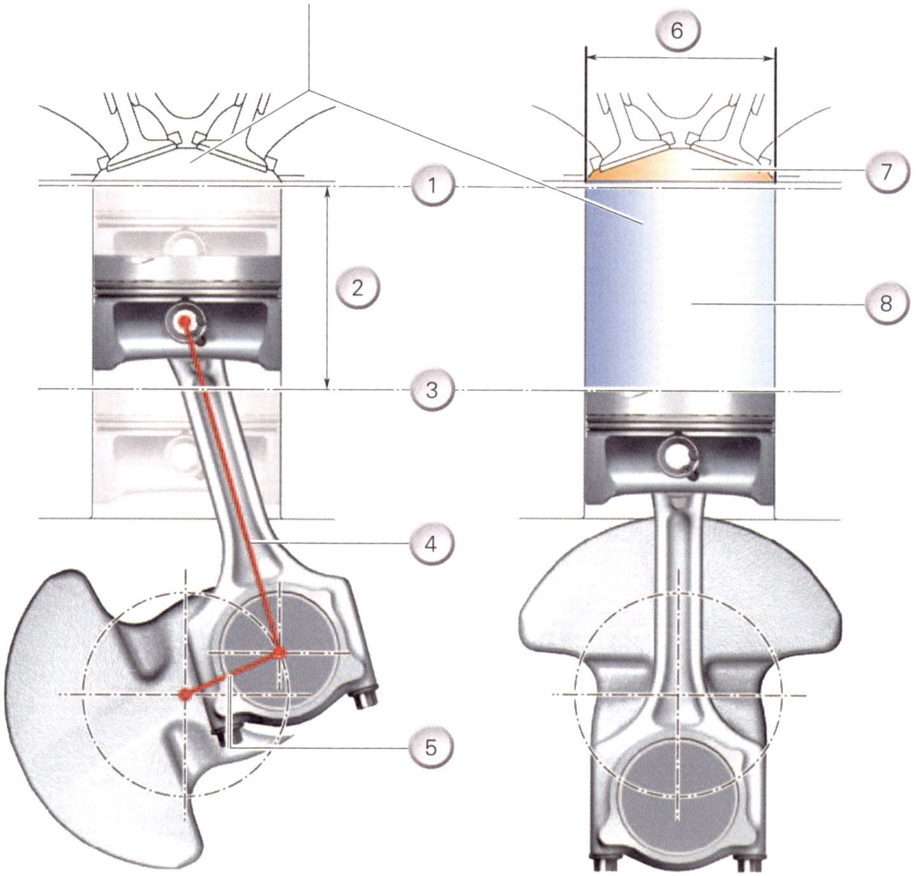

1—上止点（TDC）

止点指的是活塞移动的终点，活塞在止点处改变移动方向。到达上止点时，活塞紧靠在气门旁边。此时的燃烧室容积最小。

2—行程

行程指的是活塞在气缸内上、下止点间移动的距离。行程长短由曲轴决定，相当于曲轴半径的2倍。

3—下止点（BDC）

到达下止点时，活塞紧靠在曲轴旁边。此时的燃烧室容积最大。

4—连杆长度

连杆/曲轴比指的是连杆长度（两个连杆头中点之间的距离）与曲轴半径（主轴承轴颈轴线与曲柄轴颈轴线之间的距离）之比。

5—曲轴半径

6—缸径

缸径是指一个气缸的直径。行程/缸径比指的是行程与缸径之比。根据发动机类型分为长行程发动机和短行程发动机。长行程发动机的行程大于气缸内径，短行程发动机的行程小于气缸内径。缸径与行程相等的发动机属于短行程发动机。

7—压缩室

压缩室指的是活塞到达上止点位置时活塞以上的空间。此时燃烧室的容积最小。

8—排量

一个气缸的排量指的是活塞在一个行程过程中经过的空间。或者称作活塞上止点与下止点位置之间的气缸空间。在发动机的技术数据中，排量通常指的是发动机的总排量。总排量即所有气缸的单个排量之和。

发动机基本参数

曲轴转角

曲轴位置用相对于两个基准点的角度值[°]表示，在此也称为曲轴转角。两个基准点是活塞上止点和下止点。曲轴转角用 TDC 或 BDC 前后多少度来表示，即活塞到达止点前/后的曲轴角度。每进行一个冲程，曲轴旋转 180° ，活塞由一个止点移动到另一个止点。因此四冲程发动机完成一整个循环时曲轴旋转 720° ，即转动两圈。

点火TDC

在整个四冲程过程中，曲轴完整旋转两圈，因此各经过上止点和下止点两次。但是由于两次经过上止点时的情况不同，因此需要另外一个在循环过程中仅出现一次的基准点，即所谓的点火 TDC，它是开始燃烧时的上止点。

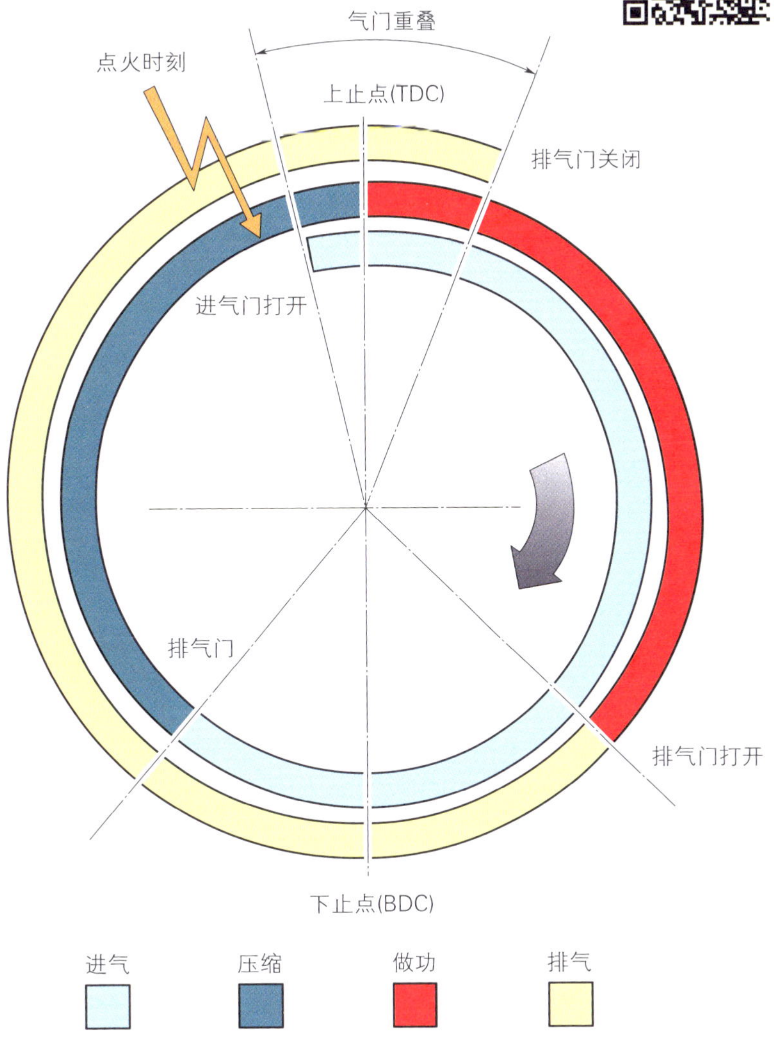

正时时间

吸入新鲜空气与汽油的混合气和排出废气称为换气。通过进气门和排气门控制换气。气门的开启和关闭时刻也取决于曲轴转角。这些时刻又称为正时时间，因为通过它们决定发动机的换气控制。

汽油发动机正时时间的参照值：进气气门打开为 TDC 前 10° ～15° ，关闭为 BDC 后 40° ～60° ；排气气门打开为 BDC 前 45° ～60° ，关闭为 TDC 后 5° ～20° 。活塞即将开始向下移动前，进气门打开；活塞重新开始向上移动后，进气门关闭。排气门的运行方式相似。活塞开始向上移动前，排气门打开；活塞重新开始向下移动后，排气门关闭。

正时影响

正时时间的质量即与发动机准确同步，准确保持正时时间对以下方面有重要影响：最大功率、最大扭矩、排气质量、耗油量、运行特性。

发动机性能参数

发动机转速

发动机转速指的是曲轴每分钟的转动圈数。每个发动机都有多个不同的重要转速：

启动转速是发动机启动时所需的最低转速；达到怠速转速时，已启动的发动机可自动继续运行；处于额定转速时，发动机达到最大功率；最高转速是避免造成发动机机械损伤的最大允许转速。

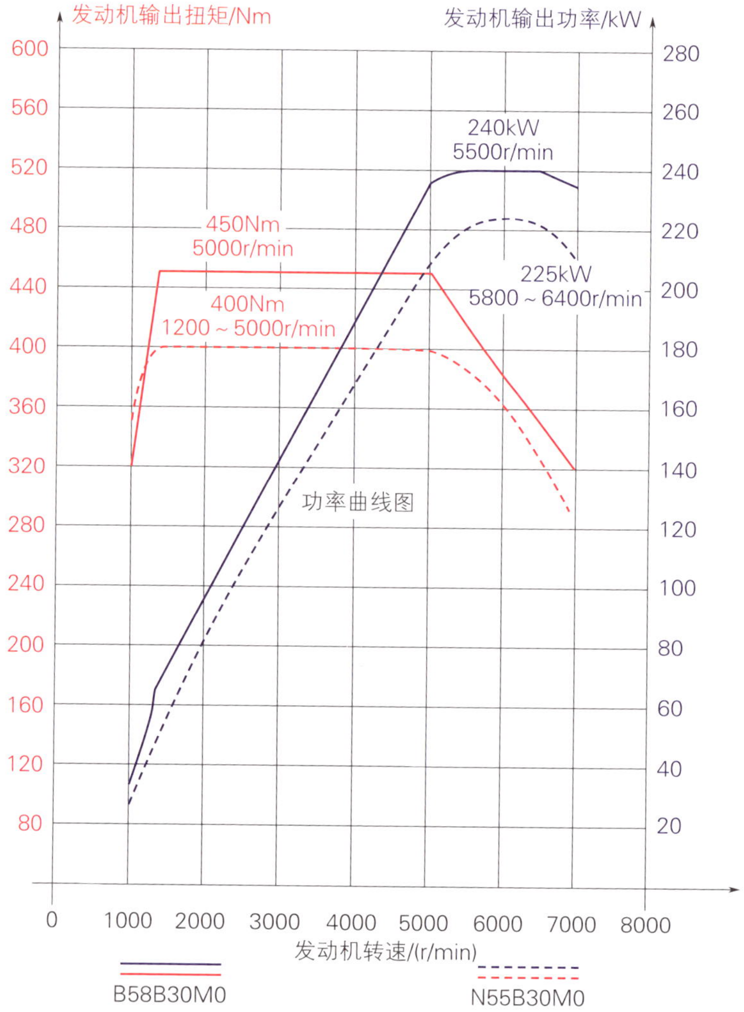

发动机输出功率

每款发动机都具有功率曲线图。发动机的输出功率同转速关系很大，随着转速的增加，发动机的功率也相应提高，但是到了一定的转速以后，功率反而呈下降趋势。一般在汽车使用说明中最高输出功率用转速来表示（r/min），如100ps/5000r/min，即在每分钟5000转时最高输出功率100马力。同时，发动机最大功率时对应的转速，基本上就是发动机的最佳转速。最大功率一般用马力（ps）或千瓦（kW）来表示，1马力等于0.735千瓦。

发动机输出扭矩

发动机的扭矩就是指发动机从曲轴端输出的力矩。这个扭矩在经过变速箱等传动机构传递到驱动轮后的数值已经不是发动机的输出扭矩了。但是这个扭矩才是最终驱动汽车前进的“动力”。这个“动力”的大小，还是取决于它的“源泉”——发动机输出扭矩。

最大扭矩一般出现在发动机的中、低转速的范围，随着转速的提高，扭矩反而会下降。对于家用轿车而言，发动机输出扭矩越大加速性越好；对于越野车，扭矩越大其爬坡度越大；对于货车而言，扭矩越大车拉的质量越大。在排量相同的情况下，扭矩越大说明发动机越好。

空燃比（λ）

发动机工作时，燃料必须和吸进的空气成适当的比例，才能形成可以燃烧的混合气，这就是空燃比。从理论上说，每克燃料完全燃烧所需的最少的空气质量，叫做理论空燃比。各种燃料的理论空燃比是不相同的：汽油为14.7，柴油为14.3。空燃比大于理论值的混合气叫做稀混合气，气多油少，燃烧完全，油耗低，污染小，但功率较小。空燃比小于理论值的混合气叫做浓混合气，气少油多，功率较大，但燃烧不完全，油耗高，污染大。

发动机编号规则

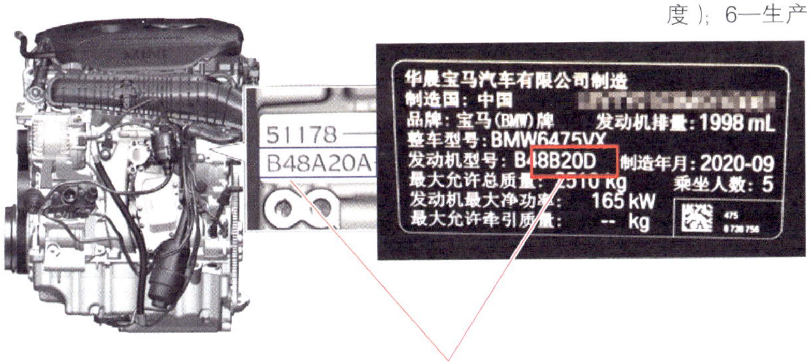

宝马发动机编号规则

序号	含义	示例说明
1	发动机开发商	M,N=BMW 集团；P=BMW Motorsport；S=BMW M GmbH；B= 组合部件；W= 外购发动机
2	发动机类型	1=R4（例如 N12）；2=R4（例如 N20）；3=R3（例如 B38）；4=R4（例如 N43）；5=R6（例如 N53）；6=V8（例如 N63）；7=V12（例如 N73）；8=V10（例如 S85）
3	标准型发动机方案更改	0= 标准型发动机； 1 ~ 9= 更改，例如燃烧方式
4	工作方式或燃油和安装位置	B= 纵向安装汽油发动机；D= 纵向安装柴油发动机；A= 横向安装汽油发动机；C= 横向安装柴油发动机；H= 氢动力
5，6	排量（升）	如 20 表示 2.0L
7	型式认证事宜	A= 标准；B ~ Z= 根据需要，例如 RON87

奔驰发动机编号规则

序号	含义	示例说明
1 ~ 3	发动机类型	1/2XX——轿车用汽油机；3/4/5/9XX——商用车用柴油机；6XX——轿车用柴油机
4 ~ 6	类型编号	
前缀	燃油类型	M= 汽油发动机；OM= 柴油发动机

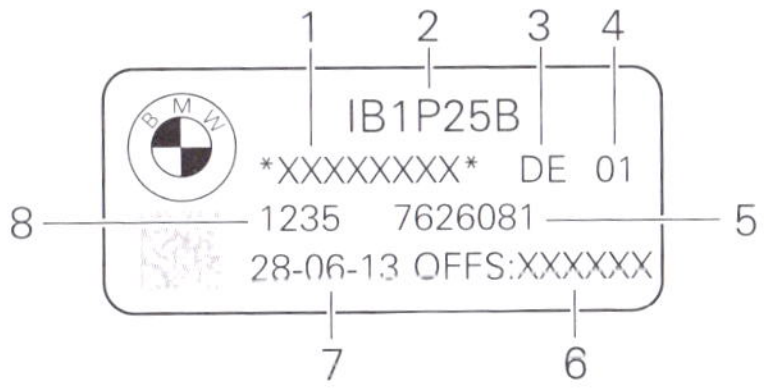

1—按照 GS 90023 的名称；2—制造国家；3—更改索引；4—零件编号；5—转子位置传感器偏置值（角度）；6—生产日期；7—结构分组；8—序列号

序号	含义	索引	说明
1	电机开发商	G I J	变速箱内/上的电机 BMW 电机 外购电机
2	电机类型（挡板套件外径）	A B C D E	< 200mm > 200mm < 250mm > 250mm < 300mm > 300mm 外部转子直径较小
3	标准型电机方案更改	0 或 1 2 至 9	标准型电机 更改，例如面板切割变化（偶数用于摩托车，奇数用于轿车）
4	电机类型（电机工作方式）	N U O P R S T	异步电机 直流电机 轴流电机 永磁激励式同步电机 开关磁阻电机 电流激励式同步电机 横流电机
5+6	扭矩	0 至	例如 25=250Nm
7	型式认证事宜（要求进行新型式认证的更改）	A B 至 Z	标准 根据需要，例如长度和绕组调整

汽油发动机原理（四冲程）

1—进气冲程

进气冲程开始时，活塞处于上止点位置，这时排气门关闭，进气门打开。活塞这时朝向曲轴方向运动。在活塞向下运动过程中，燃油/空气混合气或者空气就通过进气门被吸入到气缸内了。当活塞运动到下止点时，进气门就关闭了，进气冲程也就结束了。

2—压缩冲程

活塞朝上止点方向运动。这个运动所需要的机械功由旋转着的惯性质量所储存的动能来提供（在多气缸发动机上是由其他气缸中的某个气缸的做功冲程来提供）。这时气缸内的空气或者燃油/空气混合气就会被压缩到只有原来体积的很小一部分了，经压缩可使得燃油/空气混合气的温度升至约450℃。

3—做功冲程

在活塞达到上止点后，会通过外部点火来让燃油/空气混合气继续燃烧，混合气燃烧的温度在2200～2500℃，燃烧室压力最高可达120bar。活塞这时是向下止点运动的，燃烧的燃油/空气混合气会将机械功作用到活塞上且同时会变冷。当活塞即将到达下止点时，剩余压力约为4bar（1bar=0.1MPa），这时排气门开始打开。

4—排气冲程

活塞又开始远离下止点了，活塞向上运动就将废气推出了气缸。在排气冲程结束时，会出现所谓气门重叠现象：在活塞还没到达上止点且排气门还没彻底关闭时，进气门就已经打开了。活塞到达上止点，排气门才关闭。

柴油发动机原理（四冲程）

1—进气冲程

进气冲程开始时，活塞处于上止点位置，这时排气门关闭，进气门打开。活塞这时朝向曲轴方向运动。在活塞向下运动过程中，空气就通过进气门被吸入到气缸内了。当活塞运动到下止点时，进气门就关闭了，进气冲程也就结束了。

2—压缩冲程

活塞朝上止点方向运动。这个运动所需要的机械功由旋转着的惯性质量所储存的动能来提供（在多气缸发动机上是由其他气缸中的某个气缸的做功冲程来提供）。这时气缸内的空气或者燃油/空气混合气就会被压缩到只有原来体积的很小一部分了，经压缩可使得空气的温度升至约650℃。

3—做功冲程

在活塞达到上止点后，此时缸内温度远远高于柴油的自燃点。混合气燃烧的温度在1800～2500℃，燃烧室压力最高可达160bar。活塞这时是向下止点运动的，燃烧的燃油/空气混合气会将机械功作用到活塞上且同时会变冷。当活塞即将到达下止点时，剩余压力约为3bar。这时排气门开始打开。

4—排气冲程

活塞又开始远离下止点了，活塞向上运动就将废气推出了气缸。在排气冲程结束时，会出现所谓气门重叠现象：在活塞还没到达上止点且排气门还没彻底关闭时，进气门就已经打开了。活塞到达上止点，排气门才关闭。

发动机部件概览

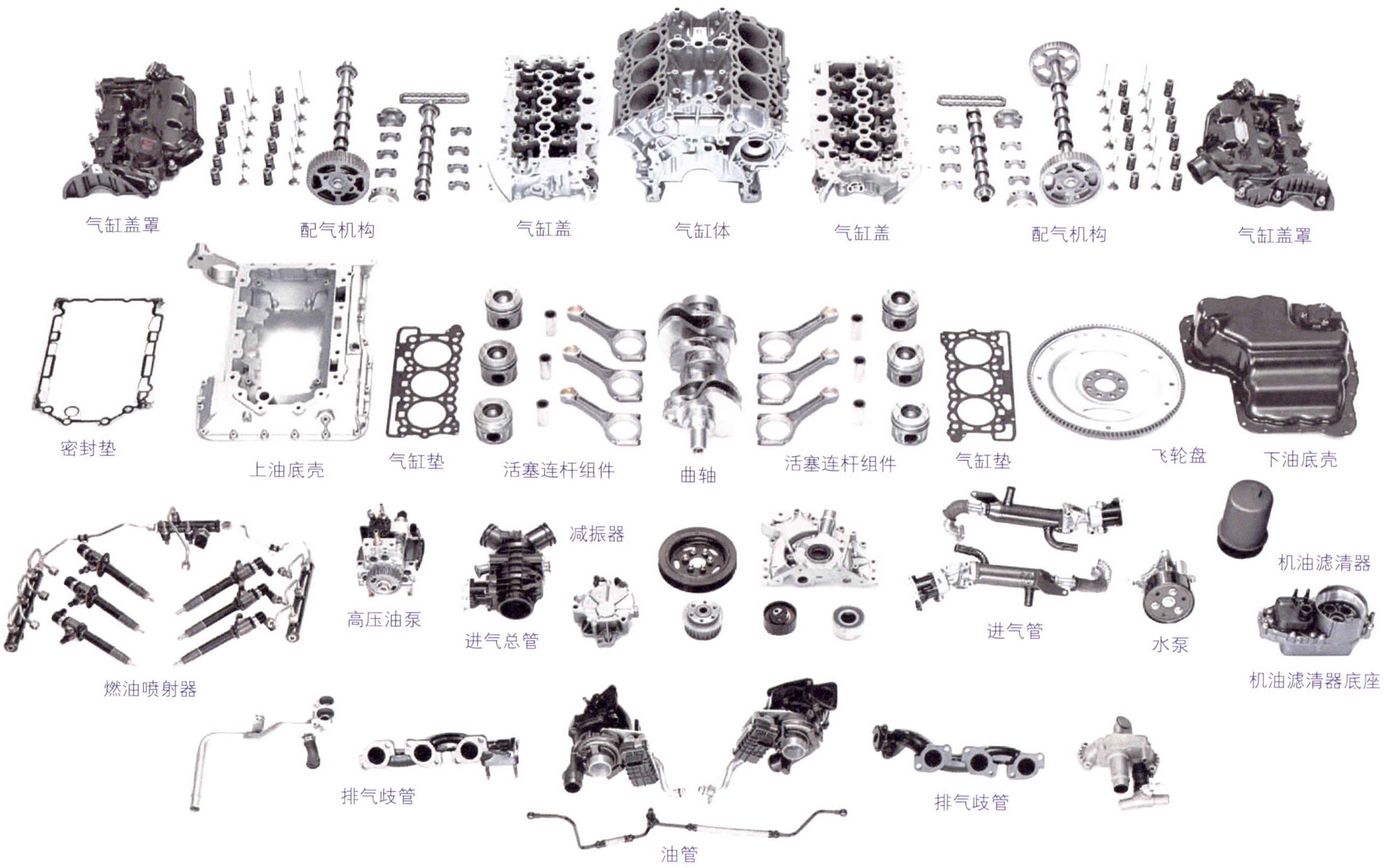
气缸盖罩
配气机构
气缸盖
气缸体
气缸盖
配气机构
气缸盖罩
密封垫
上油底壳
气缸垫
活塞连杆组件
曲轴
活塞连杆组件
气缸垫
飞轮盘
下油底壳
减振器
机油滤清器
高压油泵
进气总管
进气管
水泵
机油滤清器底座
燃油喷射器
排气歧管
排气歧管
油管

机体组—概览

现代汽车发动机机体组主要由气缸体、气缸盖、气缸盖罩、气缸衬垫、主轴承盖以及油底壳等组成。机体组是发动机的支架，是曲柄连杆机构、配气机构和发动机各系统主要零部件的装配基体。气缸盖用来封闭气缸顶部，并与活塞顶和气缸壁一起形成燃烧室。另外，气缸盖和机体内的水套和油道以及油底壳又分别是冷却系统和润滑系统的组成部分。

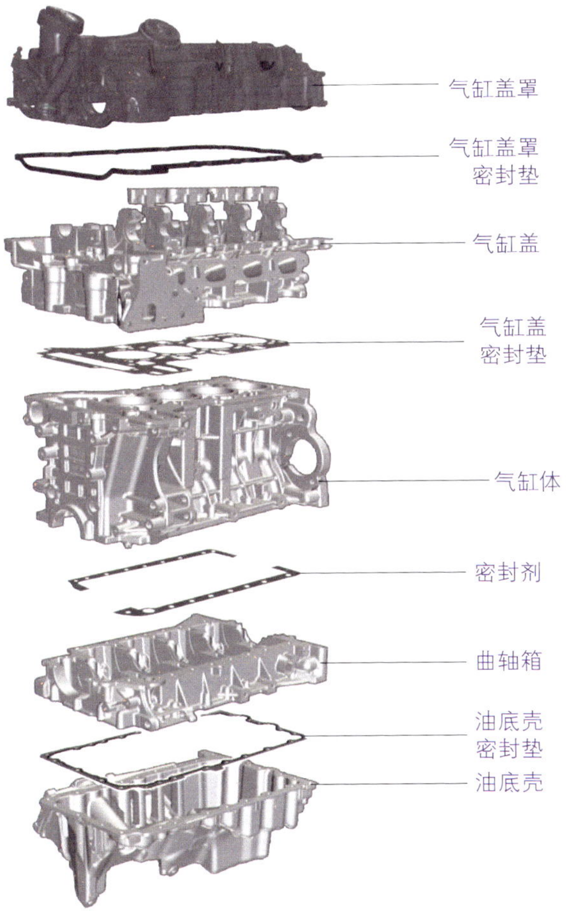

直列发动机机体组

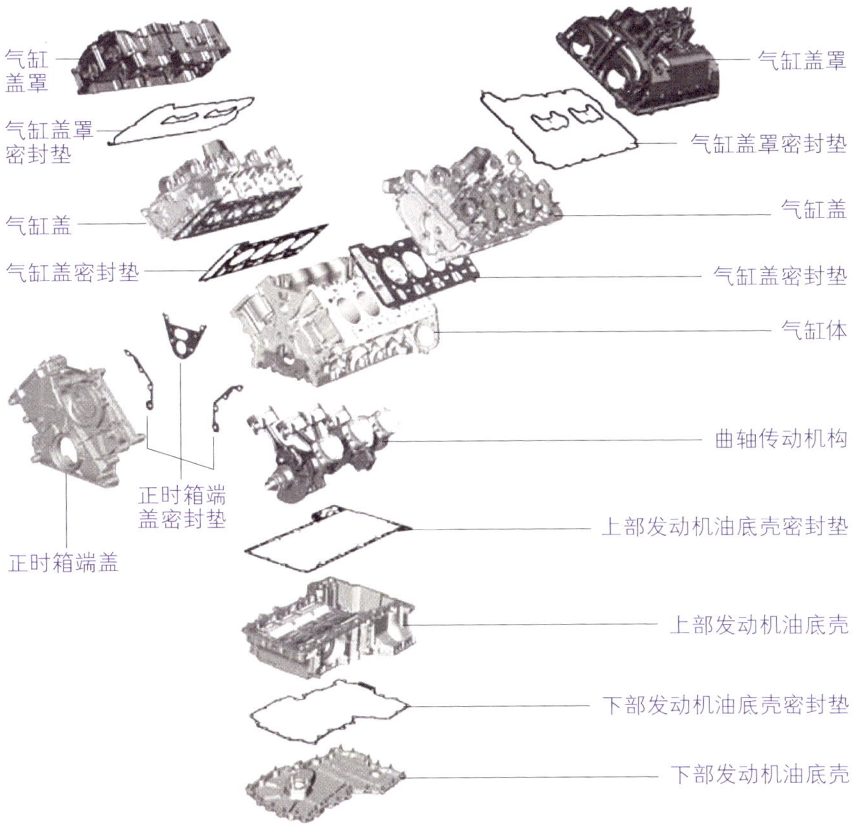

V 型发动机机体组

机体组—气缸体

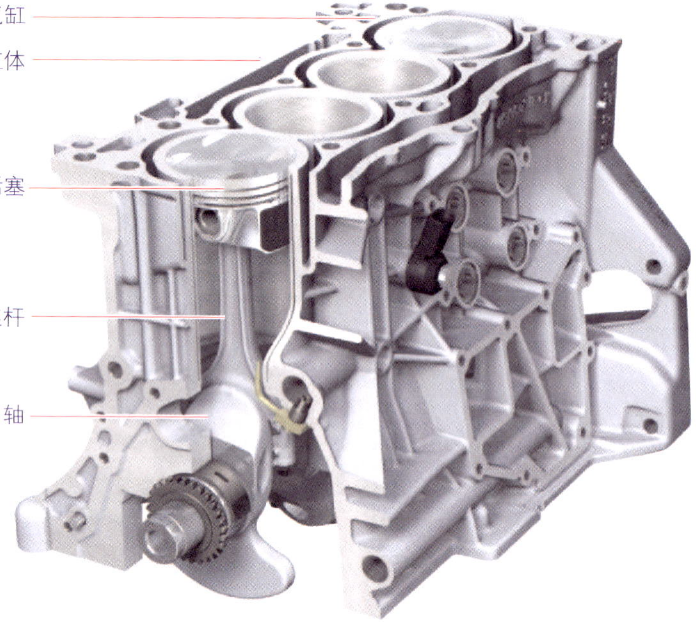

气缸体集成系统与类型

缸体内有气缸，活塞就在气缸内上、下往复运动。活塞是通过连杆与曲轴连接的。缸体内还有好多润滑和冷却系统通道。发动机就是根据缸体来区分的，根据缸体上的气缸数目和布置情况，可分为直列发动机、V 型发动机、VR 发动机和 W 型发动机；根据缸体上部结构的不同还可分为开顶式结构和闭顶式结构。开顶式结构指：围绕气缸的区域是朝上敞开的，缸体内的冷却液可以一直作用到热负荷很大的气缸上部区域，将产生的热量通过气缸的整个高度来散掉。闭顶式结构指：围绕气缸的区域基本上是封闭的，缸体的上平面只有特定的开口，以便将气缸周围的冷却液送往缸盖内。

气缸体功能

缸体是发动机的核心部件，它真正反映出了动力总成的结构形式。其功能主要有：吸收作用到曲轴轴承上和缸盖螺栓上的气体压力和惯性力；支承动力组件，如活塞、连杆、曲轴、飞轮；容纳气缸；放置曲轴；容纳输送工作液的通道；集成曲轴箱通风系统；连接变速器和气门正时驱动装置；支承和引导动力传递件，如链条；连接和支承附加装置；将曲轴箱与外部隔离（密封住）。

直列 5 缸发动机缸体

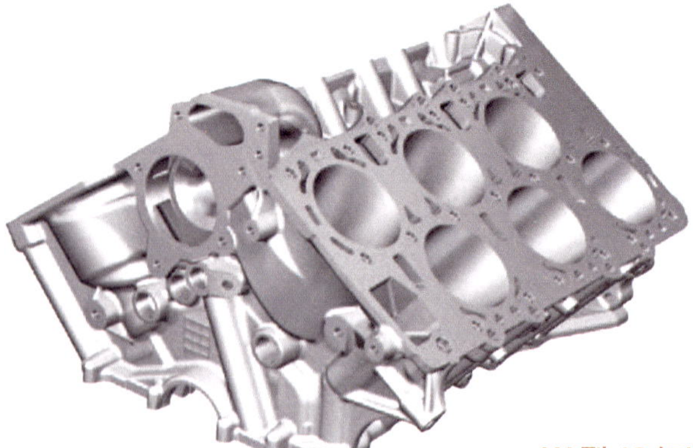

W 型 12 缸发动机缸体

机体组—气缸套

取代气缸套的特殊材质

为了减小质量，现在可使用铝合金制造缸体了。由于活塞也是同一材质，铝材对铝材时的摩擦系数是非常大的。为了改善这个滑动特性并将气缸的磨损减至最小，工作面材质需要进行相应的处理。有两种方式可使气缸工作表面硬度尽可能高、摩擦尽可能小：第一个方法就是使用等离子涂层来处理气缸工作表面；另一种就是采用所谓的 Alusil 工艺。这两种方法都是直接作用于缸体上的气缸工作表面，这两种方式生产的发动机就不必再用气缸套了。

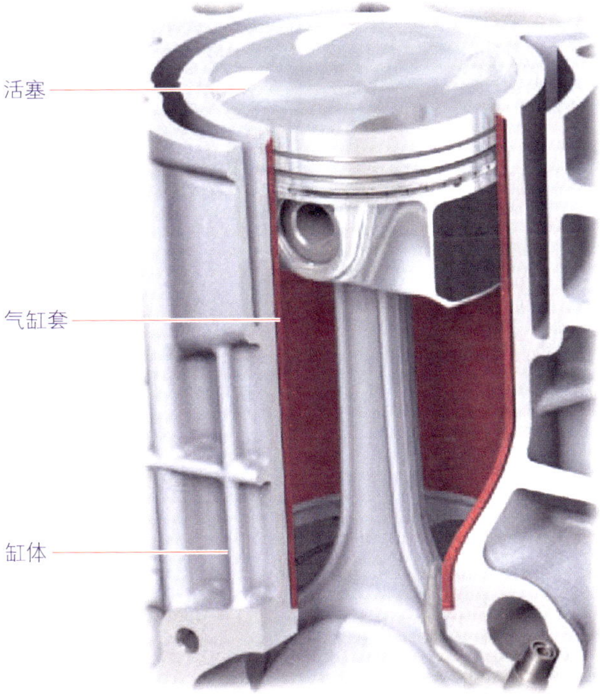

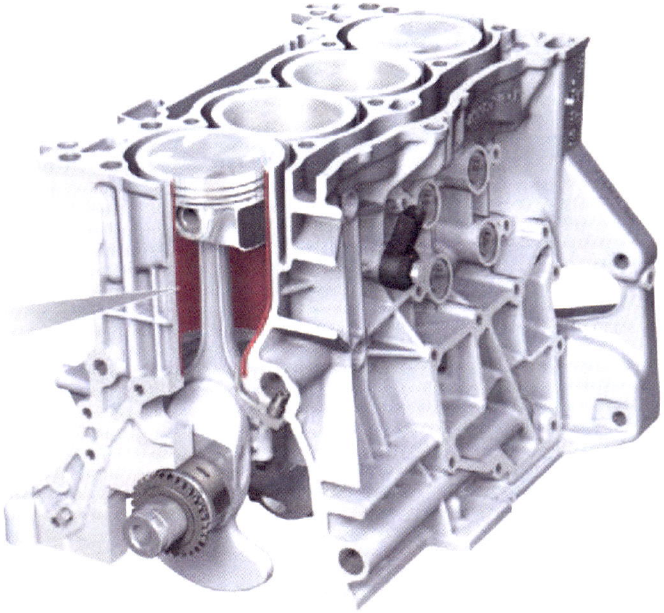

气缸套

为了降低活塞和气缸的磨损，活塞工作时并不是与缸体直接接触的，而是整体铸造出或者安装有薄壁式衬套，活塞是在这个衬套内上、下往复运动的。这种衬套就被称为气缸套。气缸套的一个积极的辅助作用，就是提高了缸体的稳定性。

机体组—气缸盖（汽油发动机）

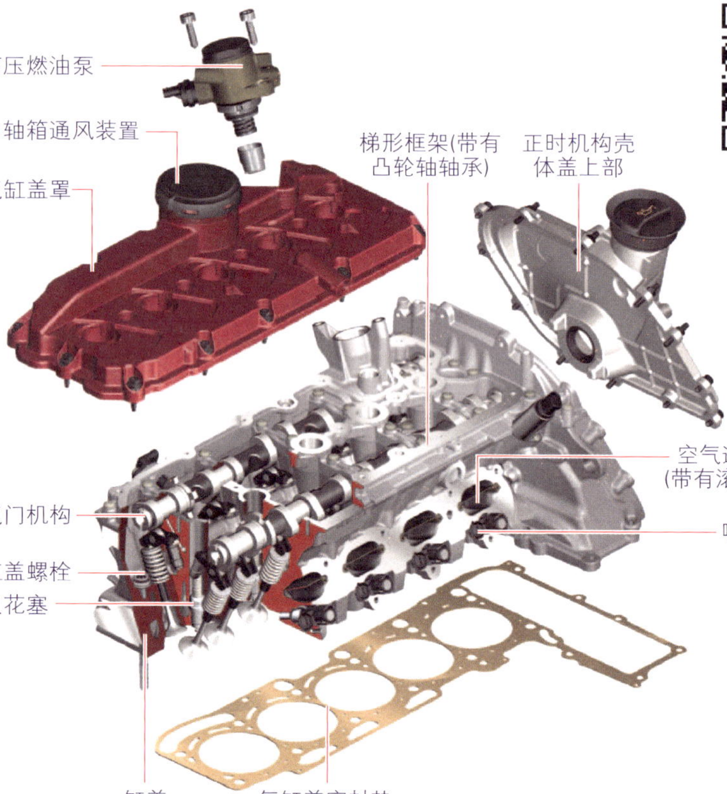

缸盖结构

缸盖构成了燃烧室的上部。V 型发动机中，每个气缸列各有一个缸盖。缸盖通过多个气缸盖螺栓与缸体刚性连接到一起。气缸盖密封垫负责燃烧室的可靠密封。冷却液通道和机油通道也与燃烧室隔开了。用螺栓拧紧的气缸盖罩封闭了缸盖上面。

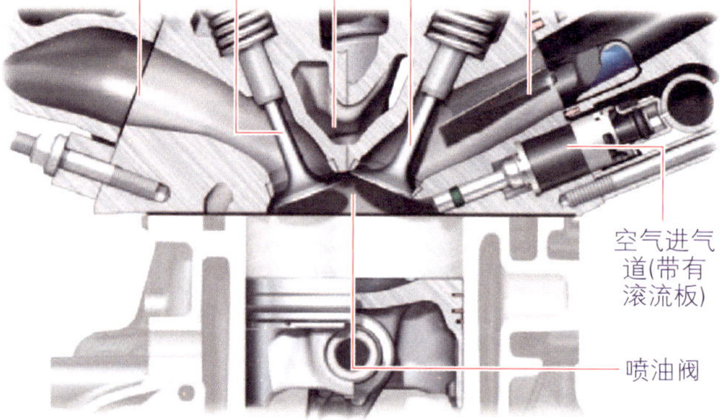

缸盖集成区域

发动机气缸的上面靠缸盖来封闭，从而构成了燃烧室的一部分。在这个区域有换气用的气门以及喷油阀或者火花塞。缸盖内有各种通道，用于给气缸输送工作介质，如：冷却液通道、进气和排气通道、机油通道。

缸盖上的系统

根据发动机情况，缸盖上还有其他的发动机子系统，比如：燃油供给系统、发动机正时机构和凸轮轴调节机构、点火系统、空气供给和增压系统、冷却系统、曲轴箱通风系统、机油供给系统。

缸盖类型

气缸盖可按下述特点分类：自然吸气式发动机或喷射式发动机，四冲程发动机（有 2、4 或 5 气门），汽油发动机（带有火花塞和喷油阀），柴油发动机（带有预热塞和喷油阀），下置凸轮轴和顶置凸轮轴，单凸轮轴或双凸轮轴（进气凸轮轴和排气凸轮轴分开），横流式气缸盖。

机体组—气缸盖（柴油发动机）

缸盖通气道

如果铜制喷油阀密封圈附近漏气，燃烧室的燃烧压力可以通过一个通道泄出。这个通气道布置在缸盖内的排气歧管上方，这样可以防止燃烧室内的过压经曲轴箱通风装置进入到废气涡轮增压器的压气机一侧，以免出现功能故障或者损坏密封圈。

缸盖特点

与汽油发动机缸盖相比，柴油发动机缸盖有几个特点，比如所有柴油机缸盖上都有预热塞。在配备了共轨喷射系统的柴油机上，喷油阀是通过带螺栓的卡箍来固定到缸盖上的。另外，有些柴油机上有机械驱动的真空泵，该泵用于保证其他子系统的真空供给。

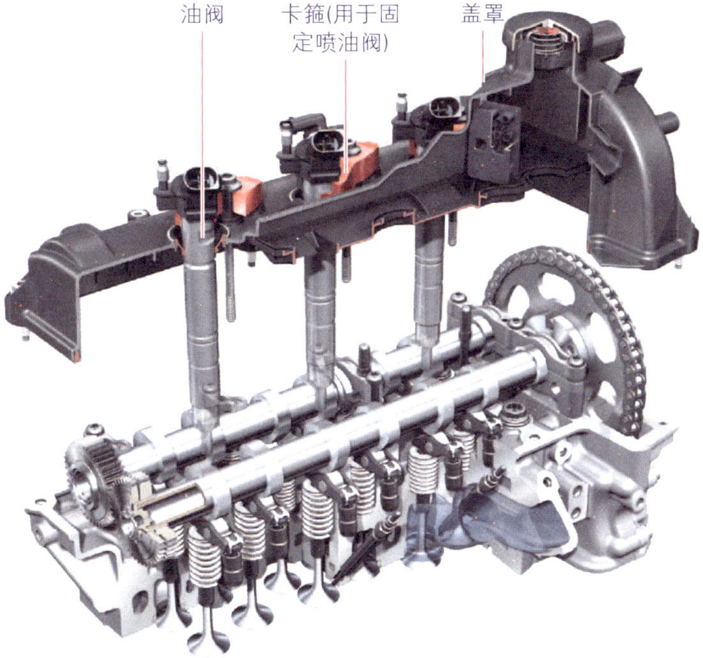

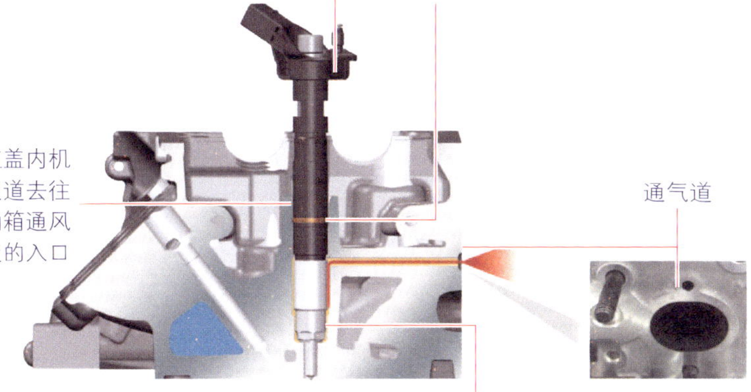

机体组—油底壳

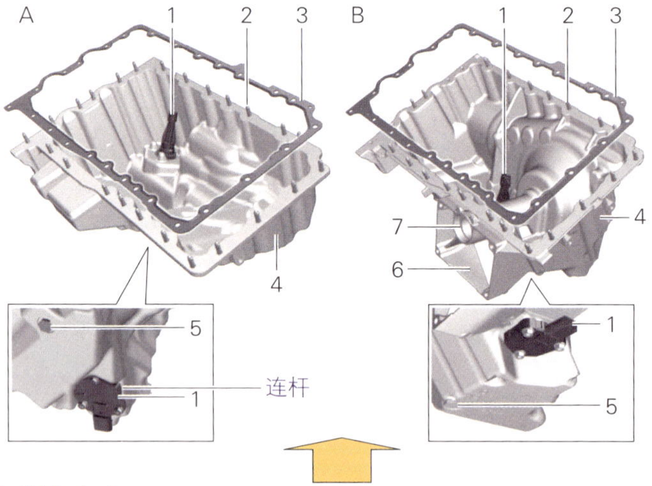

油底壳是发动机壳体的下部封闭结构。与老款发动机的油底壳不同，在当前发动机中油底壳不是由钢板制成，而是由铝合金制成，根据发动机和动力传动系型号，可能是单件式或双件式。

油底壳具有以下功能：

- 发动机机油收集容器；
- 加固发动机和变速箱；
- 固定传感器、机油尺导管、机油滤清器壳体和放油螺塞；
- 吸音；
- 固定不同安装件（例如前桥主减速器）。

单件式油底壳

A—后轮驱动车辆油底壳；B—四轮驱动车辆油底壳；1—机油油位传感器；2—固定螺栓；3—油底壳密封垫；4—油底壳；5—放油螺塞；6—圆锥齿轮传动装置法兰；7—前桥半轴直通传动通道

双件式油底壳

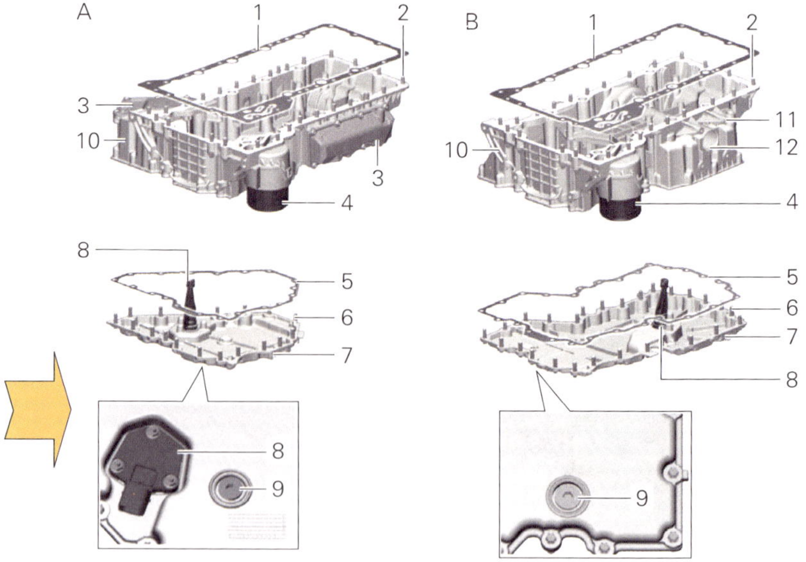

A—后轮驱动车辆油底壳；B—四轮驱动车辆油底壳；1—油底壳密封垫（至曲轴箱）；2—固定螺栓；3—螺栓连接的侧箱；4—机油滤清器壳体；5—油底壳密封垫（至油底壳下部件）；6—固定螺栓；7—油底壳下部件；8—机油油位传感器；9—放油螺塞；10—油底壳上部件；11—圆锥齿轮传动装置法兰；12—前桥半轴直通传动通道

双件式油底壳由油底壳上部件和下部件组成。机油滤清器可能集成在油底壳上部件中。在这种情况下可以从车辆地板处接触到该部件。由于侧箱采用螺栓连接，因此可以将现有结构空间用于尽可能地扩大机油容积。

机体组—密封件

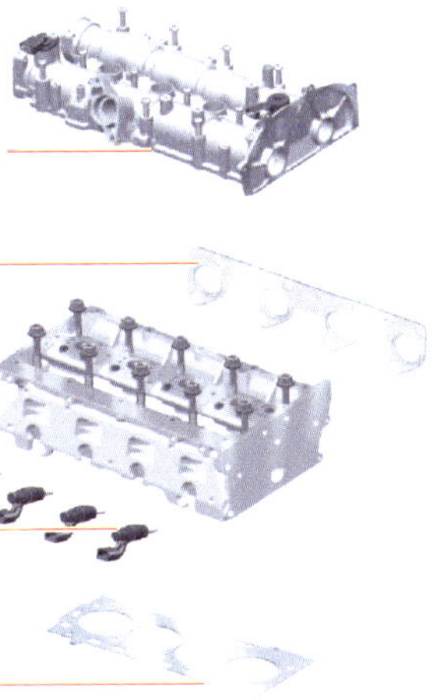

气缸盖密封垫

气缸盖密封垫在缸盖和缸体之间，用于密封燃烧室以及冷却液和机油通道。另外，在某些发动机上，气缸盖密封垫还起稳定功效。

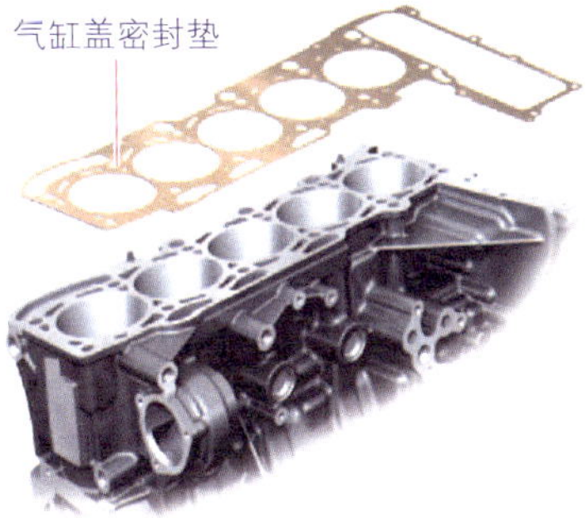

密封件作用

密封件的主要功用，就是将发动机上各种工作介质（比如气、水和机油）彼此分隔开并防止向外泄漏，因此，密封件必须在汽车整个寿命内能经受住腐蚀、高压和高温。密封件也传递力，比如缸体和缸盖之间的气缸盖密封垫，它对整个受力系统内部力的分布和部件变形具有重大影响。

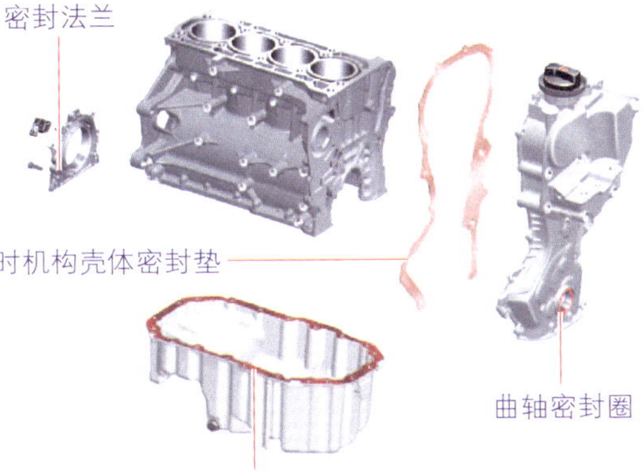

密封垫各区作用

燃烧室镶边就是气缸孔的密封边，该镶边沿着燃烧室边缘是不等高的。这种特别的形状，使得气缸盖螺栓拧紧后，燃烧室处的拉紧力分布更均匀了。这也就减小了密封间隙振动和气缸孔的变形。其侧面支承在两个外侧气缸的附近，可使外侧缸盖螺栓的拉紧力分布更均匀，因此可以减小缸盖的扭曲以及外侧气缸孔的变形。

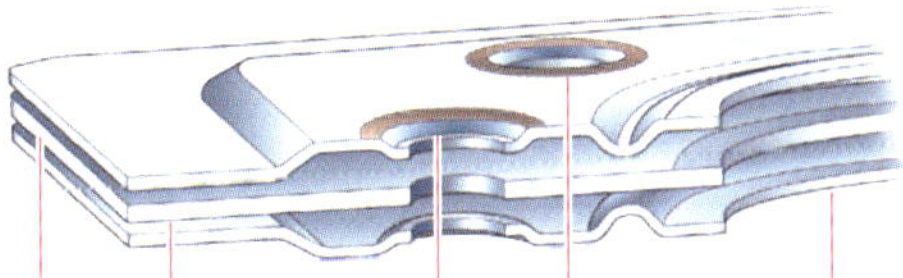

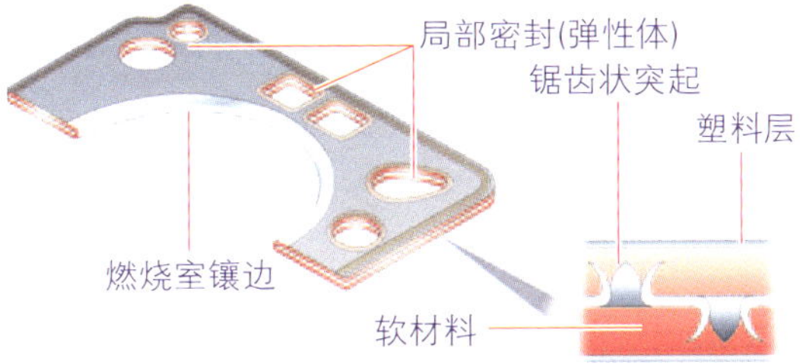

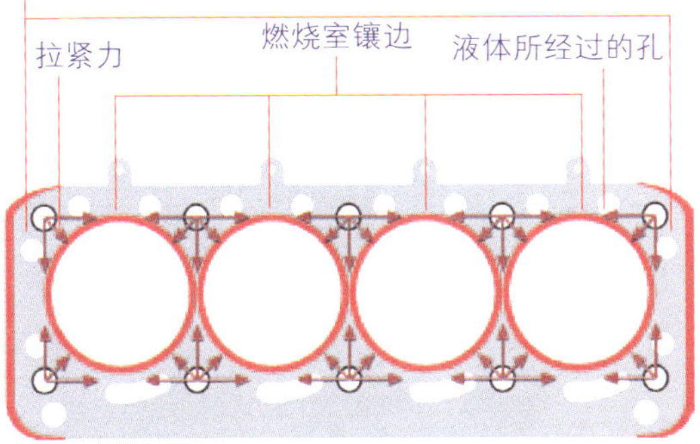

曲柄连杆机构—概览

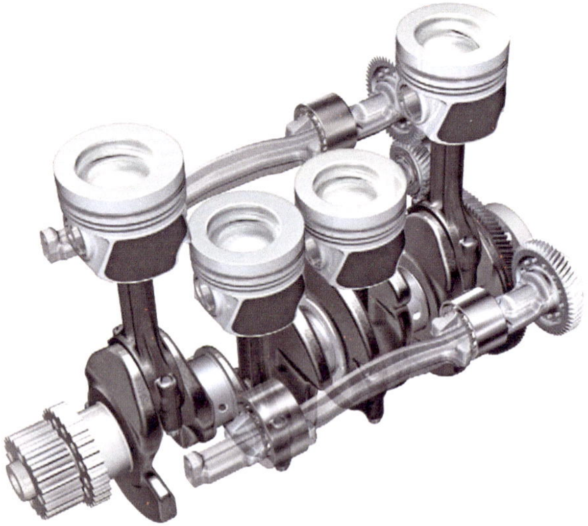

直列 4 缸发动机曲柄连杆（带平衡轴）

V 型 8 缸发动机曲柄连杆

曲柄连杆机构由活塞组、连杆组和曲轴飞轮组等零部件组成。其功用是将活塞的往复运动转变为曲轴的旋转运动，同时将作用于活塞上的力转变为曲轴对外输出的扭矩，以驱动汽车车轮转动。

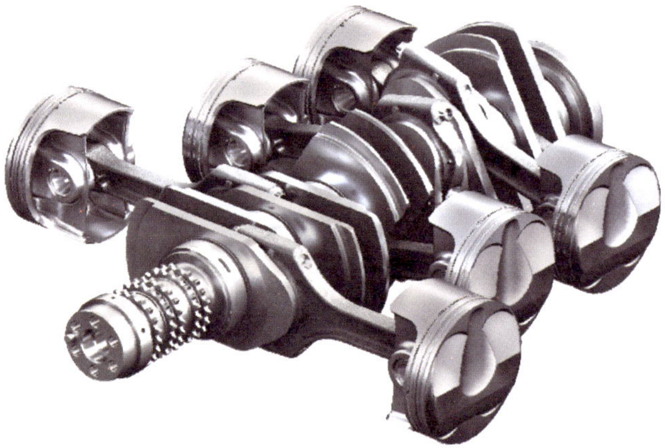

水平对置 6 缸发动机曲柄连杆

W 型 12 缸发动机曲柄连杆

曲柄连杆机构—活塞

活塞顶

活塞顶与气缸、缸盖共同构成了燃烧室。活塞顶的形状取决于气门布置和发动机设计。比如：直喷发动机的活塞顶有气流凹腔，用于改善空气流动。

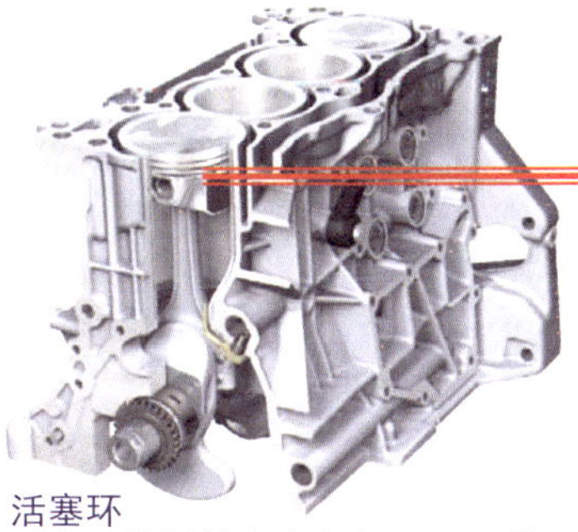

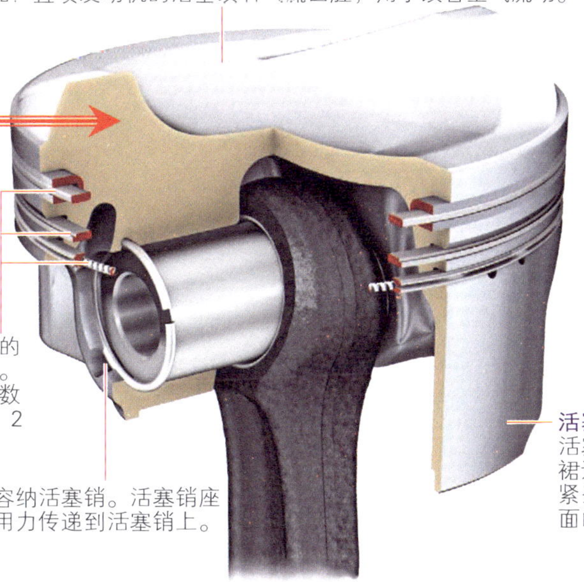

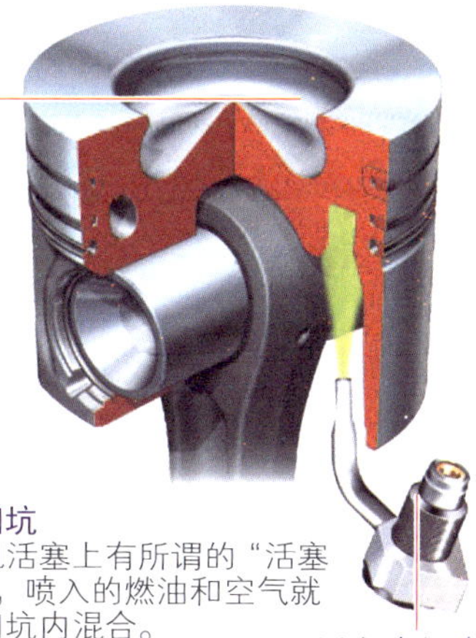

活塞凹坑

柴油机活塞上有所谓的“活塞凹坑”，喷入的燃油和空气就在这凹坑内混合。

活塞环

活塞环将燃烧室和气缸隔开，是可运动的隔开。活塞环所处的地方称作活塞环区。活塞环区的高度取决于所安装的活塞环数量和大小。大多数活塞配备3个活塞环，2个是密封环(气环)，1个是油环。

活塞销座孔

活塞销座孔用于容纳活塞销。活塞销座孔将活塞上的作用力传递到活塞销上。

活塞裙

活塞裙用于给活塞在气缸中导向。另外，活塞裙还将侧面力传递到气缸壁上。活塞裙长些并紧些，可以减小活塞侧击。为了降低活塞裙表面的磨损，活塞裙部有专用的涂层。

带活塞凹坑的活塞
（柴油机）

带气门凹座的活塞
（增压直喷汽油机）

用于分层充气的活塞
（直喷汽油机）

带有倾斜活塞顶的活塞
（W12发动机）

曲柄连杆机构—活塞环/销

活塞环功能

活塞环位于活塞的上部区域，分为密封环（也叫气环）和油环（也叫刮油环）两种。密封环必须位于油环的上面。

密封环实现活塞和缸体的密封，将活塞上的热传导到缸壁上。

油环刮掉缸壁上多余的机油，将刮掉的机油送回油底壳。

活塞环槽镶圈主要用于柴油发动机，但是也有个别用于直喷发动机。

活塞环类型

活塞环	横断面及名称	特点
密封环	矩形环	制造简单
	锥形环	能缩短发动机磨合时间
	梯形环	可防止活塞环卡在有积炭的槽内
	L 形环	因固有应力很小，所以燃烧后的气体可以到达活塞环的后面，这就提高了压靠在缸壁上的压力
油环	鼻形环	刮油功能更强
	带槽油环	可刮油且可将机油送往活塞内部
	螺旋弹簧油环	因压力提高，刮油效果更好

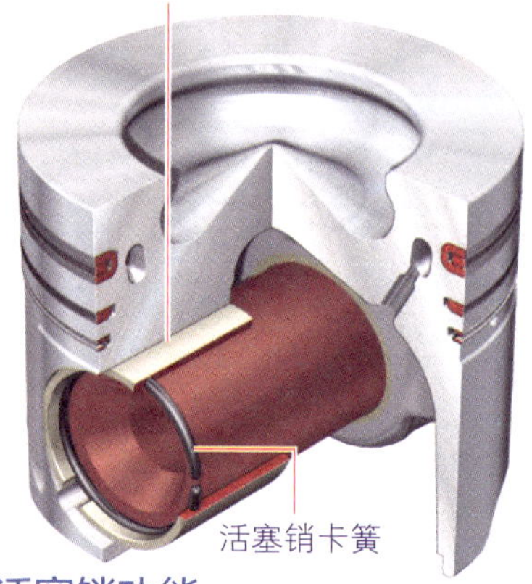

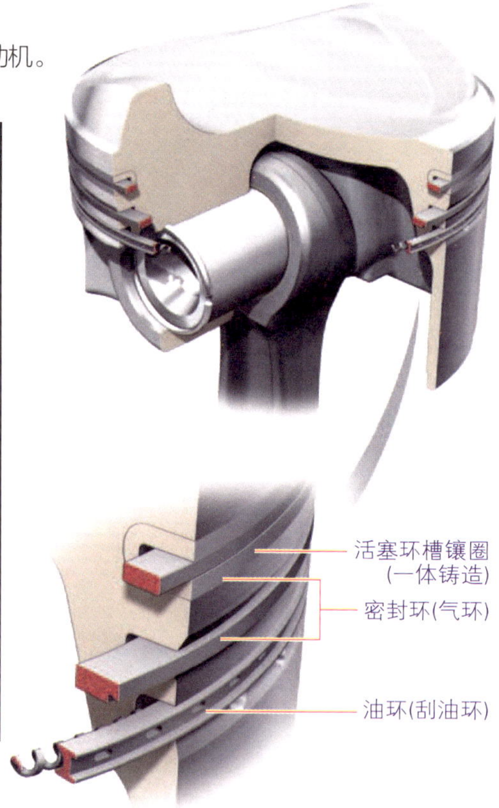

活塞销功能

活塞销用于连接活塞和连杆以便传力，必须能承受很大的负荷。由于活塞的往复运动、气体压力和惯性力以及恶劣的润滑条件，因此对活塞销有一系列要求：重量轻、刚性好、抗交变载荷能力强且材质韧性好、表面光洁度高、表面硬度大、形状精度高。

活塞销卡簧

如果活塞销不是通过收缩应力（就是所谓的冷缩配合）固定在连杆上的，那就必须有措施来防止活塞销向侧面窜动并与缸壁碰撞。这时一般都是用弹簧钢制的外张式挡圈，就是所谓的卡簧来固定活塞销。这个卡簧要卡入中心孔外缘处的槽内。

曲柄连杆机构—连杆结构

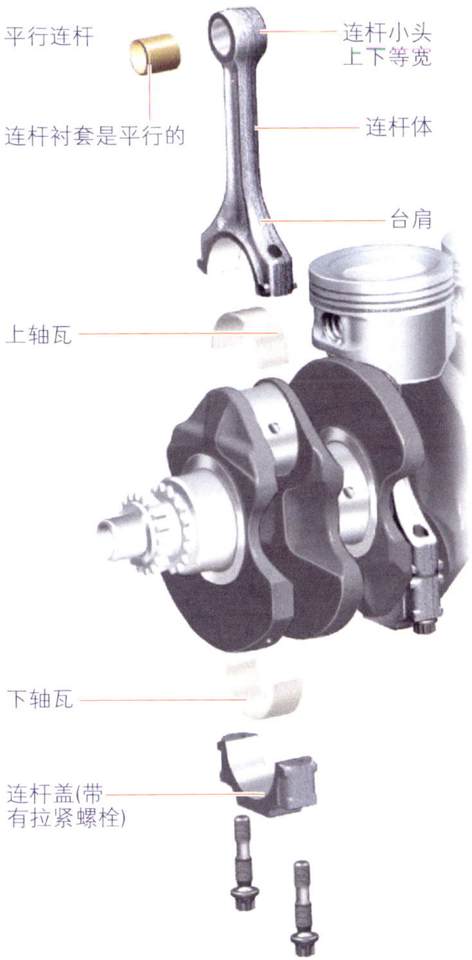

梯形连杆

活塞带有梯形附件，使之与梯形连杆配对。与普通的活塞－连杆组合相比，连杆小头和活塞销的接触面明显增大了。因此燃烧压力分布更均匀了，部件负荷就明显下降了。

连杆结构

连杆体是连杆的主要部分，一般设计成双T字形。连杆体的上面部分有连杆小头孔，带有连杆衬套。该孔是插活塞销的，由喷射的机油来润滑。连杆大头通过拉力螺栓来与连杆盖相连。每个曲轴轴颈上有两个轴瓦，用于支承曲轴。

连杆功能

连杆连接在活塞的下端，它将活塞和曲轴彼此相连，起推杆的作用。连杆的主要功用，就是把活塞的直线往复运动转化成曲轴的转动。因此，连杆承受着持续交变的拉力和压力，还有因摩擦和燃烧导致的热负荷。

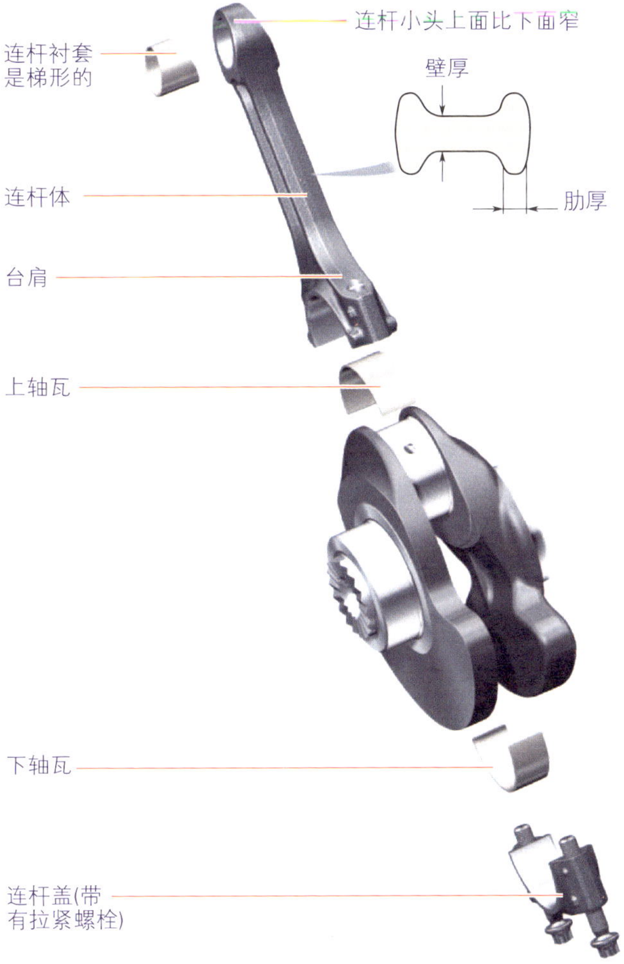

曲柄连杆机构—斜分式与裂解式连杆

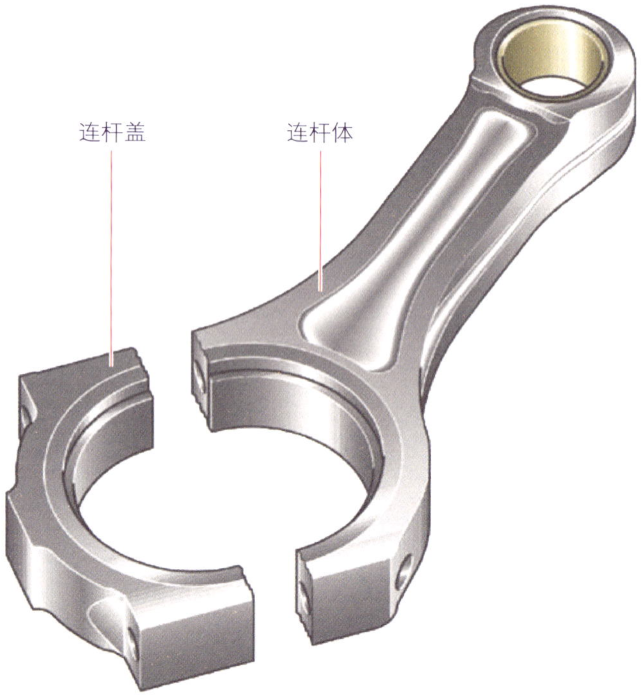

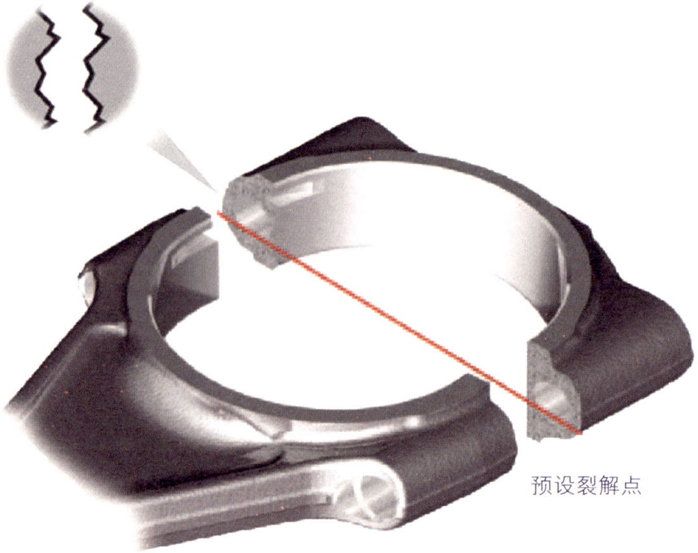

斜分式连杆

在有些 V 型发动机上，使用的是斜分式连杆。这种结构形式可以通过气缸孔来安装不带连杆盖的连杆体。

裂解式连杆

连杆一般都是锻造的，为了保证有很高的配合精度，可以采用裂解方法。裂解时，用激光束在连杆上加工出预设裂解点，连杆随后就将在此处断裂。有专用的分离工具用于实施这个分离，所产生的断裂面不易混淆，两部分只在某一位置时才能彼此配合好。

曲柄连杆机构—曲轴

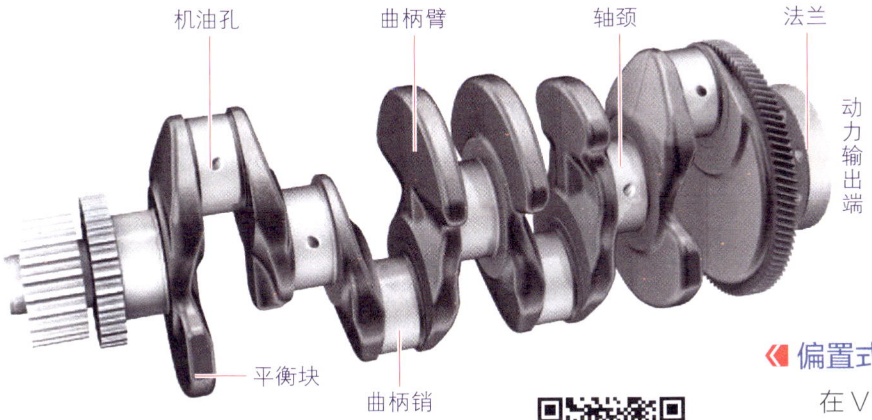

曲轴部件的作用

曲轴在缸体内的下方，连杆铰接在曲轴上，这样就将活塞的上下往复运动转换成了旋转运动。布置成同轴的轴颈用于把曲轴支承在缸体上。这些所谓的主轴承是从下面用螺栓与缸体连接在一起的。曲柄销是连接连杆轴承的，轴颈和曲柄销是通过曲柄臂彼此相连的。曲柄销对面的平衡块，用于平衡曲柄销和曲柄臂的质量配比。通过平衡孔来平衡可能出现的质量差。用于润滑连杆轴承的机油孔从轴颈通到曲柄销。在动力输出端还有一个法兰，用于固定飞轮。

偏置式曲柄销

在 V 型和 W 型发动机上，每对（2 个）对置的活塞连接在同一个曲柄销上。为了不影响发动机的平稳运行，必须精确匹配各气缸之间的点火间隔。所谓精确匹配就是通过采用偏置式曲柄销（也叫组合式曲柄销）来实现的。曲柄销的偏置距是由气缸列之间的夹角所决定的。

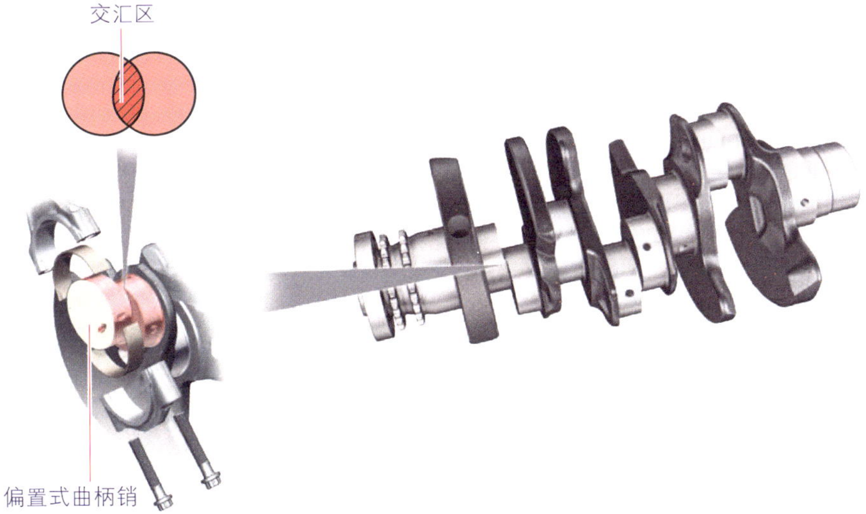

曲轴制造工艺

曲轴可以是铸造的，也可以是锻造的，这两种生产方式使得曲轴有不同的特性。

对比	铸造曲轴	锻造曲轴
优点	生产成本很低	强度高
	容易加工	振动特性好
	质量小	磨损慢
缺点	强度低	生产成本较高
	振动特性差	不易加工
	磨损快	质量大

曲柄连杆机构—平衡轴

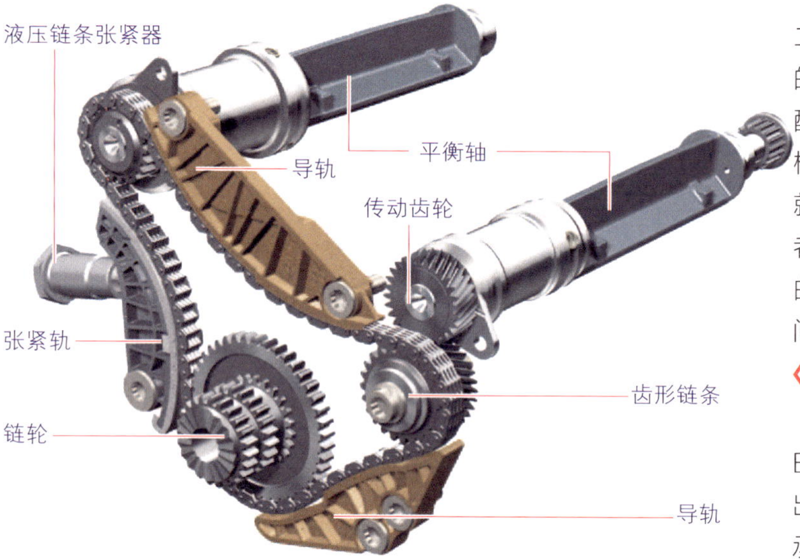

发动机工作时产生的力分为一阶力和二阶力。一阶力是惯性力，是由转动部件的离心力产生的，曲轴可以通过安装平衡配重和曲拐来抵消这种力。二阶力是由曲柄连杆机构部件平移产生的，其应对措施就是使用平衡轴。平衡轴一般通过齿轮或者链条由曲轴直接驱动。平衡轴的转速是曲轴转速的 2 倍，一根平衡轴与曲轴转动方向相同，另一根平衡轴通过一个中间齿轮按与曲轴转动方向相反的方向转动。

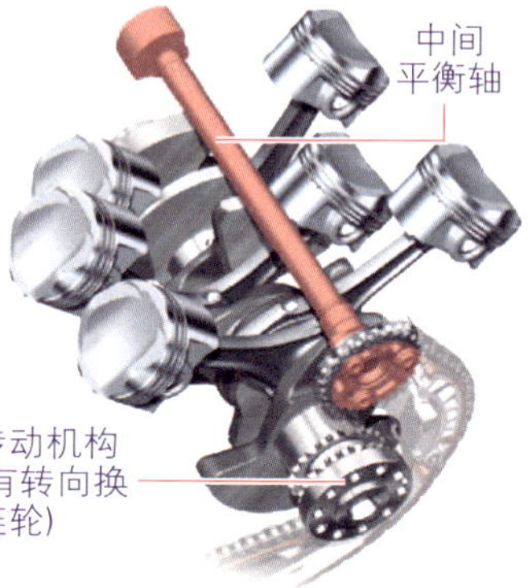

平衡轴模块

平衡轴可以直接安装在缸体内，或者合成一个单独的平衡轴模块。EA288 发动机上使用的平衡轴系统，安装在缸体内的曲轴上方，通过曲轴输出端的斜齿齿轮来驱动。平衡轴和中间齿轮的轴向和径向都使用滚子轴承。轴承通过缸体内的机油油雾来润滑。

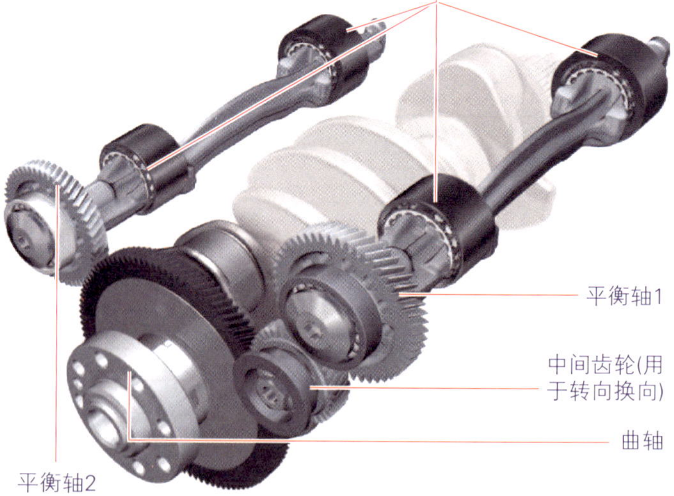

曲柄连杆机构—减振器

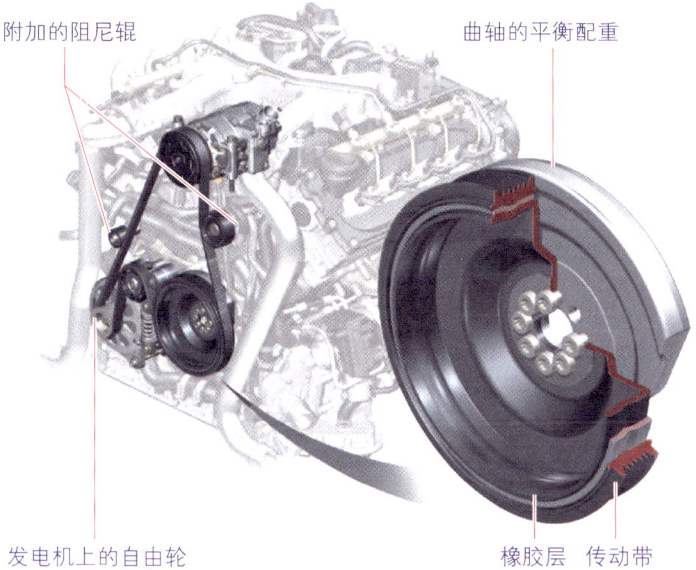

由于曲柄连杆机构中存在着间隙，因此要是突然释放出很大的扭矩的话，那么整个系统就会振动，这除了会产生噪声外，还会造成机械损伤，所以适时地减振（减小扭转振动）是非常重要的。在这种减振中，重要的是惯性齿圈要有很大的质量。另外，这个质量的分布应该尽可能靠外（就是分布直径要尽可能大）。这个质量是通过减振橡胶与要减振的转动部件相连的。后部减振质量与橡胶层相连，而橡胶层又通过硫化胶合法与前面的带轮相连。曲轴带轮上装备有扭转振动减振器。为了能削弱带轮的振动（这个振动是燃烧时活塞在不同的加速时所产生的），就在发电机上安装了一个自由轮并另加了阻尼辊。

黏性耦合减振器

该部件距离振动源要近，这个很重要。减振用的介质是黏稠的机油，机油是注入带轮的环带中的。这种黏稠的机油可以削弱阻尼元件和减振器壳体之间的相对运动。

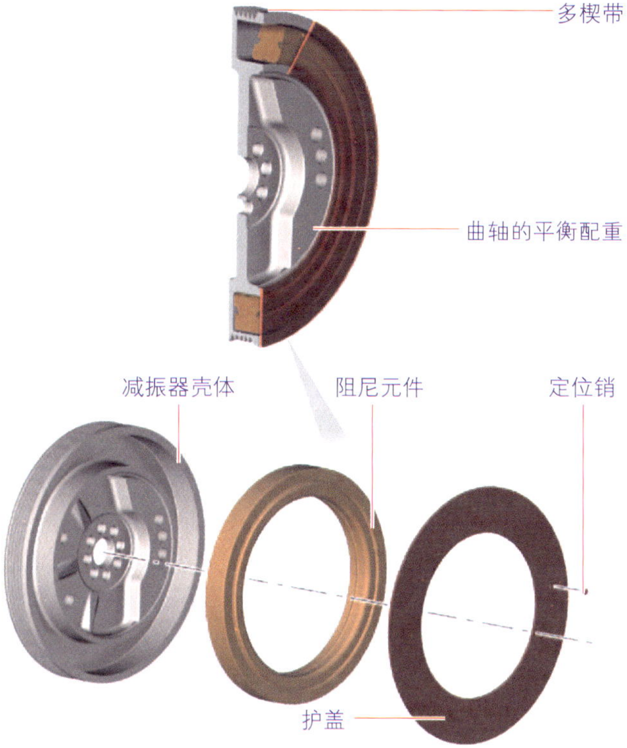

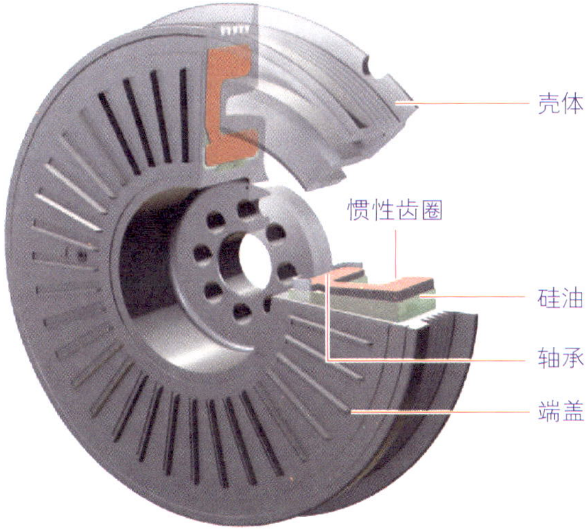

扭转振动减振器

这种减振器外侧的环状空心体充满了硅油，这些硅油反应速度很快，可以综合曲轴的不均匀运动。这些硅油承载着剪切应力的作用，这个剪切应力作用在壳体与惯性齿圈之间缝隙的整个表面上。这个总的应力加在一起，就产生了减振效果（阻尼效果）了。

曲柄连杆机构—双质量飞轮（ZMS）

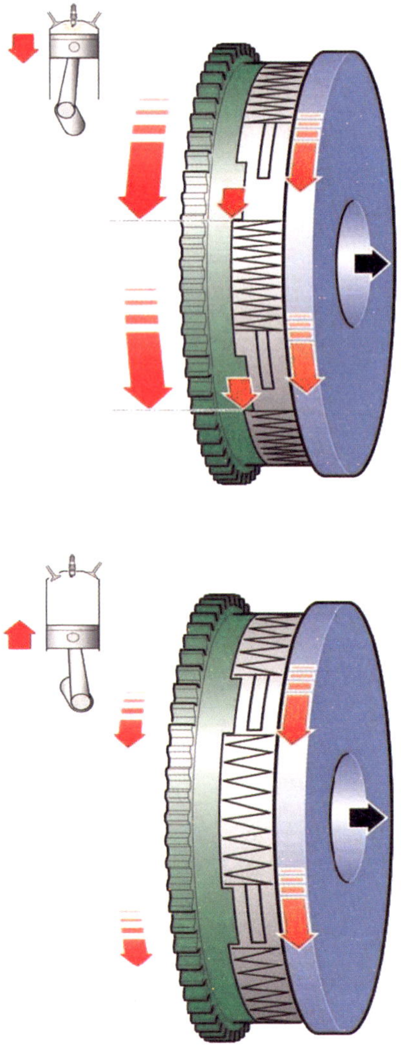

在带有手动变速箱的车辆上，发动机燃烧过程的周期性会使传动系统内产生扭转振动。这将使变速箱和车身发出异响，为避免影响舒适性，可以采用双质量飞轮（ZMS）。带自动变速箱的车辆装有液力变矩器，因此无需安装该部件。双质量飞轮将传统飞轮的质量块一分为二、一部分继续用于补偿发动机惯量；另一部分负责提高变速箱惯量，从而使共振范围明显低于正常运行转速（从大约 1300r/min 降至大约 300r/min）。

两个非刚性连接的质量块通过一个弹簧 / 减振系统连接起来。次级质量块与变速箱之间不带扭转减振器的离合器从动盘负责分离和接合。与发动机相连的飞轮质量块承受发动机的不平稳运动时，在发动机转速不变的情况下，与变速箱相连的质量块速度保持不变。由于两个质量块非刚性连接，因此可在临界发动机转速范围内消除变速箱噪声。但有一个限制条件：振动质量块的惯性力矩越大，共振程度以及与其相关的扭矩峰值就越大，采用双质量飞轮在启动和关闭发动机时尤为明显。使用附加减振单元（盘形弹簧）可有效防止共振时过载。在正常运行状态下（发动机运转时）该减振单元不起作用，此时通过弹簧减振器消除发动机的扭转振动。

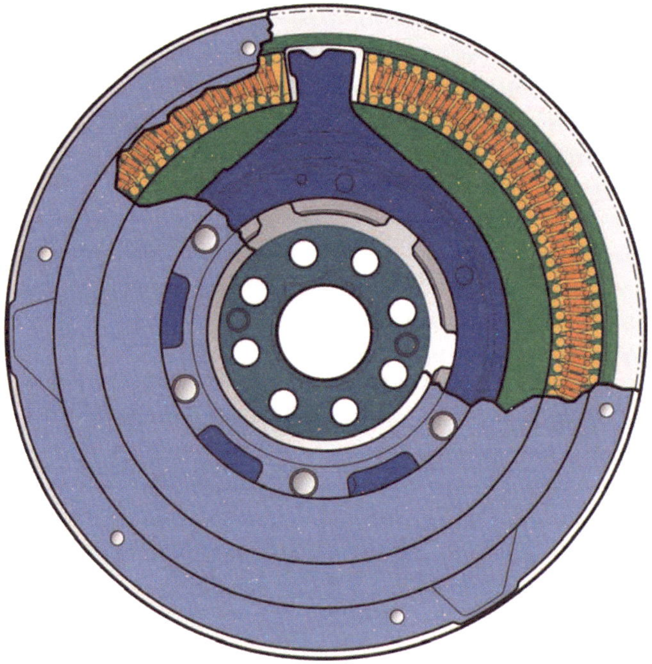

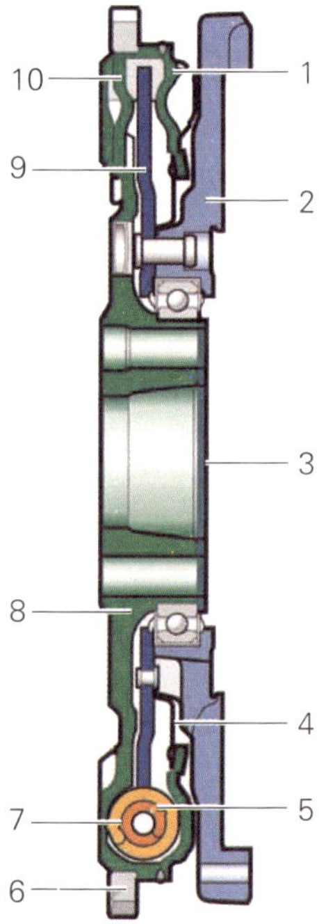

1—盖罩；2—次级飞轮；3—盖板；4—密封隔膜；5—弧形减振弹簧；6—齿圈；7—弧形减振弹簧；8—主飞轮；9—轮毂凸缘；10—挡板

配气机构—概览

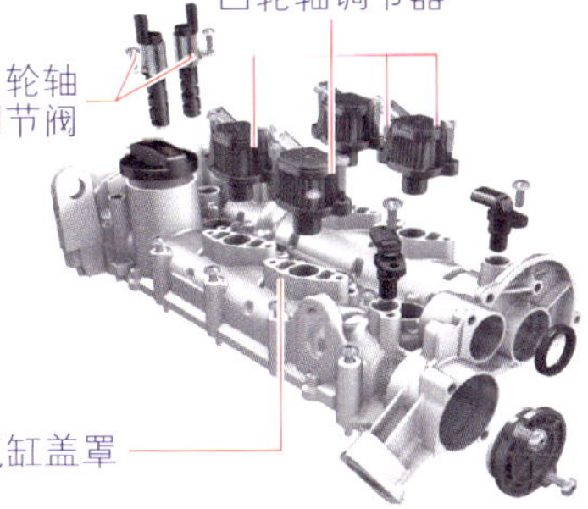

配气机构可分为气门组和气门传动组两大部分。气门组包括气门、气门导管、气门座、弹簧座、气门弹簧、锁片等零件。气门传动组主要包括凸轮轴、正时齿轮、挺柱、导杆、推杆、摇臂和摇臂轴等。

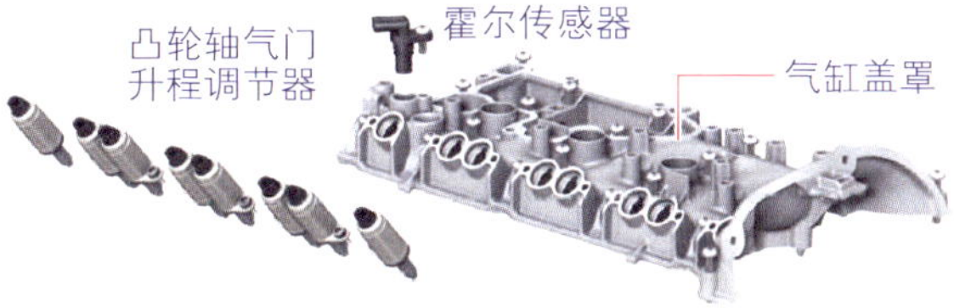

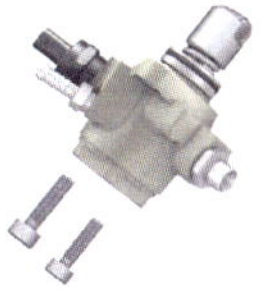

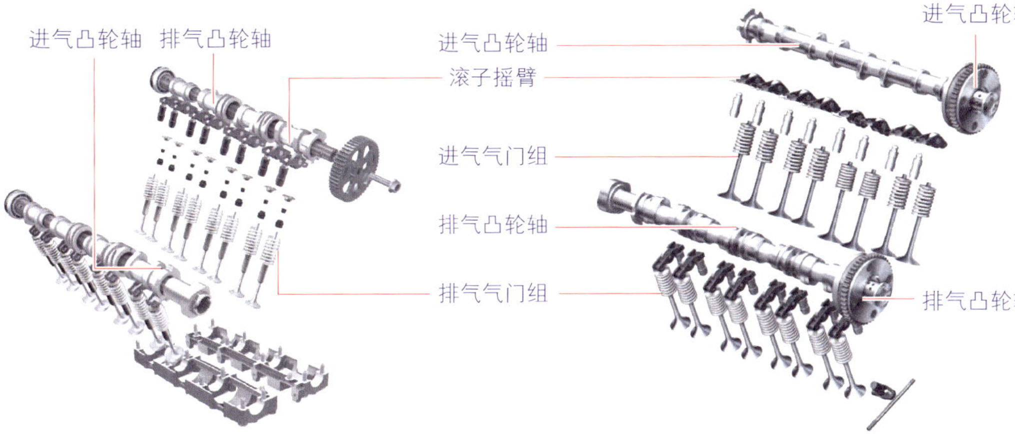

配气机构是进、排气管道的控制机构，它按照气缸的工作顺序和工作过程的要求，准时地开闭进、排气门，向气缸供给可燃混合气（汽油机）或新鲜空气（柴油机）并及时排出废气。另外，当进、排气门关闭时，保证气缸密封。

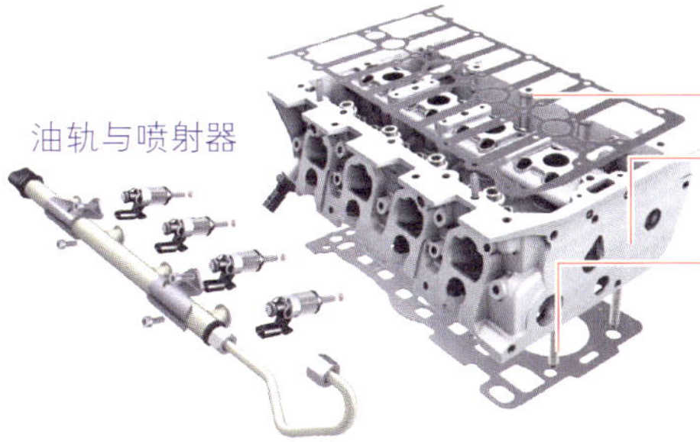

带停缸与气门正时及升程控制功能的配气机构

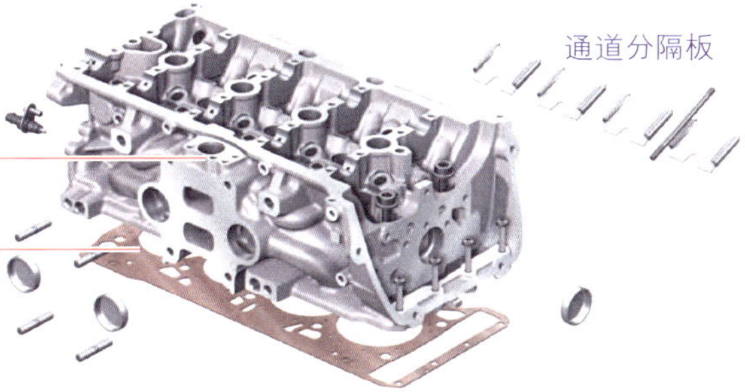

带气门正时与升程控制的配气机构

配气机构—气门

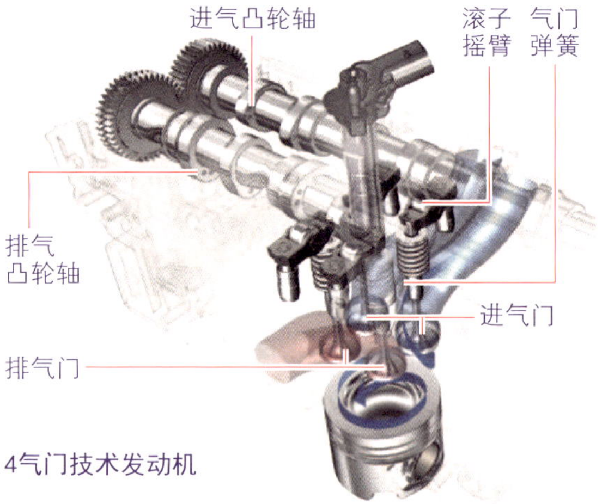

4气门技术发动机

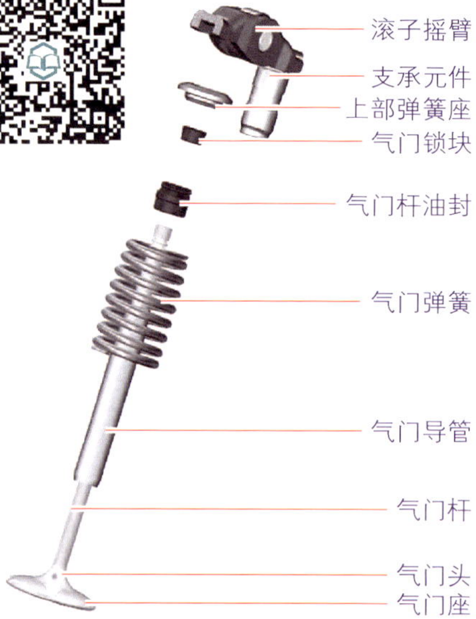

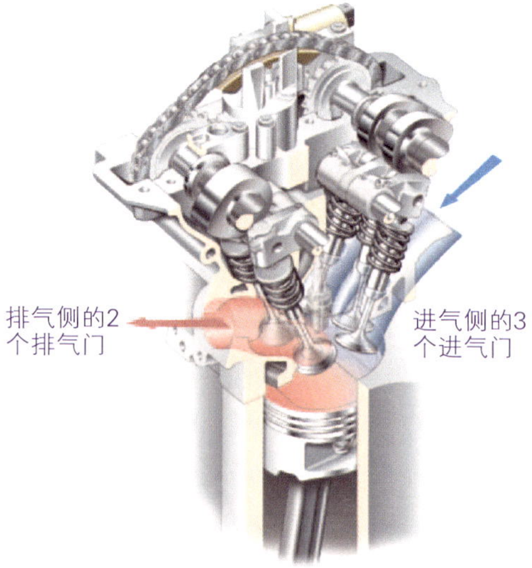

5气门技术发动机

研磨气门座

维修时如果必须更换气门，就需要研磨气门，使之能与气缸盖上的气门座相匹配。

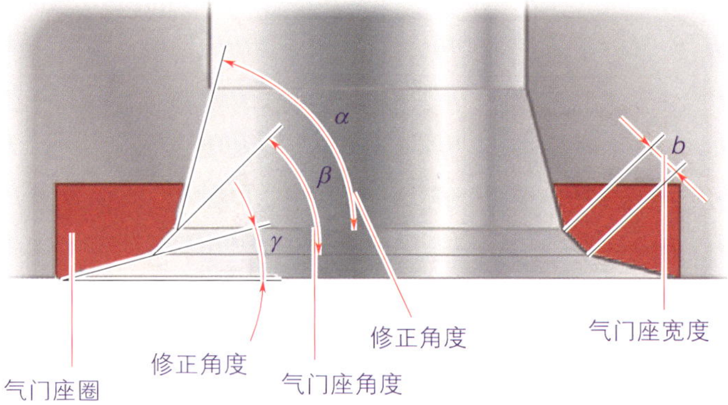

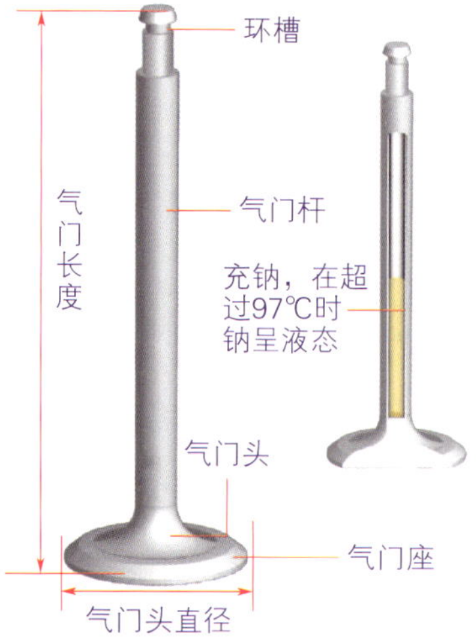

气门

气门工作时除了承受机械负荷外，还要承受热负荷和摩擦。排气门温度最高可达 700℃，主要是通过气门座来散热。有些气门是充钠的，以便更好地导热。这种气门的气门杆空腔内大约不到三分之二的空间注了钠。在超过 97℃时，钠就液化了，随着气门的打开和关闭，液态钠就被甩来甩去。

配气机构—气门间隙补偿

上升面的凸轮

凸轮压在滚子摇臂上，于是止回阀关闭，高压腔内就产生了压力。由于这时机油不再从高压腔内漏出且不能被压缩，因此在进气门或者排气门打开时，气门间隙补偿元件就像一个刚性部件那样来工作。多余的机油可经压紧螺栓和导套之间的环状间隙溢出。

滚子摇臂上配备的补偿元件

滚子摇臂支承在一根浮动轴上，是可动的，由其上面的凸轮轴来操纵。气门间隙补偿元件直接布置在气门杆上方，其机油是由浮动轴经滚子摇臂旁通通道过来的。在补偿元件内部有一个柱塞和一个油缸，它们彼此相对运动，这两个元件被间隙补偿弹簧给彼此分开了。这个彼此分开的移动就可以减小气门间隙，并可以移动到滚子摇臂与凸轮轴之间完全不再有间隙。止回阀用于调节注油情况并且密封高压腔。

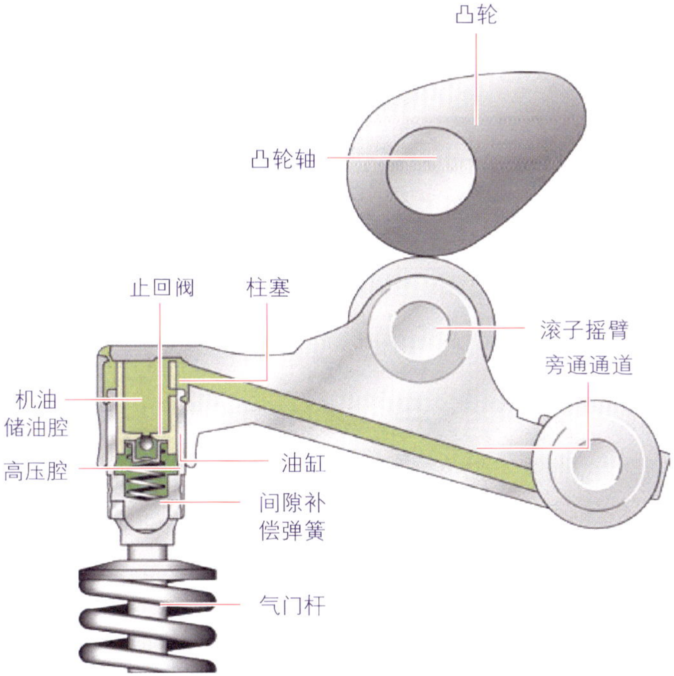

补偿气门间隙

凸轮不再压在滚子摇臂上，进气门或者排气门关闭了，高压腔内压力下降。间隙补偿弹簧一直在将油缸和柱塞往分离方向压，直至凸轮和滚子摇臂之间不再有间隙。止回阀打开，机油从机油储油腔流入到此时已变大了的高压腔内。

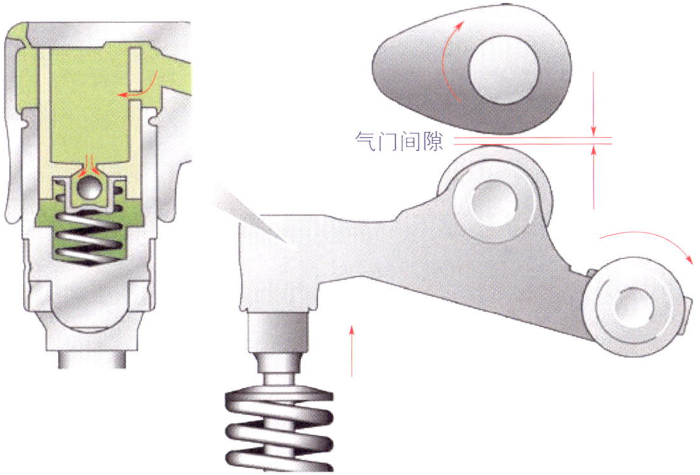

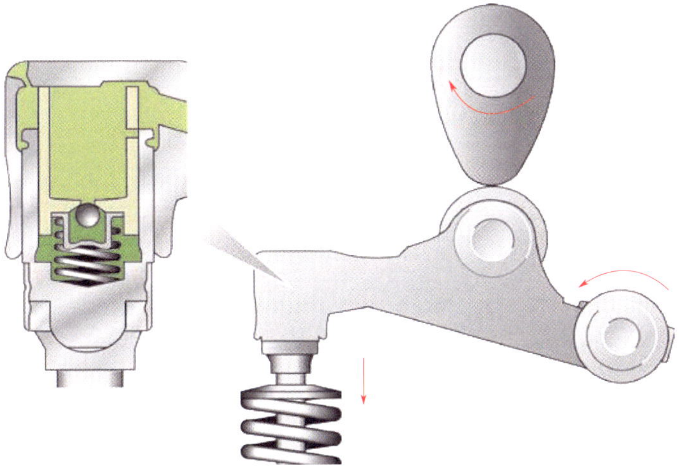

配气机构—气门间隙补偿

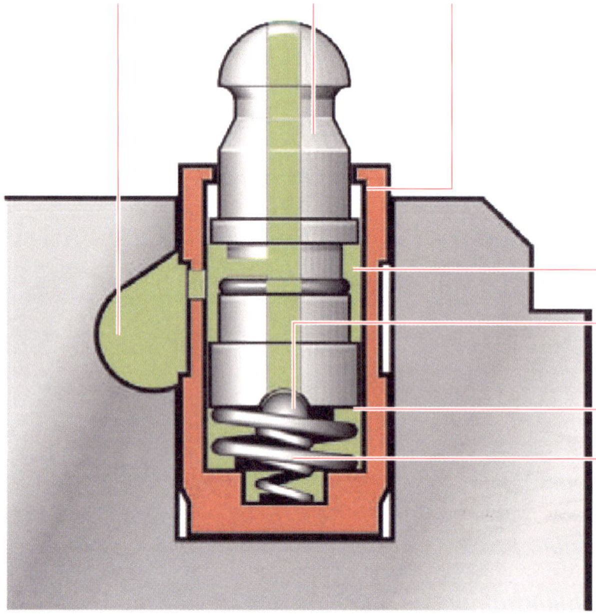

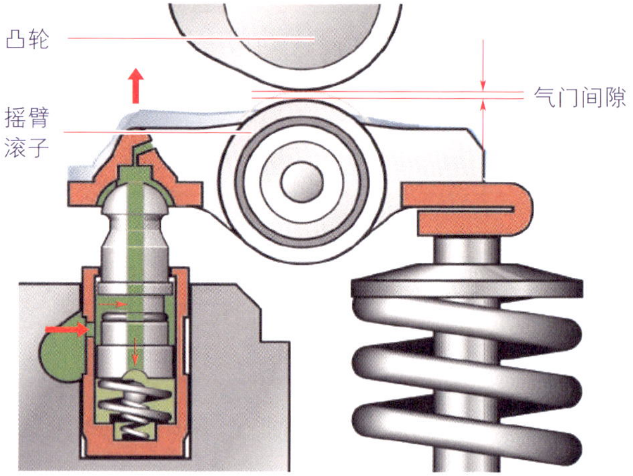

气门间隙补偿

如果出现间隙了，那么柱塞弹簧就会将柱塞从油缸中压出，直至摇臂滚子与凸轮接触。在这个压出过程中，下部机油腔内的机油压力变小，止回阀这时打开，机油流经止回阀。一旦上部机油腔和下部机油腔的压力相等，止回阀就再次关闭。

带有液压支承元件的气门间隙补偿

该系统通过液压来操控传动部件，以此来补偿气门机构的纵向间隙，于是在发动机工作时，就可以消除气门间隙了。

液压支承元件由柱塞、油缸以及柱塞弹簧组成，并与发动机机油循环相连。下部机油腔内还有一个止回阀。

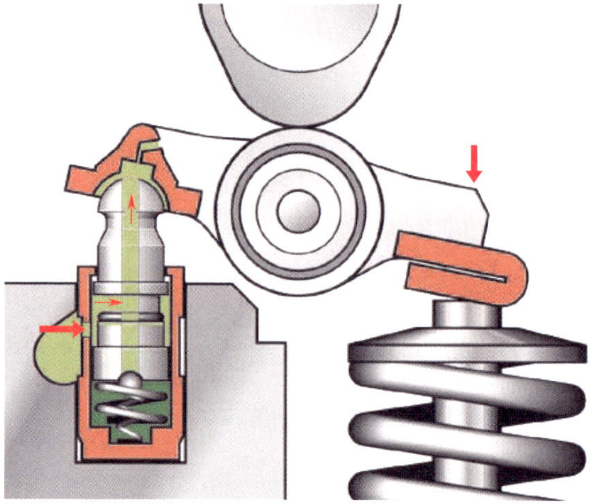

上升面的凸轮

当凸轮的上升面作用到摇臂滚子上时，下部机油腔内的机油压力就增大了。由于被封闭了的机油是不能压缩的，因此柱塞就无法再被压入油缸了。这时，支承元件就像一个刚性部件那样支承在滚子摇臂上，于是，相应的气门就打开了。

配气机构—凸轮轴

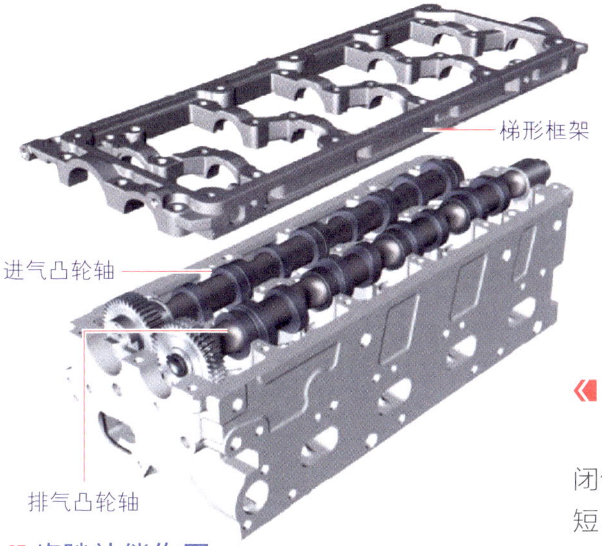

凸轮轴功能

凸轮轴用来操控气门的运动，凸轮轴的位置决定了气门打开和关闭的时机。大多数发动机上，凸轮轴安装在缸盖上。凸轮轴一般采用的是滑动轴承，滑动轴承都设计成梯形框架或者支承框架。这种结构可以大大增大缸盖的强度。制造方面，凸轮轴分为铸造凸轮轴和组装式凸轮轴。

气门打开；气门关闭

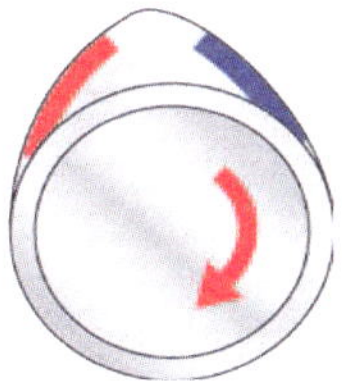

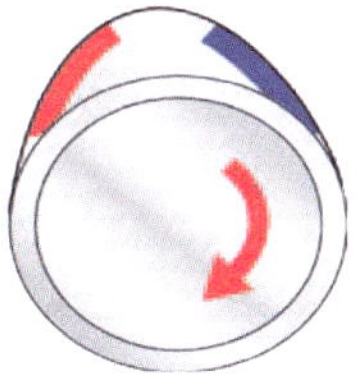

尖形凸轮

应用于排气门，缓慢打开和关闭气门。气门完全打开持续时间很短。废气膨胀均匀，不会突然有压力峰值。

陡面凸轮

应用于进气门，快速打开和关闭气门。气门打开的时间持续得较长，在进气道内产生很强的吸力作用，吸入大量的空气进入气缸。

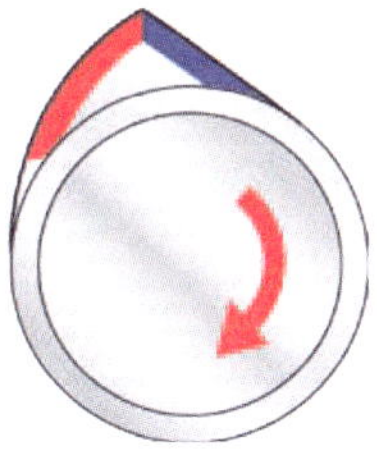

非对称凸轮

应用于排气门，缓慢打开气门并快速关闭气门。气门完全打开持续时间很短。缓慢打开导致压力形成也慢，快速关闭可阻止气体回流。

齿隙补偿作用

在有些发动机上，进气凸轮轴和排气凸轮轴是通过有齿隙补偿作用的直齿圆柱齿轮连在一起的。具体说就是进气凸轮轴上的圆柱齿轮由排气凸轮轴上的圆柱齿轮驱动。齿隙补偿的目的在于减小凸轮轴工作噪声。

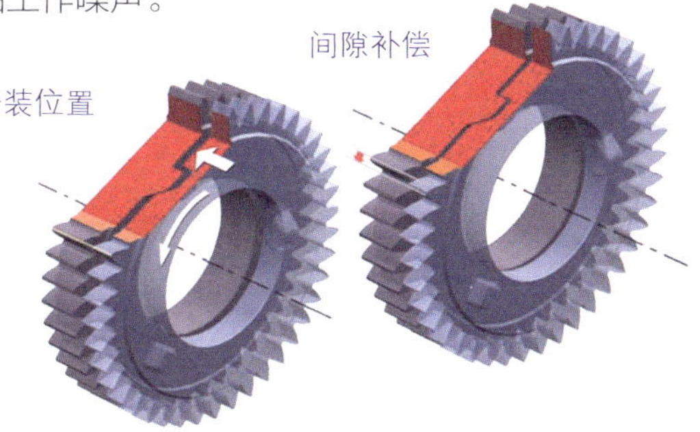

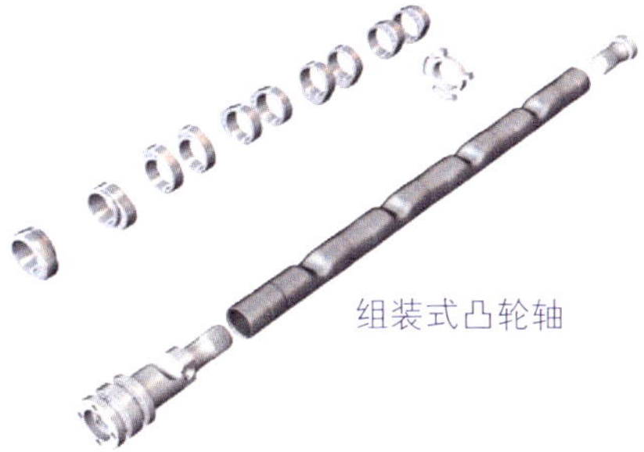

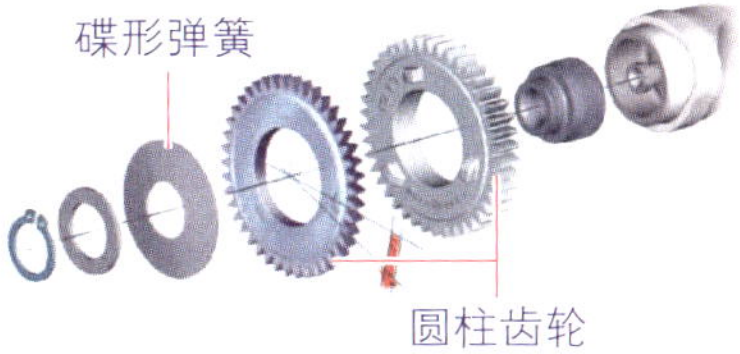

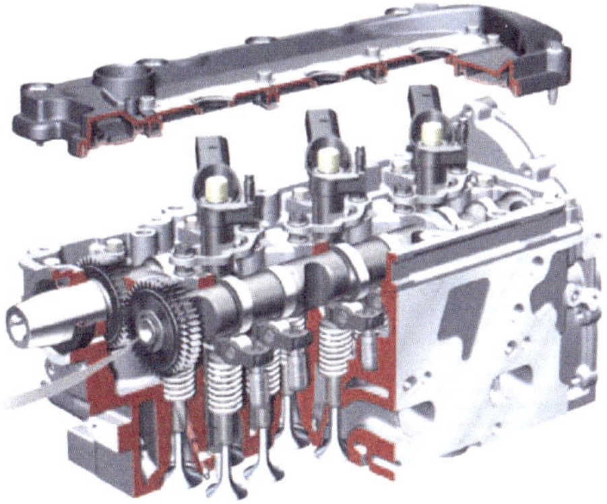

齿隙补偿功能

可移动的圆柱齿轮被碟形弹簧的弹力压靠在了固定不动的圆柱齿轮上。通过凸起的作用，两个圆柱齿轮在旋转时就错开了。这就使得两个圆柱齿轮的齿错开，因此就能补偿齿隙。

配气机构—正时链装置结构

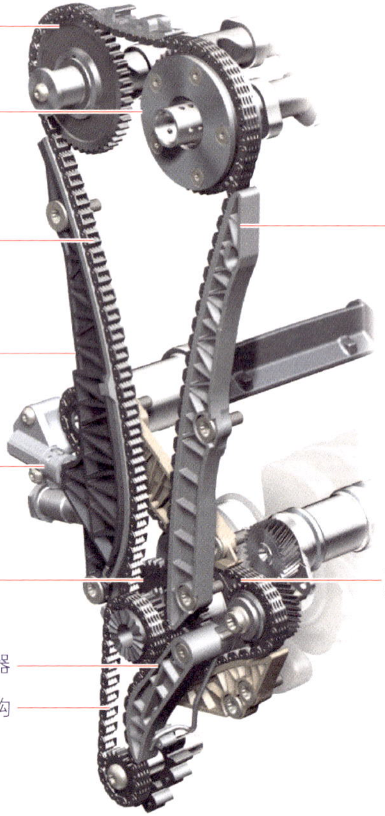

正时链功能

凸轮轴传动方式之一，就是使用链传动机构。如果需要传递的力较大或者传力需要横跨的距离较大时，就使用链传动机构。链条将曲轴上驱动轮的转动传给凸轮轴上的链轮。液压链条张紧器负责将链条持续张紧，这种链条张紧器对尽量降低链条磨损具有重要作用。

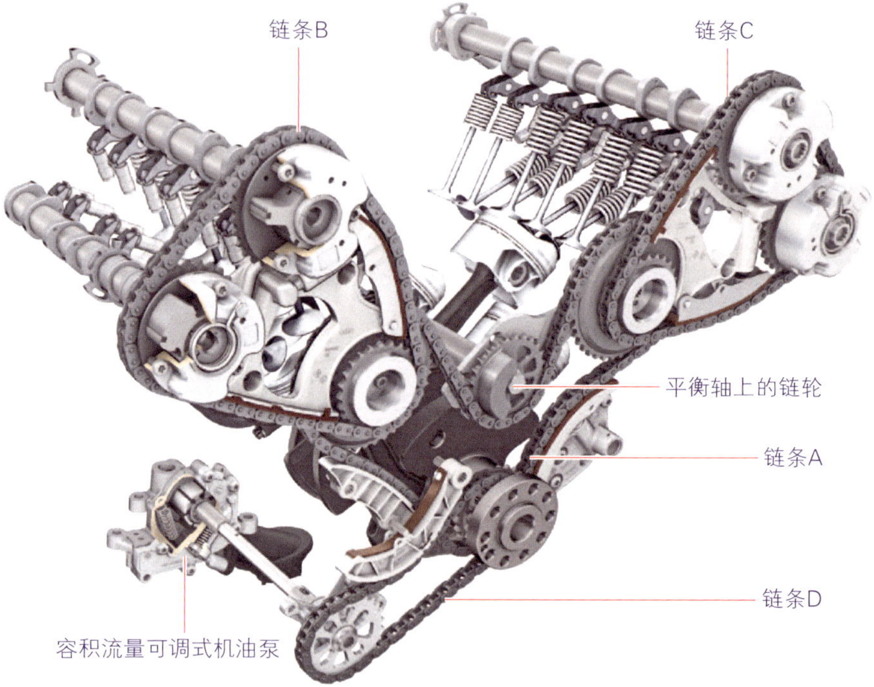

复合式链传动机构

根据发动机的复杂程度和要驱动的辅助系统数目的多少，所使用的链条机构数量是不同。复合式链传动机构主要用于 V 型和 W 型发动机。

配气机构—正时链形式与张紧方式

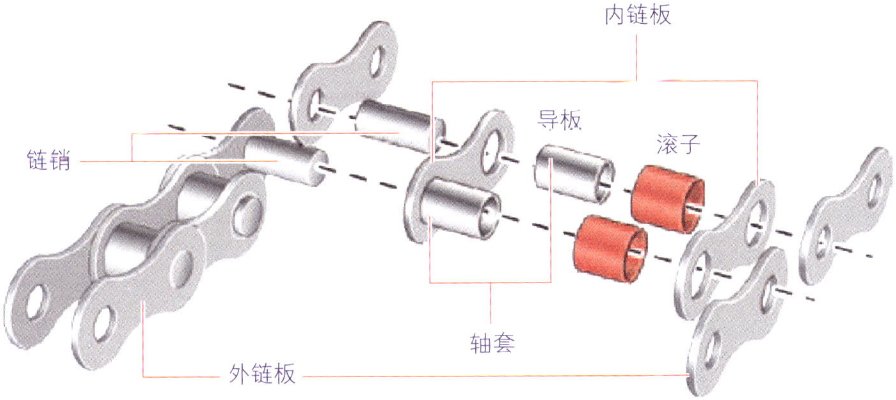

链条张紧系统作用

在正时机构中，链条张紧系统的主要任务是在所有工作条件下将链条松弛边预张紧，使之处于一定的负荷状态。即使因磨损而导致链条变长了，这个预张紧也要保持恒定。链条张紧器配备有减振元件，用于减小振动。

拉紧式链条张紧系统
在这种张紧系统上，正时链条是由外向内拉而被张紧的。

滚子链

滚子链的链节上有内链板和外链板，这两个元件构成了链节的框架。链销负责把内链板和外链板彼此连接起来。另外，链销还负责将各个链节彼此连接起来。链销在轴套内，而轴套又在滚子内。

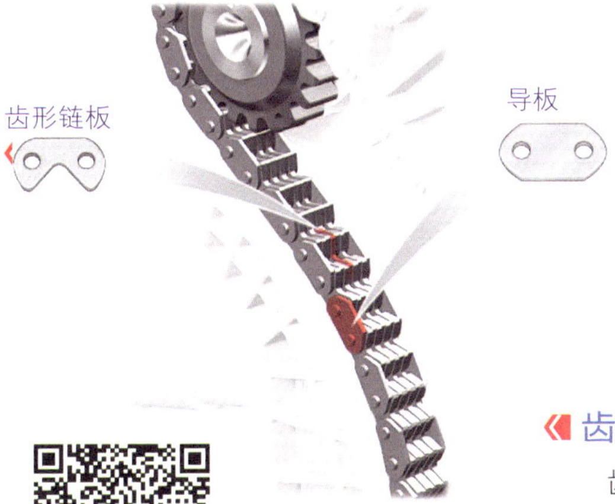

套筒链

套筒链与滚子链结构上的区别，仅在于前者省去了滚子。

压紧式链条张紧系统
在这种张紧系统上，正时链条是由内向外压而被张紧的。

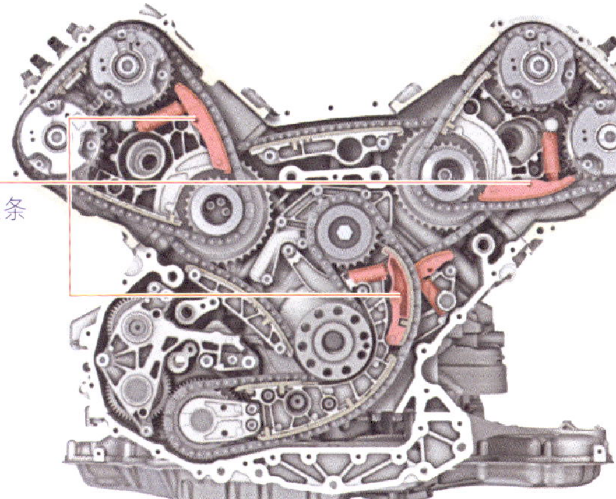

齿链

齿链是一种效率极高的链条结构形式，使用所谓的齿形链板来传力。齿形链板叠加成多层并错开布置，侧面的导板用于防止链子脱出。

配气机构—正时带装置结构

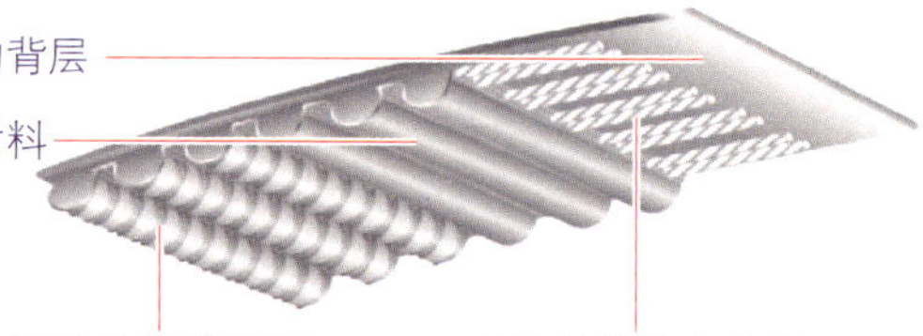

齿形带

驱动凸轮轴的方法之一，就是使用齿形带。齿形带机构用塑料带将凸轮轴和曲轴连在一起以便驱动。有个张紧轮，负责给齿形带预紧，以便可靠工作。齿形带机构还驱动其他部件，比如水泵。张紧轮和导向轮上有凸缘，可防止齿形带脱出。

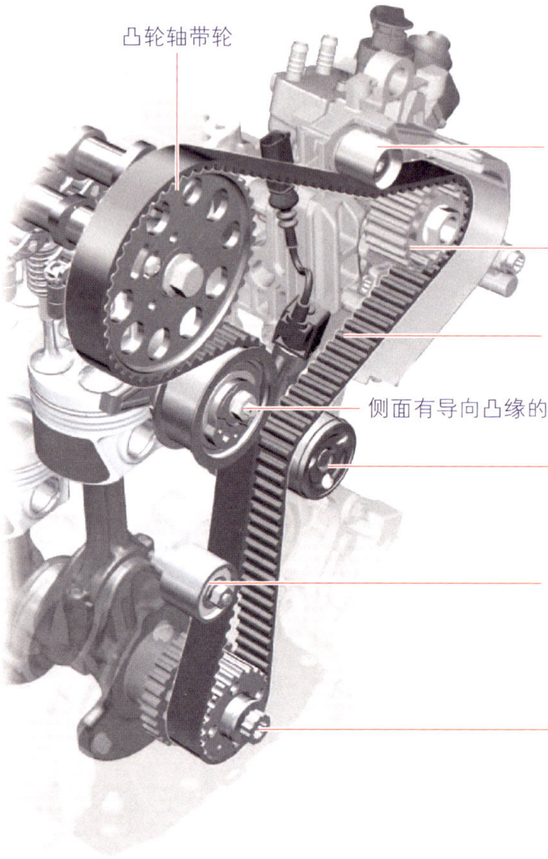

带张紧轮

带张紧系统用于使齿形带正确预紧，以保证其可靠地工作。张紧系统有三种：偏心张紧器，机械式小型张紧器，液压张紧器。

偏心张紧器

固定式张紧轮

机械式小型张紧器

摩擦阻尼式张紧轮

齿形带特点

齿形带由多层构成。优点为重量轻、工作噪声小、生产成本低、不需润滑、传动系统简单、传动带走向灵活、摩擦小；缺点为有可能跳齿或者断裂，需要没有机油的环境，弯曲半径是预先定好了的。对于使用过的齿形带，必须注意其转动方向，必须在规定周期内更换。

液压张紧器

液压阻尼式张紧轮

配气机构—奔驰可变气门正时

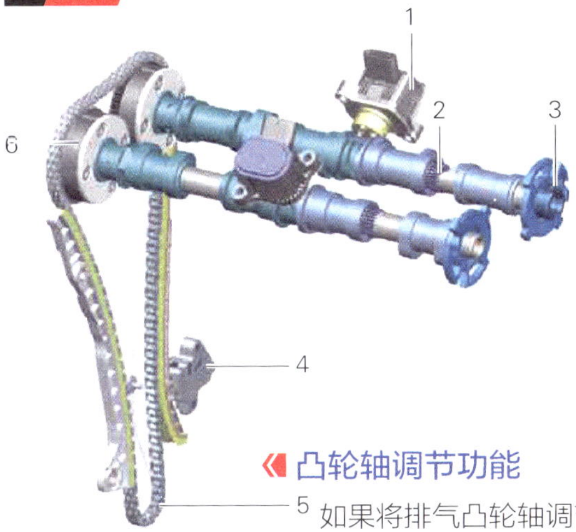

进气凸轮轴调节器

1—止动螺栓；2—带板簧的密封条；
3—压缩弹簧；4—叶片式活塞；
5—驱动齿轮；6—护盖

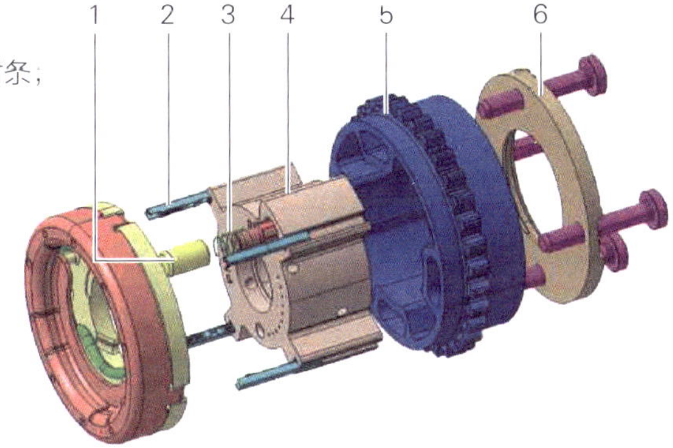

气门正时控制部件

1—气门升程切换促动器；2—凸轮轴套筒进气侧；
3—脉冲轮；4—链条张紧器；5—正时链；
6—凸轮轴调节器

凸轮轴调节功能

如果将排气凸轮轴调节到上止点前（BTDC）的最大角度（提前），并将进气凸轮轴调节到上止点后（ATDC）的最大角度（延迟），则会使用最小气门重叠量进行换气，因此增加的新鲜空气含量会产生更高的发动机输出扭矩。进气凸轮轴调节电磁阀和排气凸轮轴调节电磁阀由内燃机控制单元通过脉冲宽度调制信号促动。控制柱塞通过与特性图相关的占空比进行调节。凸轮轴调节器的机油流量根据其位置进行调节。在凸轮轴调节器中，油液使牢固连接在凸轮轴上的叶片冲杆转动。

发动机正时基于凸轮轴调节和气缸停用形式的气门升程切换执行。气缸停用在部分负荷范围内执行并实现对气门升程的多种控制。这会优化发动机输出功率，并降低负载变化损失和污染物排放量。发动机具备气缸停用功能，从而实现“动态小型化”。为了仍可提供充裕的工作能量输入，2 号和 3 号气缸在负载和发动机转速较低时关闭。

气门升程切换功能

凸轮轴采用两件式设计形式。根据发动机转速和发动机负荷，促动器会接合凸轮轴旋转件上的螺旋凹槽。在各种情况下，促动器都会将其移至某一极限位置（大或小气门升程）。在进行气门升程调节时，会改变气门升程，即窄或宽气门升程。气门升程较窄，即气门升程较小，可减少部分负荷运行时的节流损失和燃油消耗。为获得较大的扭矩，在全负荷运行时必须使用宽气门升程，即较大气门升程。可在进气侧和排气侧进行气门升程调节。“零升程”时，气缸关闭。在此情况下，一个或多个气缸的进气和排气门保持关闭，因此，气缸节流减少，从而提高了其余气缸的效率并降低了油耗。

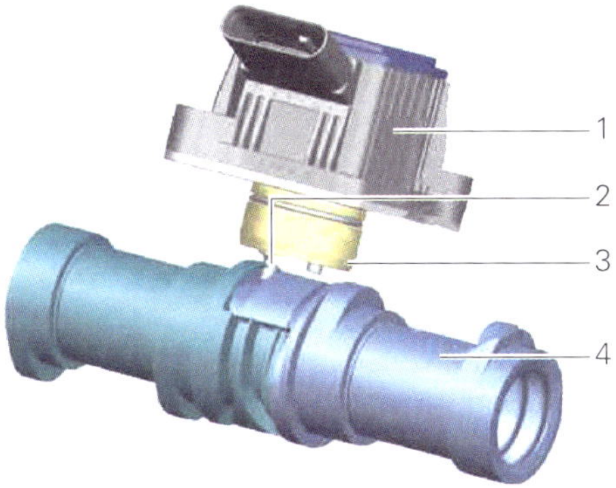

气门升程切换促动器

1—气门升程切换促动器；2—促动销；3—促动器；4—凸轮轴套筒

配气机构—宝马可变气门升程（Valvetronic）

第一代Valvetronic(N42发动机)

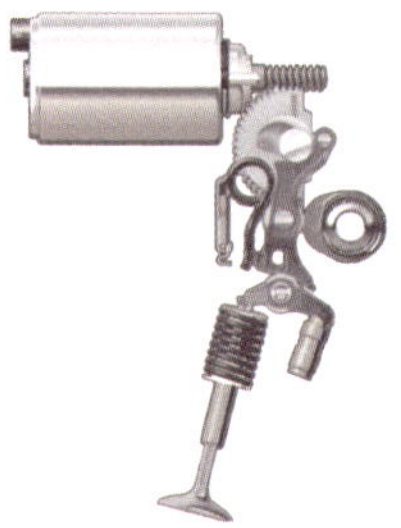

第二代Valvetronic(N52发动机)

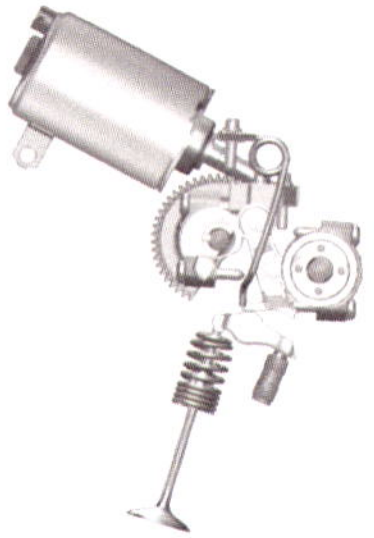

1—偏心轴；
2—槽板；
3—回位弹簧；
4—凸轮轴；
5—中间推杆；
6—结构高度

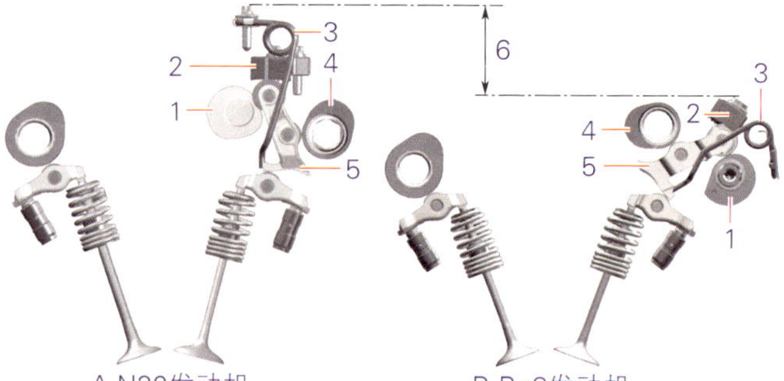

A N20发动机　　B Bx8发动机

第三代Valvetronic(N20发动机)

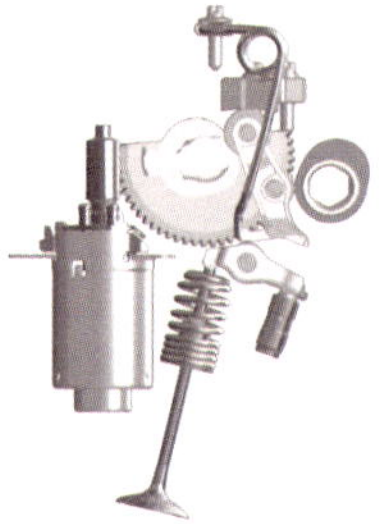

第四代Valvetronic(B38发动机)

针对Bx8发动机的改进：复合式偏心轴调节范围由190°（N20/N55）提高至253°（Bx8）；蜗杆传动机构传动比较小（37∶1）；滑块更细更轻，仅采用一个螺栓连接；回位弹簧不用螺栓连接而是采用插接方式；取消了用于润滑蜗杆传动机构的机油喷嘴；Valvetronic伺服电机更小更强劲。

Valvetronic调节发动机燃烧所需的空气量或燃油空气混合气量。为此Valvetronic承担传统发动机的节气门功能。Valvetronic始终由可变凸轮轴控制装置（双VANOS）和进气侧全可变气门升程调节装置组成。这种全可变气门机构可实现自由选择进气关闭时刻。

B38发动机的Valvetronic

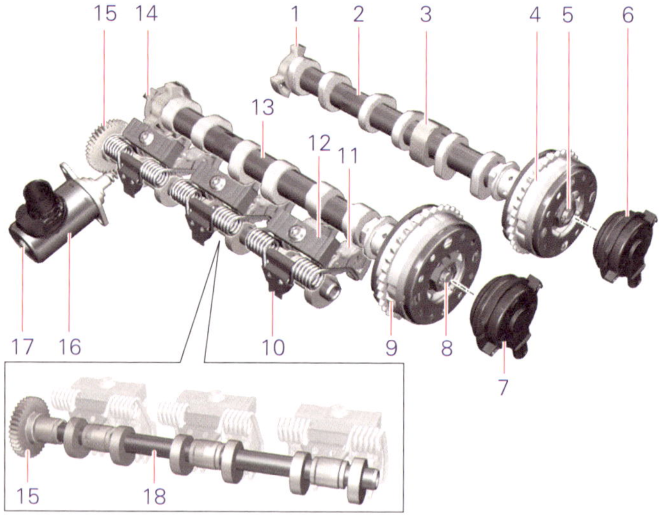

1—排气凸轮轴增量轮；2—排气凸轮轴；3—高压泵传动装置的三段凸轮；4—带排气凸轮轴链轮的VANOS调节单元；5—排气侧VANOS中央阀；6—排气VANOS电磁阀执行机构；7—进气VANOS电磁阀执行机构；8—进气侧VANOS中央阀；9—带进气凸轮轴链轮的VANOS调节单元；10—带插入板的回位弹簧；11—中间推杆；12—槽板；13—进气凸轮轴；14—进气凸轮轴增量轮；15—偏心轴驱动小齿轮；16—Valvetronic伺服电机；17—蜗杆传动机构；18—偏心轴

配气机构—宝马可变凸轮轴控制（双VANOS结构）

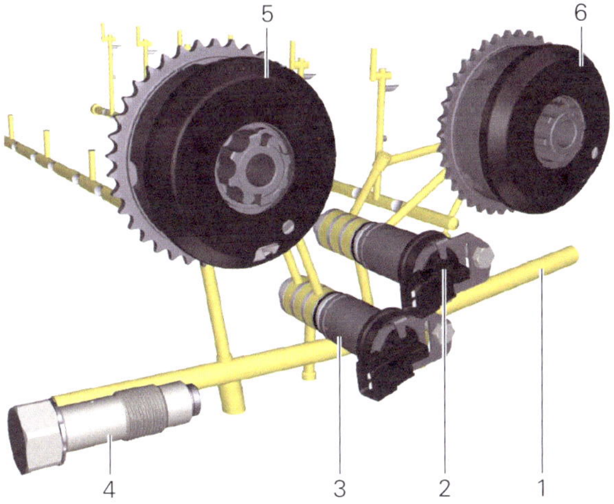

N55发动机

1—主机油通道；2—进气侧VANOS电磁阀；3—排气侧VANOS电磁阀；4—链条张紧器；5—排气侧VANOS调节单元；6—进气侧VANOS调节单元

N20发动机

1—连接进气侧VANOS调节单元的机油通道；2—进气侧VANOS调节单元；3—进气凸轮轴传感器轮；4—进气侧VANOS电磁执行机构；5—主机油通道；6—用于进气凸轮轴和HVA元件的机油通道；7—排气凸轮轴传感器轮；8—排气侧VANOS电磁执行机构；9—排气侧VANOS调节单元；10—连接进气侧VANOS调节单元的机油通道；11—用于排气凸轮轴和HVA元件的机油通道；12—链条张紧器

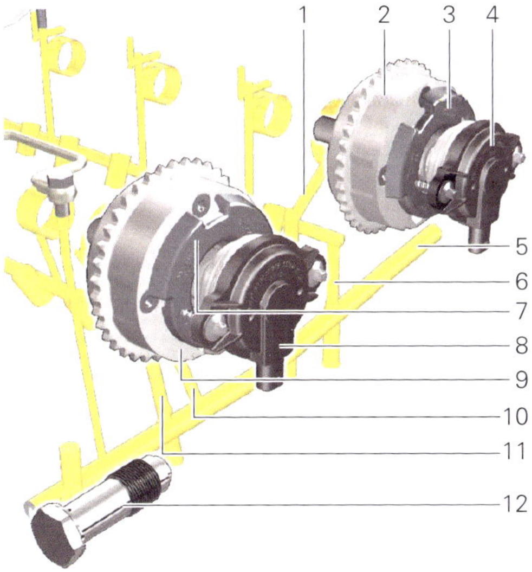

N20发动机正时时间曲线图

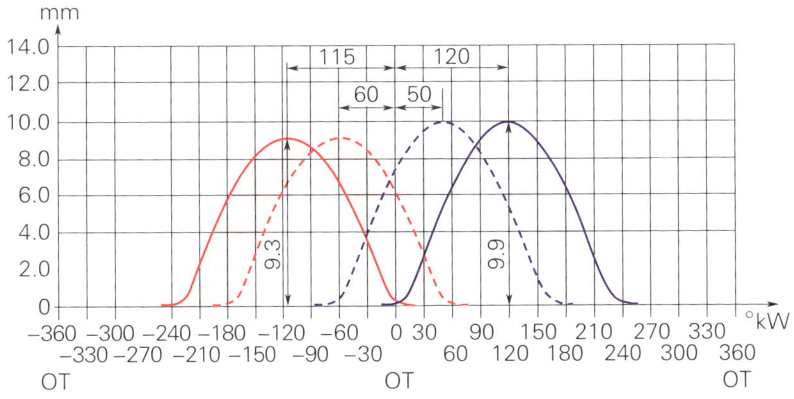

N55/N20发动机正时参数对比

发动机型号	N55B30M0	N20B2000
进气门直径 / 气门杆直径 /mm	32/5	32/5
排气门直径 / 气门杆直径 /mm	28/6	28/6
进气门 / 排气门最大气门行程 /mm	9.9/9.7	9.9/9.3
排气 VANOS 调节范围 /[° CA]	55	55
进气凸轮轴开启范围 /[° CA]	120 ~ 50	120 ~ 50
排气凸轮轴开启范围 /[° CA]	115 ~ 60	115 ~ 60
进气凸轮轴持续开启角度 /[° CA]	258	258
排气凸轮轴持续开启角度 /[° CA]	261	252

配气机构—宝马可变凸轮轴控制（双VANOS原理）

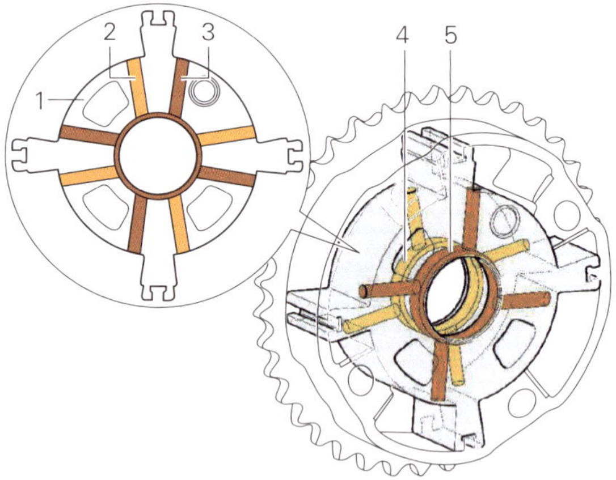

进气凸轮轴VANOS中央阀

1—过滤器；2—钢球；3—弹簧；4—活塞；5—套管；6—壳体；7—活塞上的开口；8—从主机油通道供给机油；9—连接 VANOS 内机油通道的开孔（提前调节）；10—连接 VANOS 内机油通道的开孔（延迟调节）

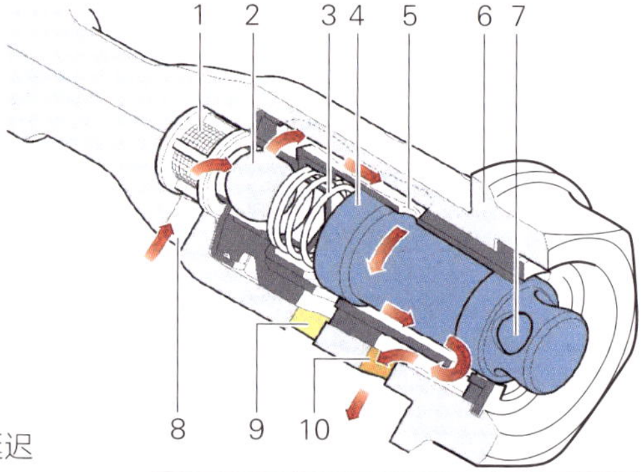

进气凸轮轴VANOS调节单元

1—摆动转子；2—用于提前调节的机油通道；3—用于延迟调节的机油通道；4—用于提前调节的机油通道；5—用于延迟调节的机油通道

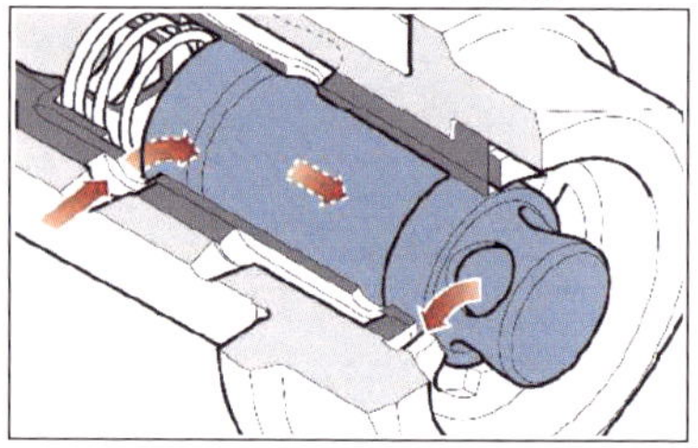

VANOS 中央阀用于将 VANOS 调节单元与凸轮轴固定在一起。此外通过该 VANOS 中央阀还能控制流入 VANOS 调节单元的机油。在此通过一个电磁执行机构将自身活塞压在 VANOS 中央阀的活塞 4 上并推移后者来实现控制功能。机油流量通过活塞进行控制。在图中活塞处于移出状态。大图展示了机油从主机油通道流入 VANOS 调节单元的情况，小图展示了机油从 VANOS 调节单元流入气缸盖的情况。

VANOS 调节单元内的机油通道中，通过浅黄色通道可使进气凸轮轴朝“提前”方向调节；通过深黄色通道可使 VANOS 调节单元朝“延迟”方向调节。锁销可确保 VANOS 调节单元在无压力状态下处于明确的锁止位置。此处没有显示的螺旋弹簧或扭转弹簧可补偿中等凸轮轴摩擦。如果没有弹簧，则 VANOS 向延迟方向调节“克服摩擦力”的速度比向提前方向调节“克服摩擦力”的速度快得多。通过机油压力确保锁止（在执行机构断电的情况下机油压力始终将 VANOS 调节单元压入锁止位置）从而卡止锁销和锁死 VANOS 调节单元。通过这种方式可以调节正时时间。

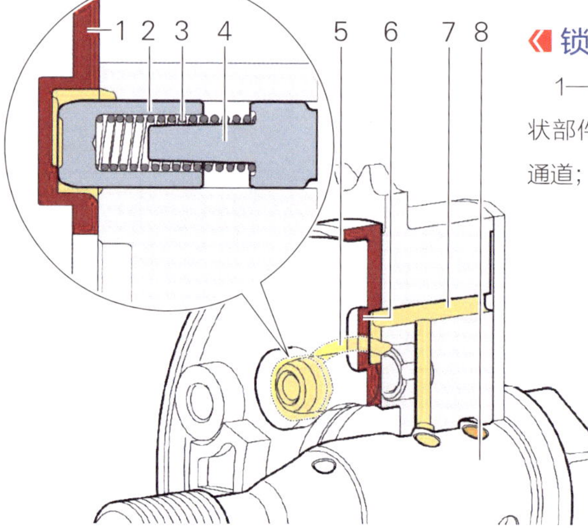

锁销

1—锁盖；2—锁销；3—锁止弹簧；4—管状部件；5—机油通道；6—锁盖；7—机油通道；8—VANOS 中央阀

除用于朝“提前”方向调节的机油压力外，VANOS 调节单元内的机油通道也为锁销提供机油。需要朝“提前”方向调节凸轮轴时，则通过此后产生的机油压力克服锁止弹簧作用力向管状部件方向压下锁销并释放用于 VANOS 调节的锁盖。

配气机构—奥迪凸轮轴调节机构

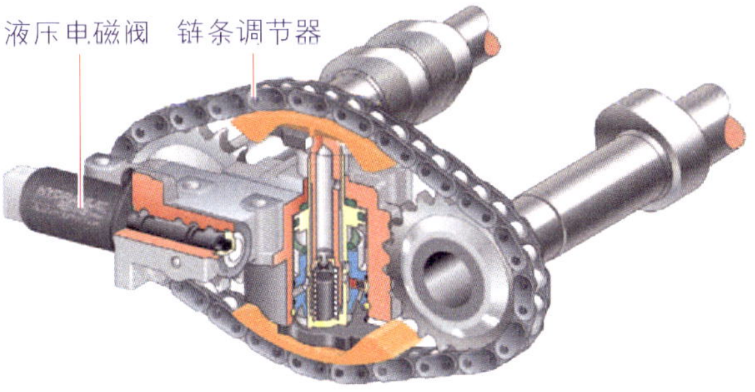

叶片调节器功能

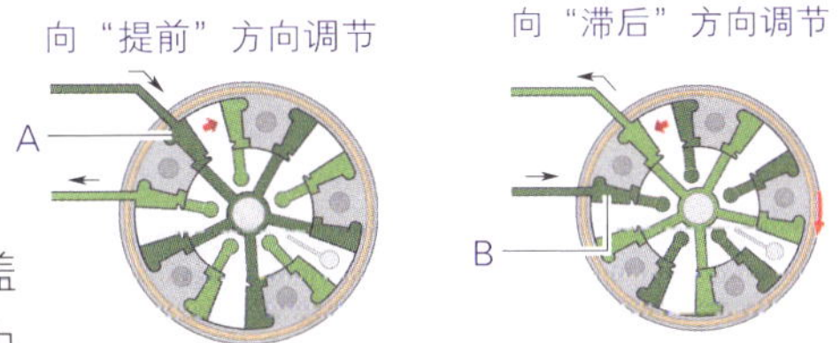

可逆电机是由容积流量可调式机油泵通过缸盖内的专用压力管来加载压力机油的。凸轮轴调节由发动机控制单元通过脉冲宽度调制信号控制的二位四通比例阀来实现。可逆电机的转子与凸轮轴是连接在一起的。可逆电机的定子与一个齿轮刚性连接在一起，而该齿轮又与被驱动着的凸轮轴上的一个齿轮啮合着。对凸轮轴实施调节（相对于曲轴的），是通过将机油压力加载到转子和定子之间的工作腔 A 和 B 上来实现的。为了能快速调节可逆电机，机油压力是存储在柱塞蓄压器中以备使用。

使用链条调节器的凸轮轴调节机构

可变链条调节器的凸轮轴调节机构只用于调节进气凸轮轴，链条同时就张紧了，通过一个液压电磁阀来实现控制。要想从初始位置切换到扭矩位置，就要向下压链条调节器，这就改变了链条的回转点，于是进气凸轮轴就向“提前”方向调节了。

使用叶片调节器的凸轮轴调节机构

用该系统，可以对进气、排气凸轮轴分别实施调节。因此，两个凸轮轴的调节角可以是不同的。其调节是通过转子来操控的，这个转子是通过可控制的机油流来转动着的。

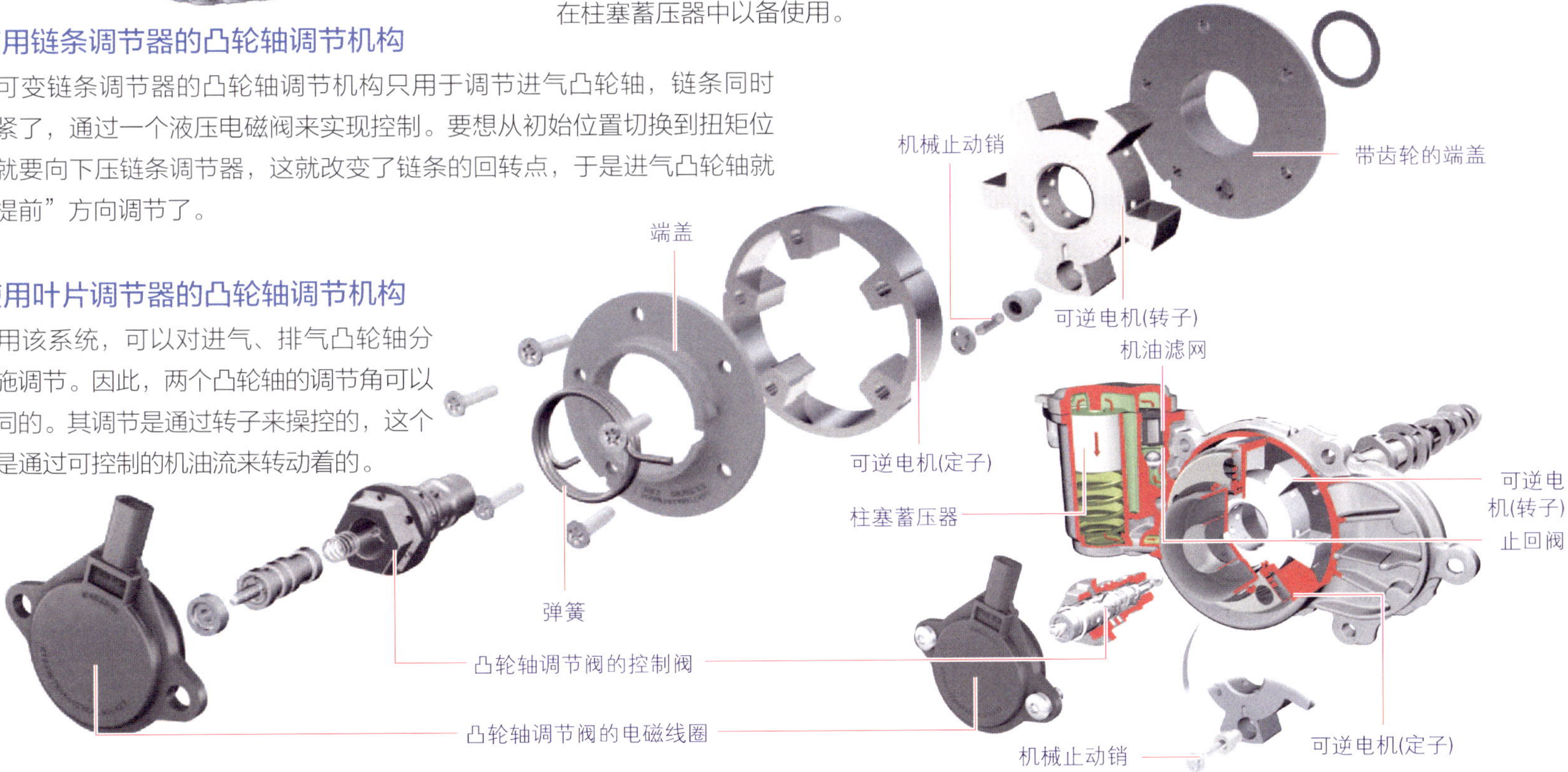

配气机构—奥迪气门升程系统

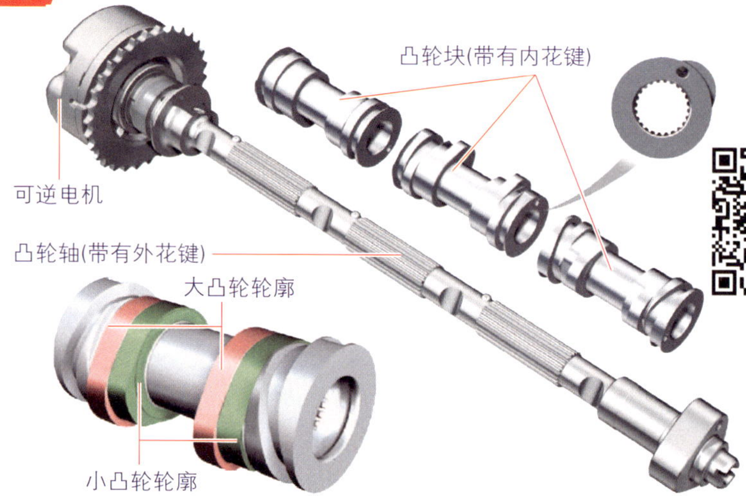

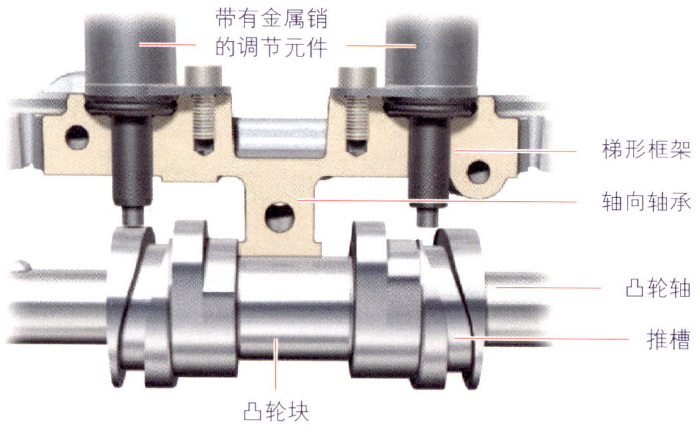

凸轮轴上有花键，凸轮块装在花键上。这个圆柱形套筒（凸轮块）在轴向可移动 7mm，它有两个不同的凸轮轮廓。

小凸轮轮廓可以实现 6.35mm 的气门开启升程，开启时长可达 180° 曲轴角，排气门在上止点后 2° 关闭；使用大凸轮轮廓的话，气门开启行程可达 10mm，开启时长可达 215° 曲轴角，排气门在上止点后 8° 关闭。

奥迪气门升程系统的本质就是对气门升程实施两级控制，该系统直接在凸轮轴上进行操控，为此就使用了所谓的凸轮块（凸轮套筒）。凸轮块直接安装在凸轮轴上，可以轴向移动，每个凸轮块上有两组彼此紧邻的形状不同的凸轮轮廓。这两个凸轮轮廓，一个负责实现较小的凸轮升程，另一个负责实现较大的凸轮升程。通过改变凸轮块的位置，可以根据负荷状态来调节气门。有些发动机还利用该系统来实现气缸关闭功能（按需停缸）。

凸轮块的轴向移动通过两个金属销来实现，这两个金属销垂直于缸盖内的凸轮轴布置，由电磁执行元件来使之伸出。两个金属销可以伸入与凸轮块一体的槽内。这两个金属销要是下降的话，就伸入到凸轮块端部的推槽内了，这个推槽是螺旋线形的。螺旋线形推槽的作用，就是在凸轮块转动时，使凸轮块轴向发生移动。通过另一个金属销在对面推槽内的运动，可以使得凸轮块切换到原来位置。

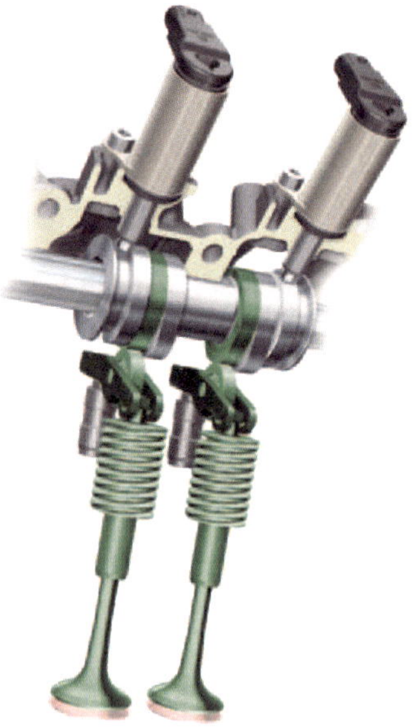
小凸轮轮廓（较低转速）

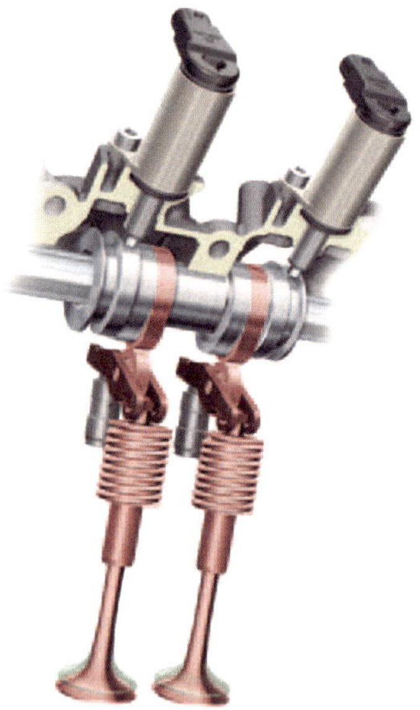
大凸轮轮廓（较高转速）

配气机构—丰田可变正时（VVT-i）

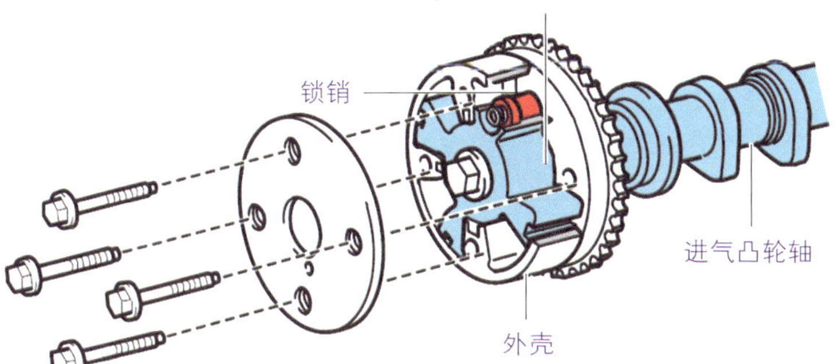

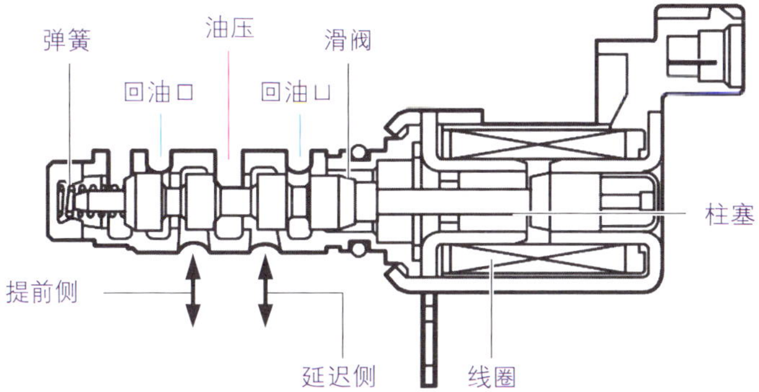

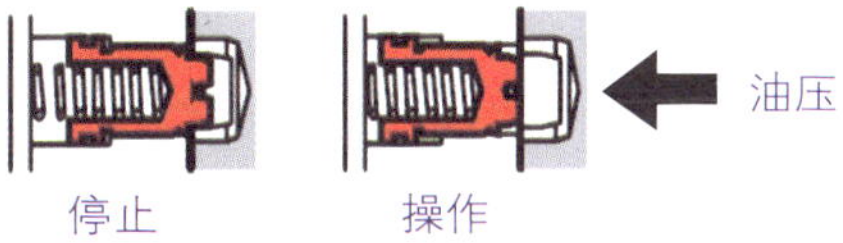

锁销

VVT-i 系统的构造部件包括可调整进气凸轮轴转角气门正时的 VVT-i 控制器和一个控制油压的凸轮轴正时机油控制阀。控制器由一个由正时链条驱动的外壳和固定在凸轮轴上的叶片组成。来自进气凸轮轴提前或者延迟侧通道传送的油压使得 VVT-i 控制器的叶片沿圆周方向旋转，从而连续不断地改变进气气门正时。

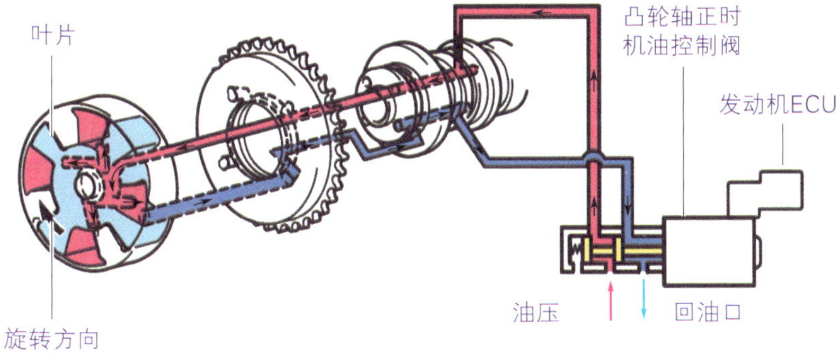

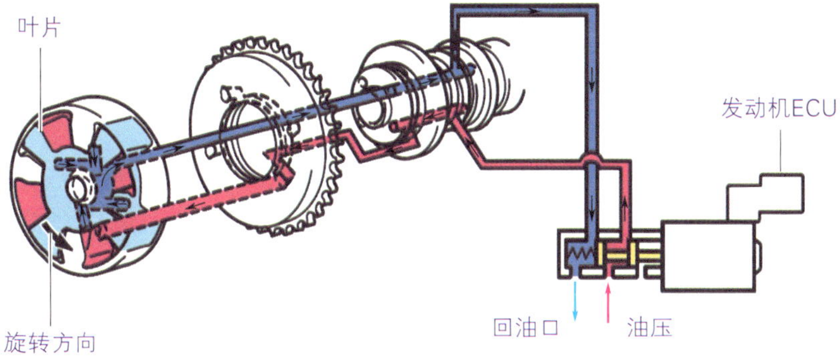

提前控制

由发动机 ECU 控制的凸轮轴正时机油控制阀的所放位置如上图所示状态时，油压作用于气门正时提前侧的叶片室，使进气凸轮轴向气门正时的“提前”方向旋转。

延迟控制

由发动机 EUC 控制的凸轮轴正时机油控制阀的所放位置如上图所示状态时，油压作用于气门正时延迟侧的叶片室，使进气凸轮轴向气门正时的“延迟”方向旋转。

配气机构—本田可变正时（VTEC）

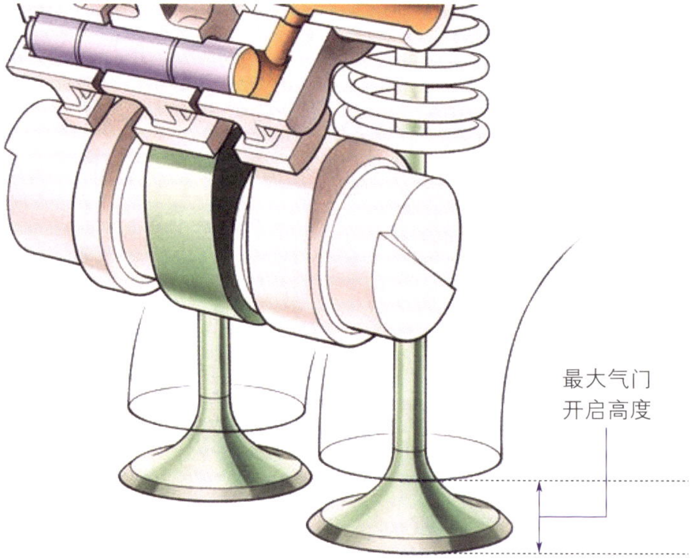

VTEC依照转速变化来切换气门升程（气门开启大小），低转速小升程，高转速大升程。VTEC原理并不复杂，发动机每个气缸有四个气门（两个进气和两个排气），那么开启一个缸单侧气门就需要两个凸轮。原来两个低升程凸轮中间又加了个高升程凸轮，也就是单缸一侧有三个凸轮。但高升程凸轮对应的摇臂有一定自由量，因此正常情况下高升程凸轮顶摇臂，但摇臂不压气门，只有摇臂里面的锁销同时卡住高低升程凸轮时，高升程凸轮才开始顶动摇臂使气门保持最大开度。

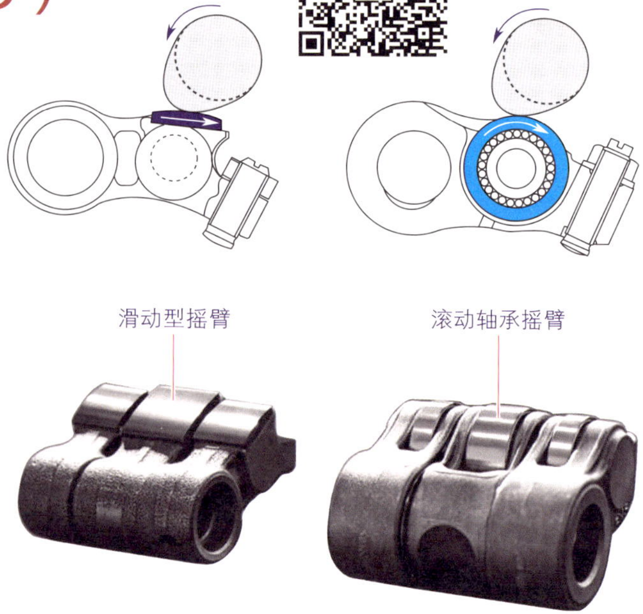

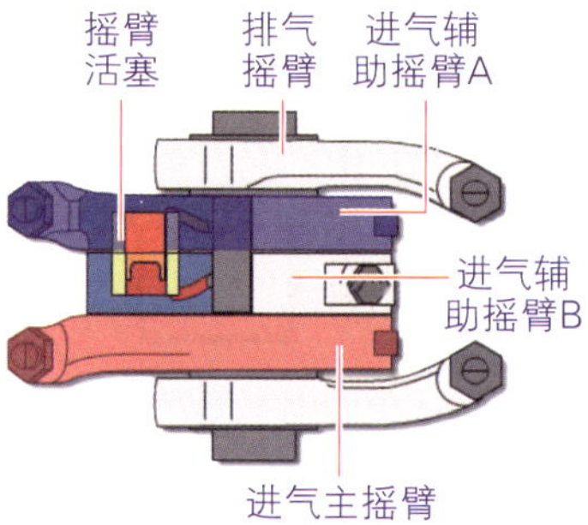

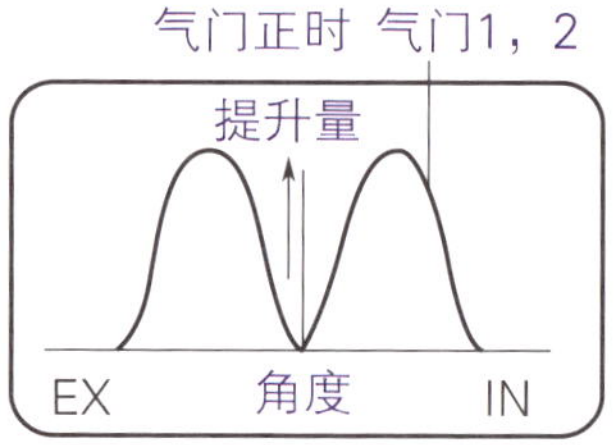

高负荷时

高负荷时，节气门全开，吸入大量空气，进气门两侧同时动作，使发动机产生强大的输出动力。

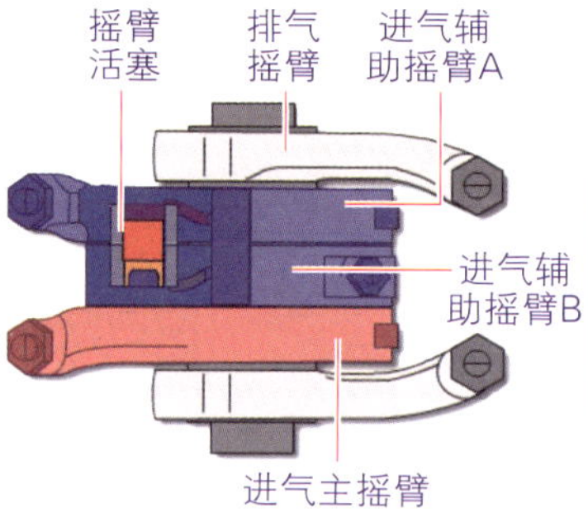

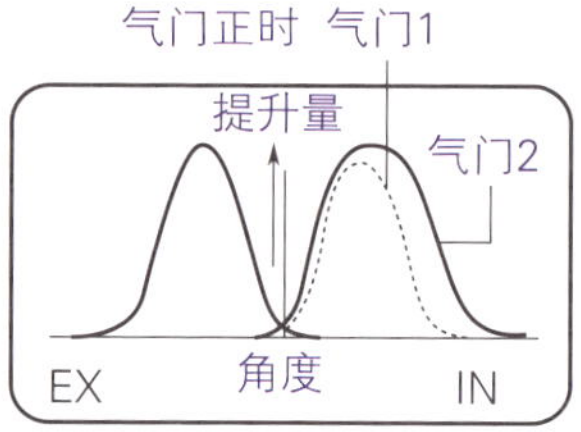

低负荷时

巡航行驶等低负荷时，单侧的进气门在压缩开始后关闭，使吸入的空气回流至进气歧管，控制进气量。低负荷行驶时可不通过减小节气门开度控制进气量，所以能减少进、排气损耗，有助于降低油耗。

配气机构—本田可变气缸（VCM）

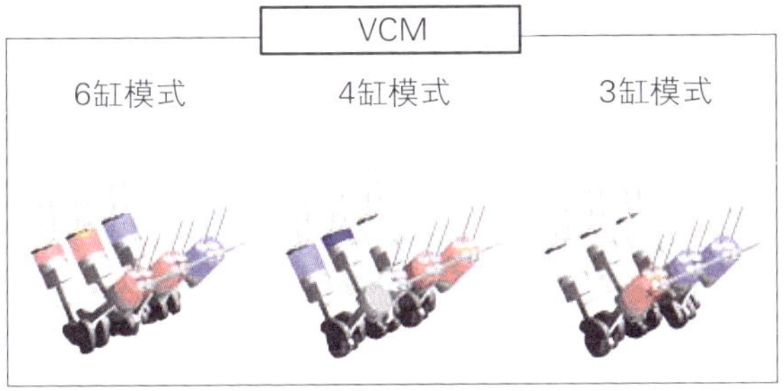

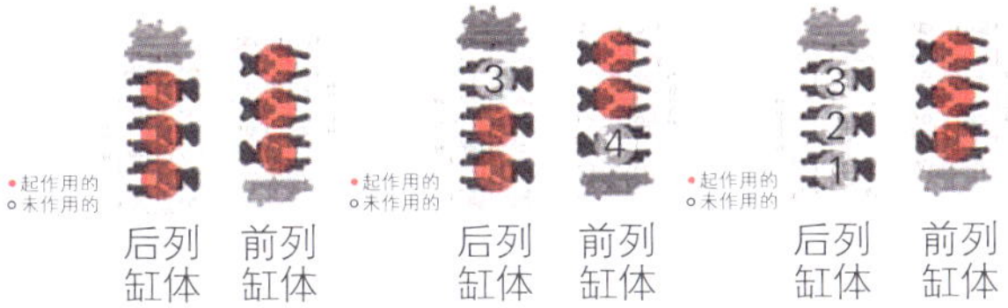

配有V6发动机的2008款雅阁采用了i-VTEC可变气缸管理系统。该系统使发动机能在6缸、4缸和3缸运行之间切换。

当发动机在轻负载下运行，如中等加速或高速公路巡航时，该系统会禁用前、后气缸组的3号和4号气缸，并用剩下的四个气缸运行发动机。当轻负载巡航或减速时，该系统会禁用后气缸组的1号、2号和3号气缸，并用剩下的三个气缸运行发动机。当需要动力时，系统会自动以6缸的方式运行，以提供最大性能。

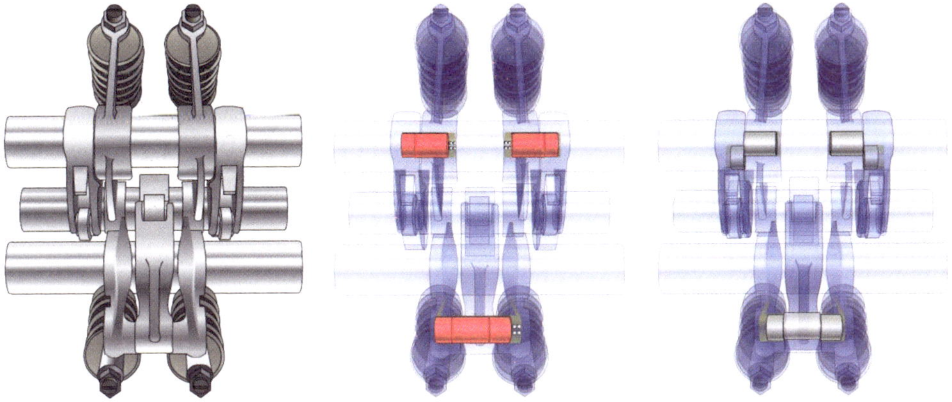

1号至4号气缸配有两种类型的摇臂，各有一个主摇臂和一个次摇臂。主摇臂随凸轮动作，次摇臂压缩气门弹簧。同步活塞锁止两个摇臂，使它们能关闭和打开阀门。

当ECM/PCM确定车辆巡航时，机油压力使同步活塞滑动至次摇臂。在活塞销存放备用的情况下，阀门和主摇臂不再连接。结果，凸轮的举升动作不再传送到阀。

在没有阀门升程的情况下，气缸保持密封。滞留在内部的气体像一个弹簧，随活塞的上下移动膨胀和收缩。因为停用的气缸内没有发生进气或排气，泵气损失最多减少65%。

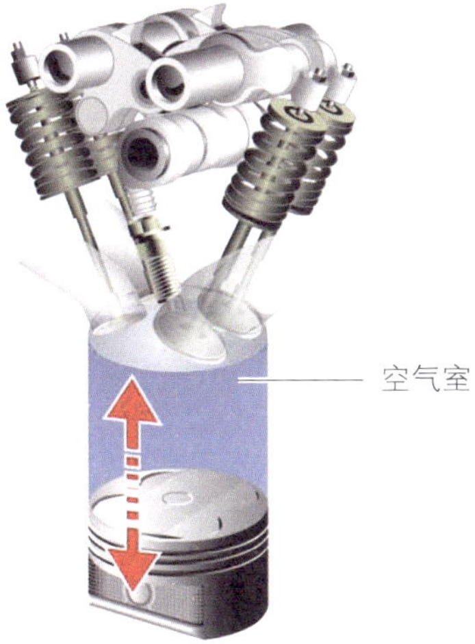

配气机构—本田可变气缸（VCM）

VCM 系统使发动机可在 3 种不同模式下运行。为实现该目的，用 3 个电磁阀控制经 4 个管流到摇臂的机油。

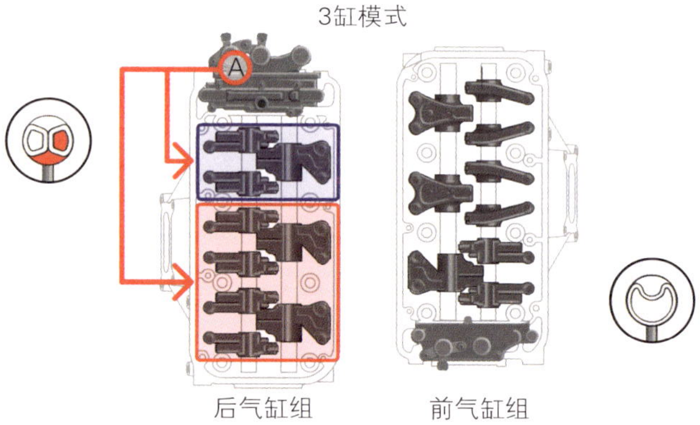

在 3 缸模式下，后气缸组的所有气缸被禁用。

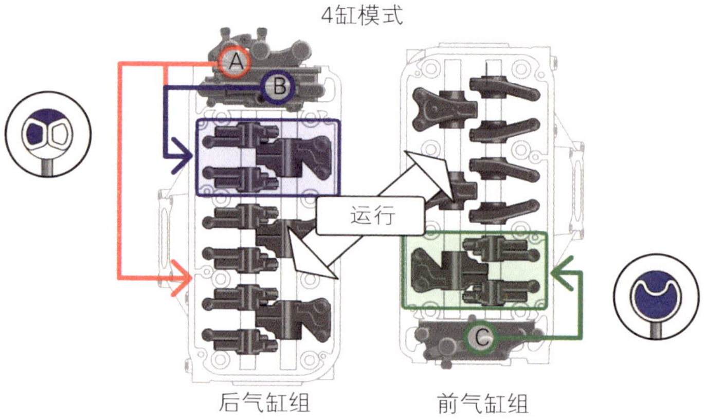

在 4 缸模式下，后气缸组的 3 号气缸和前气缸组的 4 号气缸被禁用。

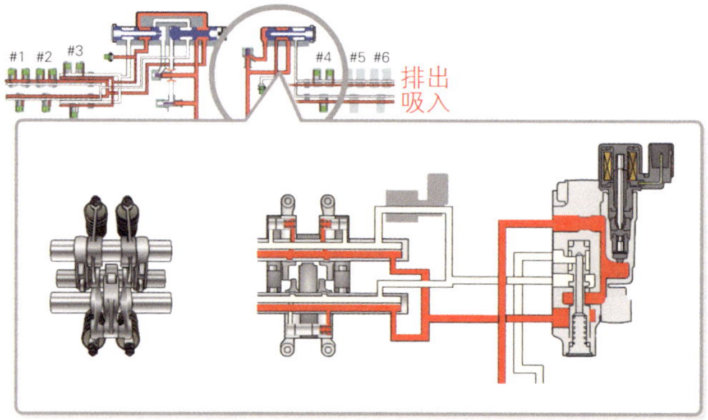

当行驶情况需要额外动力时，一旦被 ECM/PCM 指令，伺服阀调节机油泵的液压。液压从摇臂轴的油路进入次摇臂。同步活塞滑至主摇臂，使主、次摇臂锁止。锁止两个摇臂会将举升的主摇臂的驱动力传送至对阀门进行操作的次摇臂。

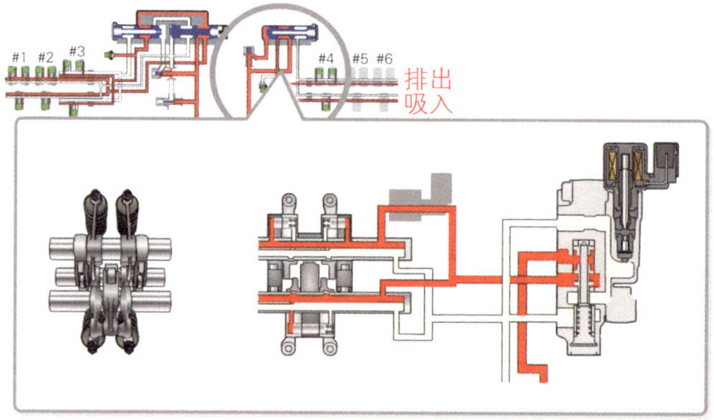

当行驶情况允许气缸怠速时，ECM/PCM 指令伺服阀使机油流至凸轮轴主摇臂侧的油路。

此时，液压进入主摇臂且同步活塞滑至次摇臂侧。这使主摇臂和次摇臂分离，且凸轮轴的驱动力不再传送到阀门，阀门不再举升，从而减少了燃油消耗。

配气机构—阿特金森循环（Atkinson）

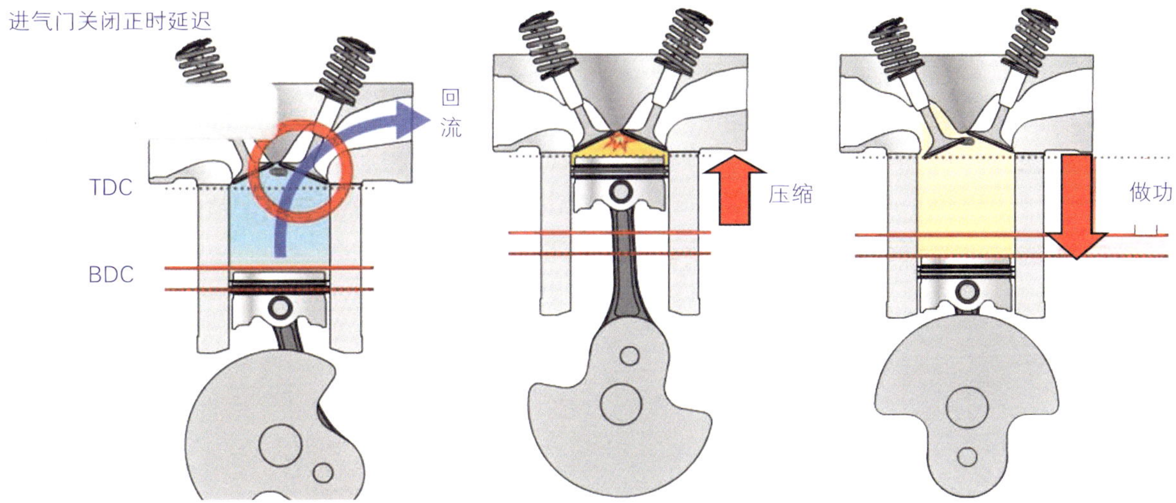

对于奥拓循环发动机（传统发动机），压缩比和膨胀比相同。除了传统发动机的进气、压缩、做功和排气冲程之外，阿特金森循环发动机还具有“回流”功能，可将气缸吸入的一部分空气燃油混合气推回至进气歧管中。这是通过进气门关闭正时延迟而实现的。

在低速时，本来就稀薄的混合气在“回流”之后变得更少，这让该类发动机低速扭矩表现很差。其较长的活塞行程确实可以充分地利用燃油的能量，提升经济性，但也因此限制了转速的升高，加速性能也变差。在混合动力汽车上，发动机的大多时段都是在发电，所以发动机可以在油耗最优异的转速运转，用电动机的大扭矩弥补动力的缺陷。互补之后的动力总成，让混合动力汽车在动力性和经济性上都有着突出的表现。

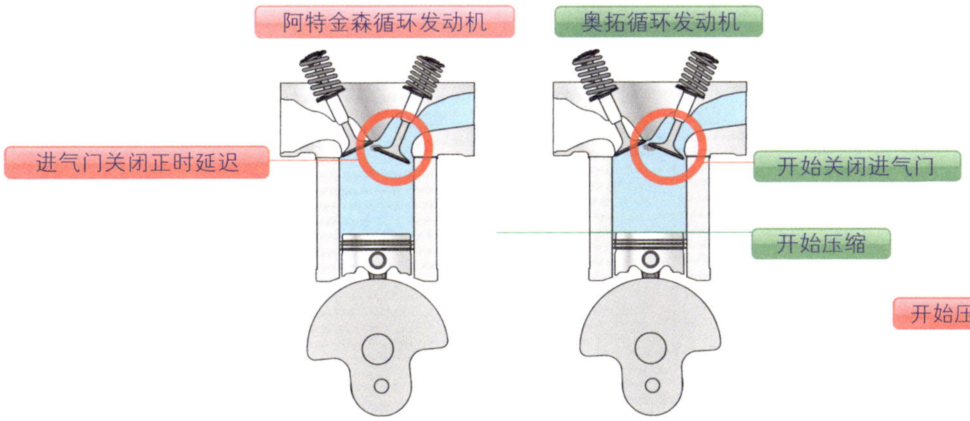

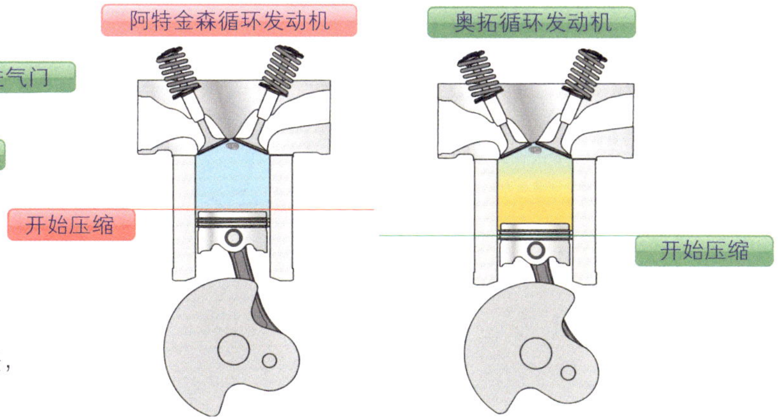

在阿特金森循环发动机中，延迟的进气门正时会产生回流，减少泵气损失，同时维持完全燃烧冲程，确保将热能转换为动能。

燃油供给系统—概览

燃油系统由燃油供给系统和燃油混合气制备系统组成。燃油供给系统包括带有所有安装件的燃油箱以及连接至发动机室的燃油管路。发动机室内的燃油管路和发动机上的所有燃油系统部件均属于燃油混合气制备装置。

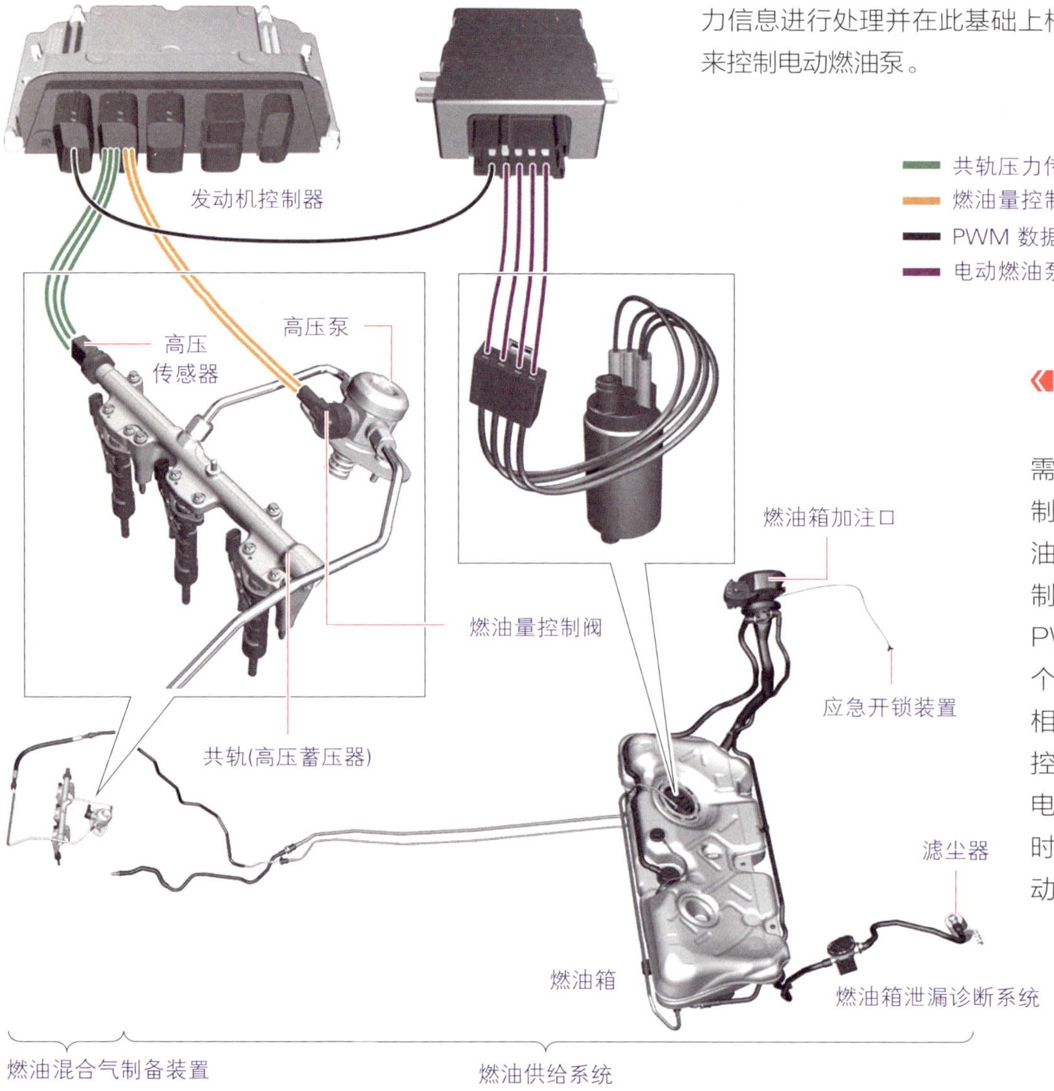

燃油泵控制器

燃油泵控制器的任务是对发动机控制器所需的燃油压力信息进行处理并在此基础上根据需要通过三相交流电压来控制电动燃油泵。

电动燃油泵

发动机控制器计算相关需求，通过一个脉冲宽度调制信号（PWM 信号）将燃油低压要求发送至燃油泵控制系统。燃油泵控制系统对 PWM 信号进行处理并通过一个逆变器产生 U、V、W 三相交流电压，以便根据需要控制电动燃油泵的三相交流电机。PWM 数据导线断路时，以最大系统功率控制电动燃油泵。

燃油供给系统—汽油直喷系统

大多数现代的汽油发动机都是使用燃油直喷系统。在有些发动机上，还另有进气歧管喷射系统。燃油系统分为低压区和高压区，这两个区都是按需要来调节，没有回流管路。燃油箱内的预供油泵由燃油泵控制单元来控制。免保养滤清器安装在油箱内的供油单元上。两列气缸各有自己的高压管路。气缸列 2 的高压燃油泵由气缸列 1 的高压泵来供油。低压区的工作压力是可变的，在 5 ~ 6.5bar，系统总是试图让压力保持最低。高压区的工作压力在 20 ~ 120bar，当压力到达 145bar 时，机械式压力限制阀会打开。

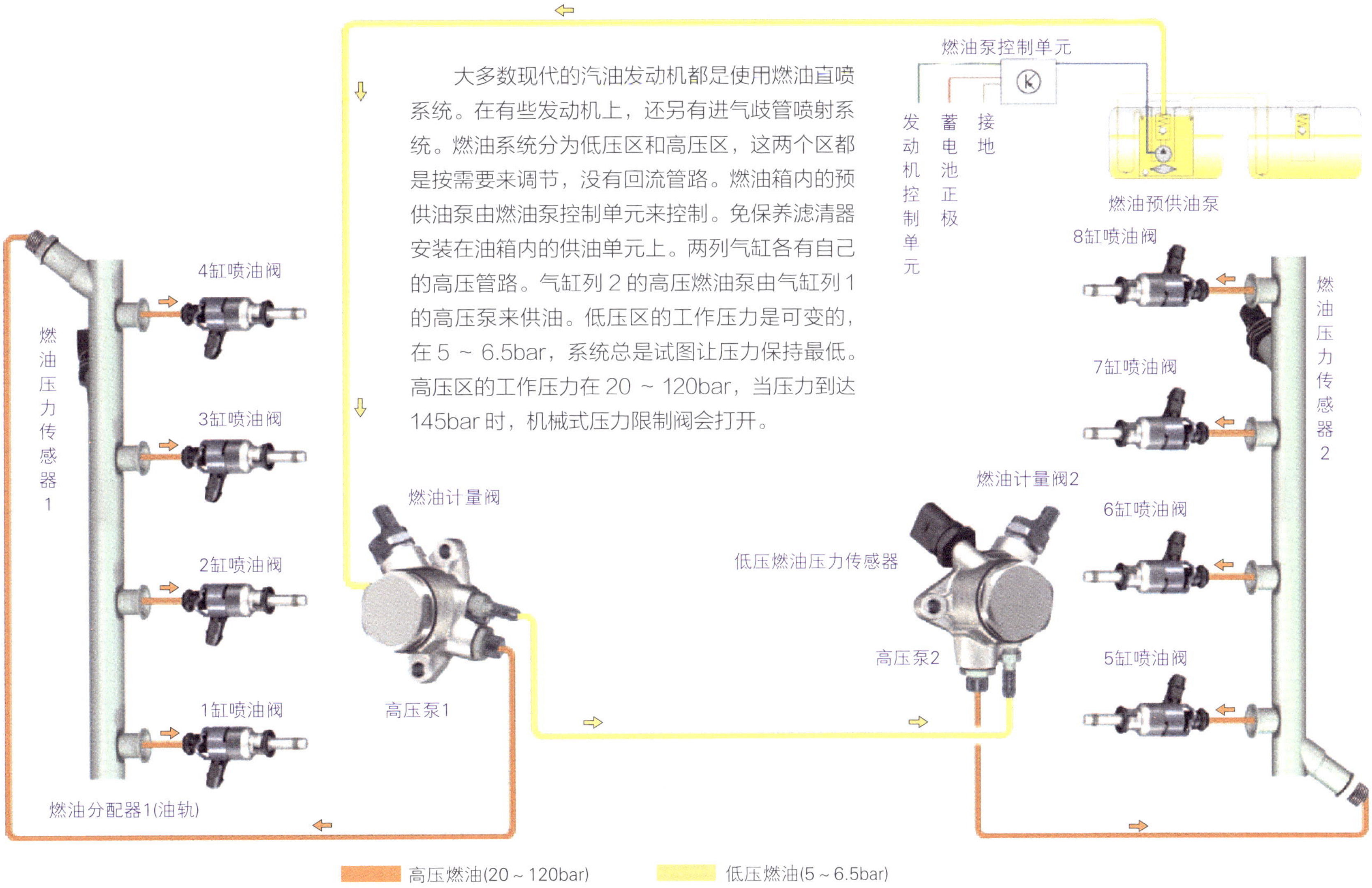

燃油供给系统—高精度喷射（HPI）（直喷汽油机）

根据需要，通过供油管，燃油由电动燃油泵以5bar的进气压力从油箱输送至高压泵。进气压力由低压传感器进行监控。如果这个传感器失灵，电动燃油泵会继续按照100%的输送量进行工作，此时终端设备处于“开启状态”。燃油在永久性开启的三活塞式高压泵内增压然后通过高压管路输送进入导轨。

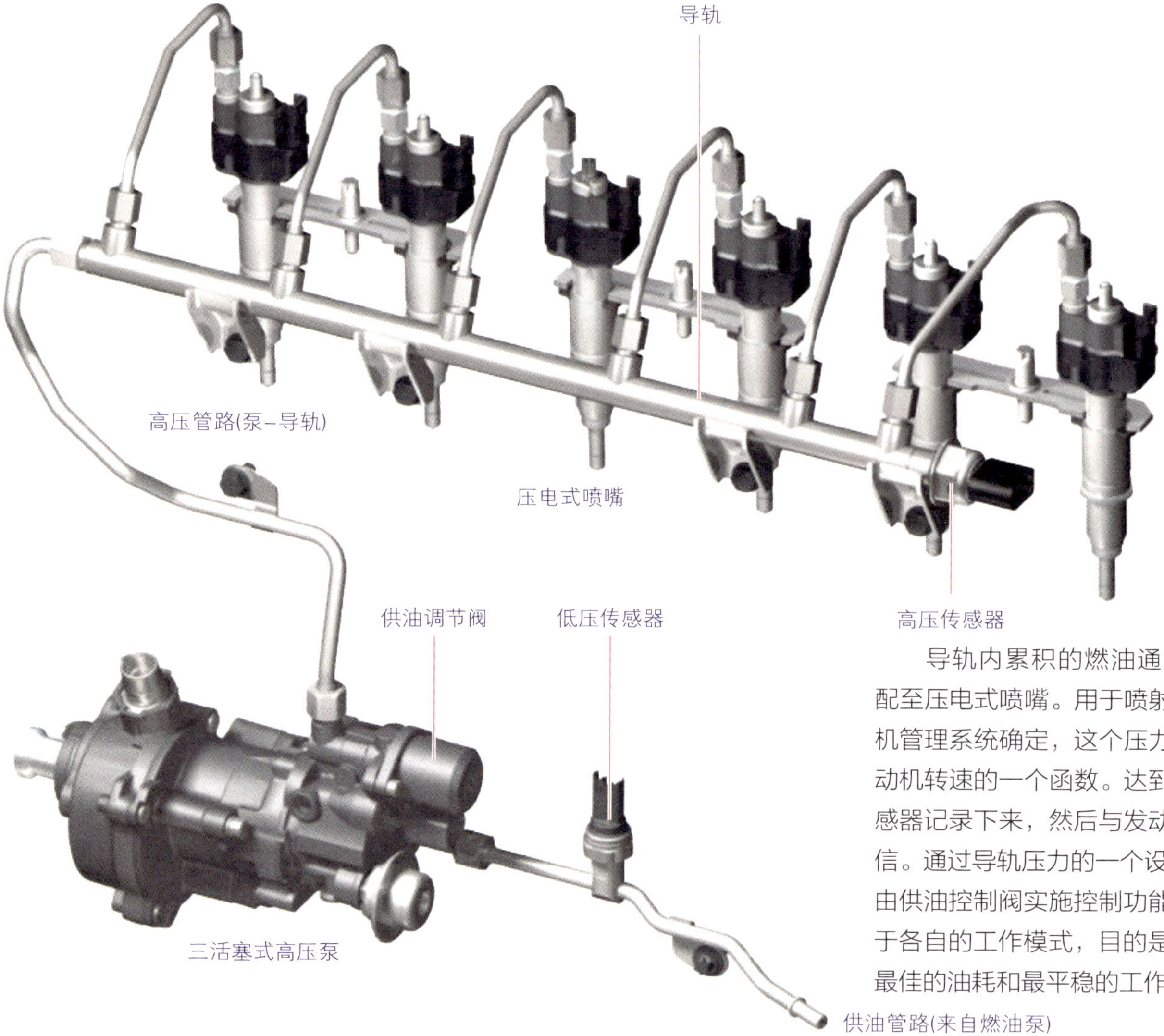

导轨内累积的燃油通过高压管将压力分配至压电式喷嘴。用于喷射的燃油压力由发动机管理系统确定，这个压力是发动机载荷和发动机转速的一个函数。达到的压力级由高压传感器记录下来，然后与发动机控制单元进行通信。通过导轨压力的一个设定点 / 实际值调节，由供油控制阀实施控制功能。压力的配置取决于各自的工作模式，目的是为了让发动机实现最佳的油耗和最平稳的工作性能。

燃油供给系统—双喷射系统（直喷汽油机）

汽油机直喷系统所产生的微尘排放能达到当今最新柴油机微尘排放的10倍。为了减少排放就开发了双喷射系统。其压力由油箱内的燃油预供油泵根据需要来提供。燃油预供油泵由燃油泵控制单元通过发动机控制单元来操控。MPI油轨是塑料制的。MPI喷油阀安装在塑料进气歧管上，根据最佳喷油方向来布置。MPI喷射系统有自己的压力传感器，即低压燃油压力传感器。

高压区的所有部件都经过改进了，以便适应高达200bar的系统压力。另外喷油阀通过钢质弹簧片与缸盖隔离。同样，高压油轨与进气歧管也分隔开了，用螺栓与缸盖拧在一起。高压喷油阀的位置稍微向后移动了一点，这样可以改善混合气的均匀程度，还减小了喷油阀的热负荷。

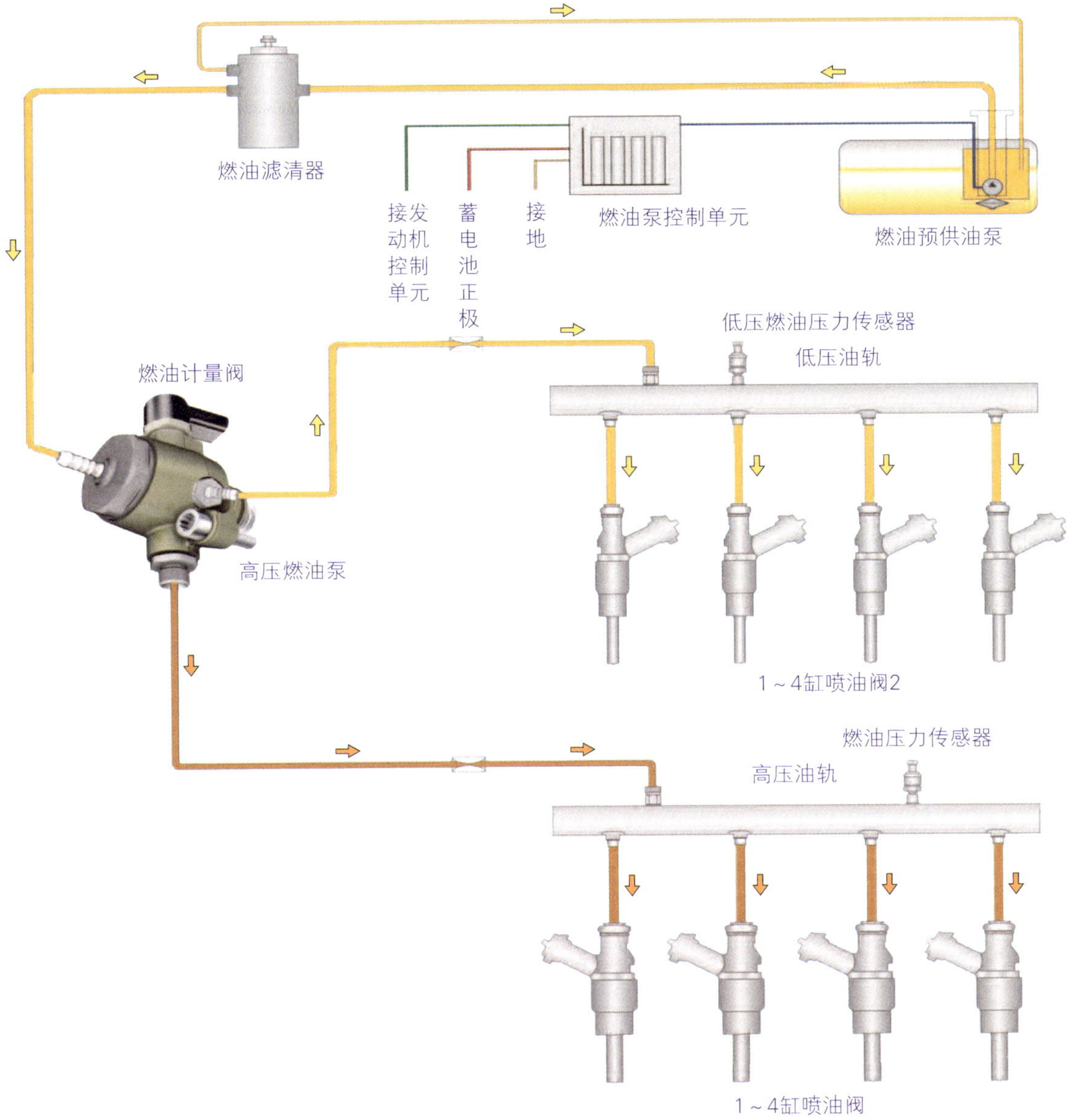

燃油供给系统—高压共轨系统概览（柴油机）

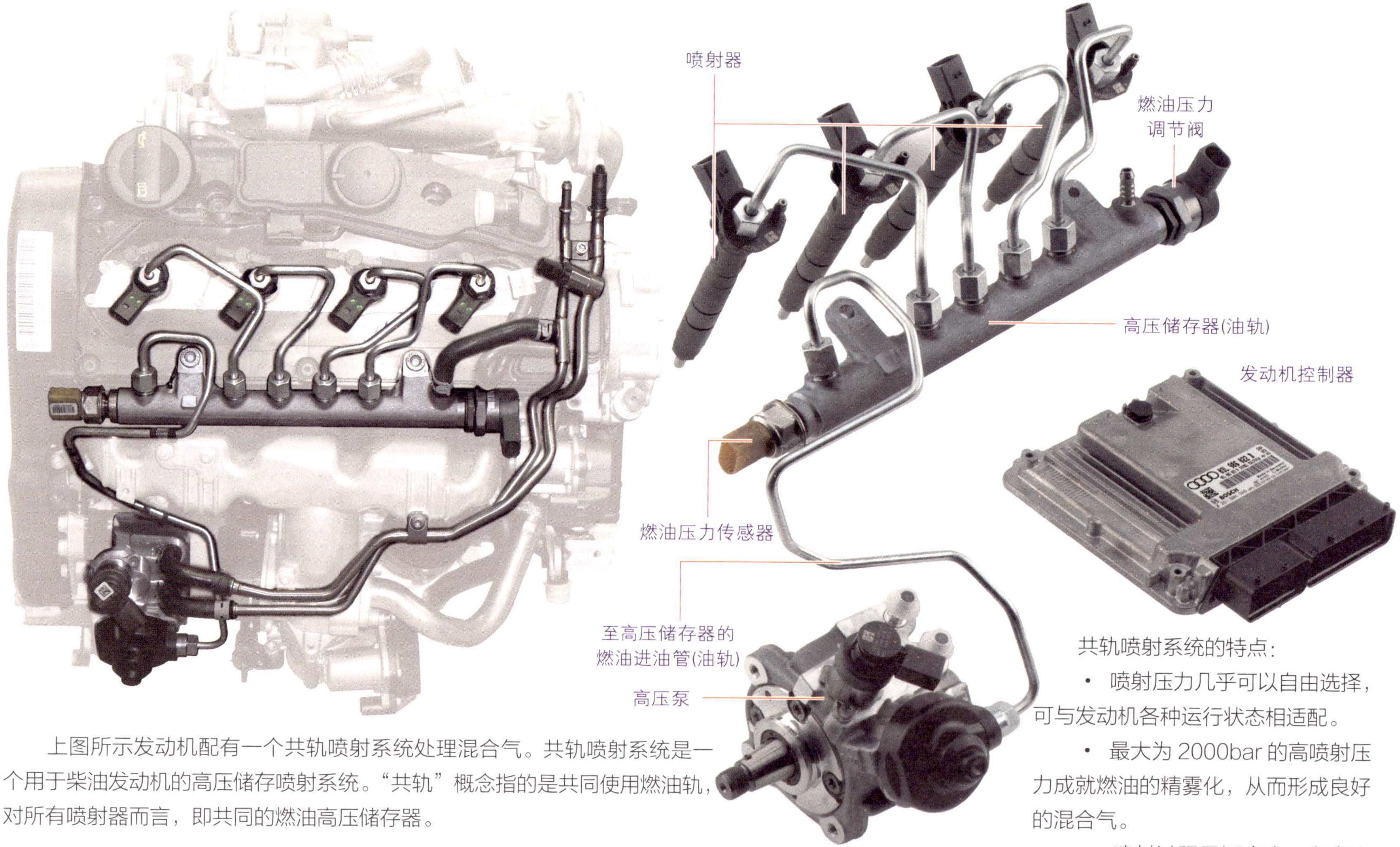

上图所示发动机配有一个共轨喷射系统处理混合气。共轨喷射系统是一个用于柴油发动机的高压储存喷射系统。“共轨”概念指的是共同使用燃油轨，对所有喷射器而言，即共同的燃油高压储存器。

共轨喷射系统的特点：

- 喷射压力几乎可以自由选择，可与发动机各种运行状态相适配。
- 最大为2000bar的高喷射压力成就燃油的精雾化，从而形成良好的混合气。
- 喷射过程灵活多变，有多次预喷和补喷射。

燃油供给系统—高压共轨系统原理（柴油机）

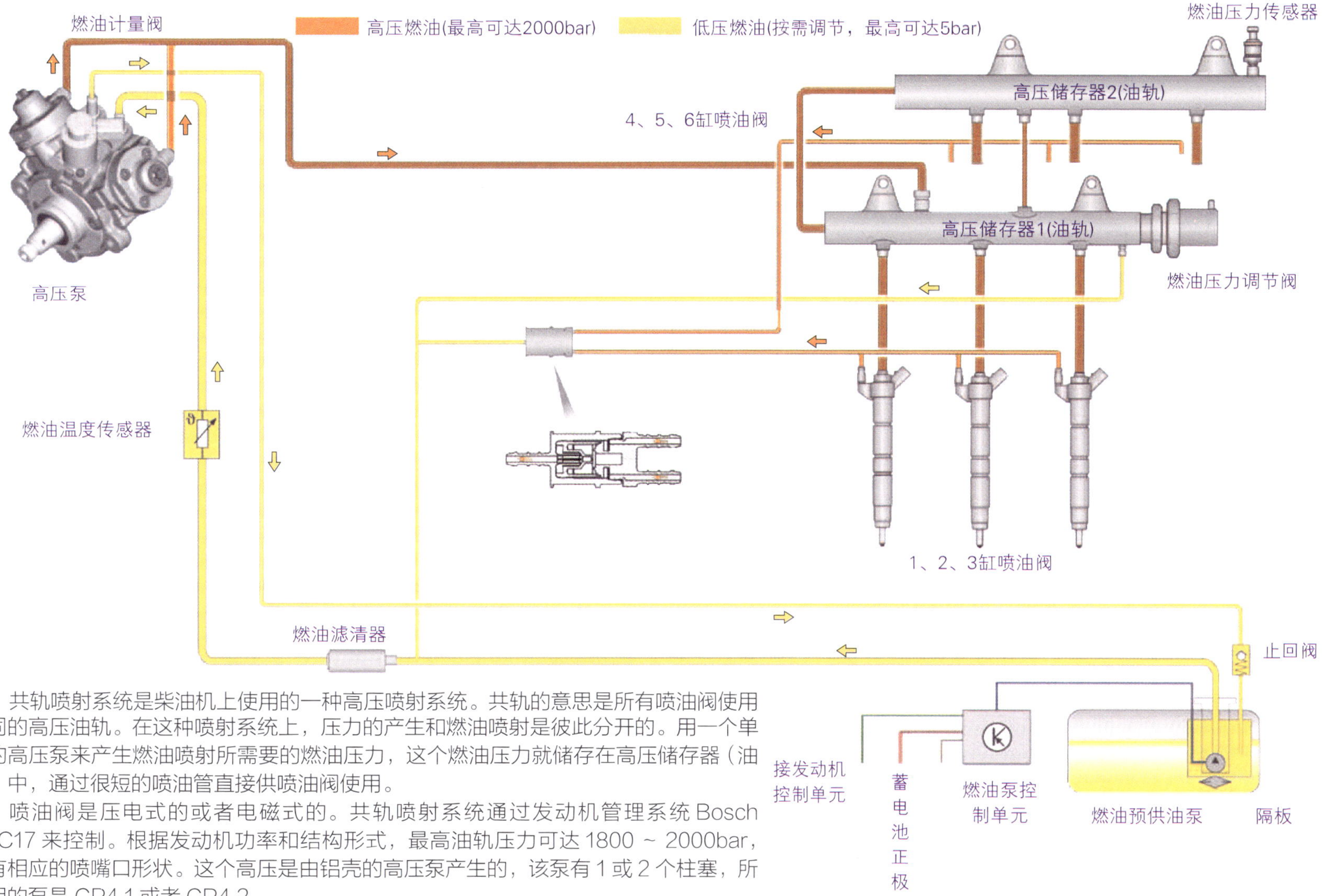

共轨喷射系统是柴油机上使用的一种高压喷射系统。共轨的意思是所有喷油阀使用共同的高压油轨。在这种喷射系统上，压力的产生和燃油喷射是彼此分开的。用一个单独的高压泵来产生燃油喷射所需要的燃油压力，这个燃油压力就储存在高压储存器（油轨）中，通过很短的喷油管直接供喷油阀使用。

喷油阀是压电式的或者电磁式的。共轨喷射系统通过发动机管理系统 Bosch EDC17 来控制。根据发动机功率和结构形式，最高油轨压力可达 1800 ~ 2000bar，配有相应的喷嘴口形状。这个高压是由铝壳的高压泵产生的，该泵有 1 或 2 个柱塞，所使用的泵是 CP4.1 或者 CP4.2。

燃油供给系统—燃油箱

汽油油箱

汽油产生的燃油蒸气通过两个阀被引入到活性炭滤清器内。翻车防漏阀具有浮球式压力保持功能，该阀可在翻车时封住油箱，防止燃油漏出。两个阀向油箱上部的膨胀腔内排气。有一个迷宫式结构用于阻止液态燃油进入活性炭滤清器。这个膨胀腔内的燃油被真空抽入到燃油箱内，而真空是由燃油冷却而产生的。

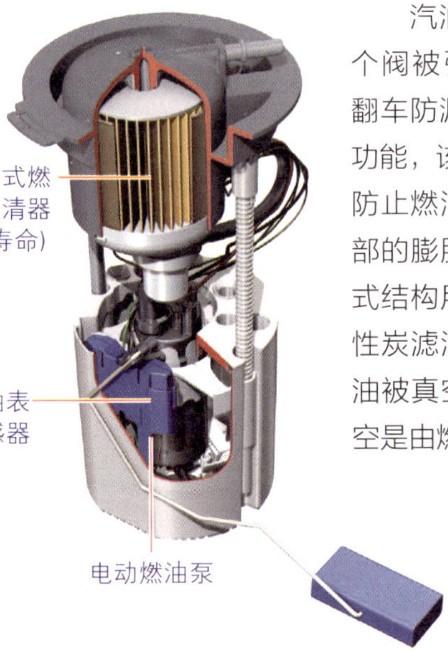

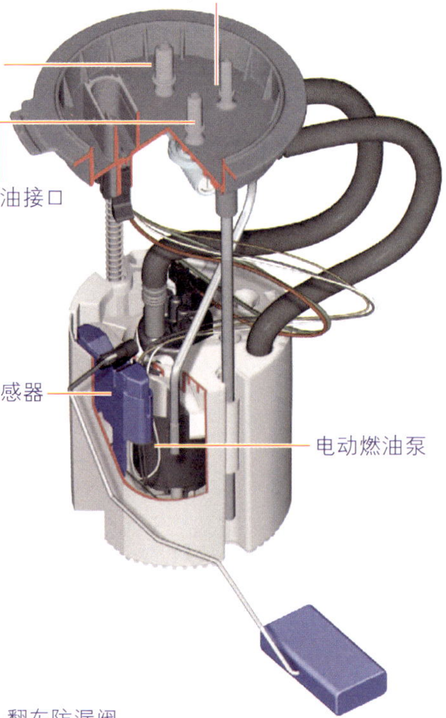

柴油油箱

柴油油箱是单腔式燃油箱，没带一体式燃油滤清器。为了抑制燃油的晃动，Audi Q5 所有型号车的油箱内都装有防晃隔板。防晃隔板是在生产过程中就安装好了的，它们焊接在油箱的上半部和下半部上。这些防晃隔板除了用于抑制燃油的晃动外，还用于增强油箱的强度。

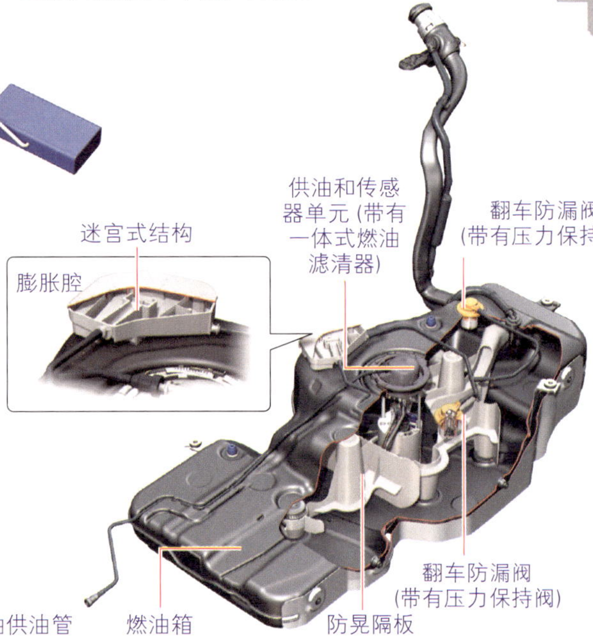

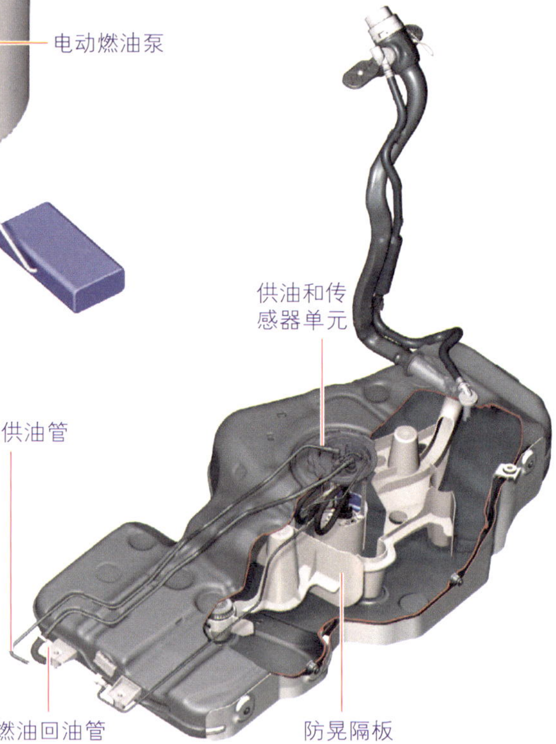

燃油供给系统—燃油高压泵（直喷汽油机）

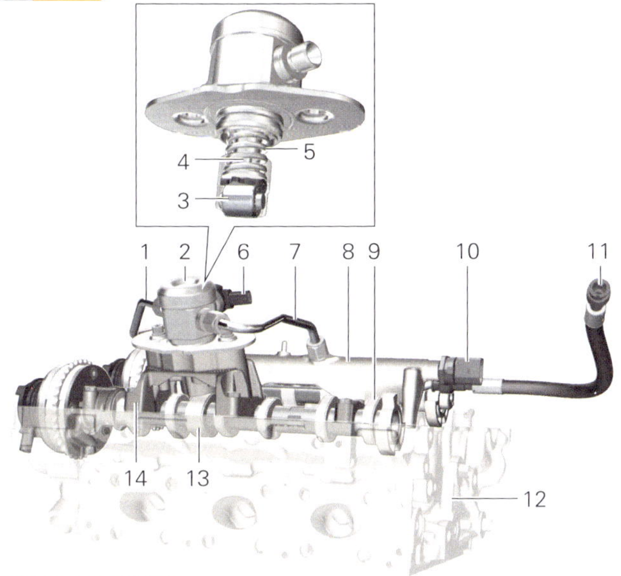

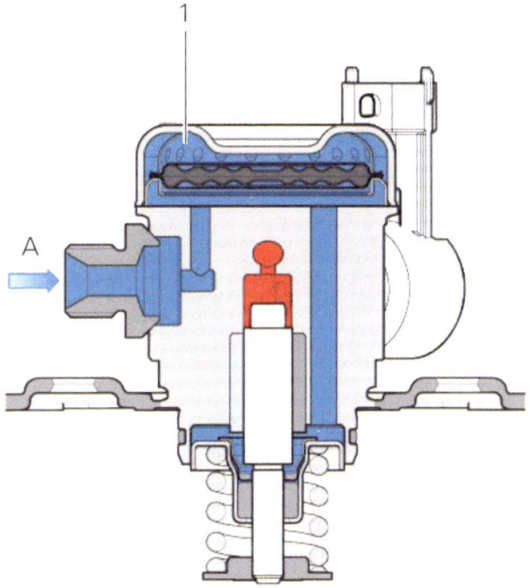

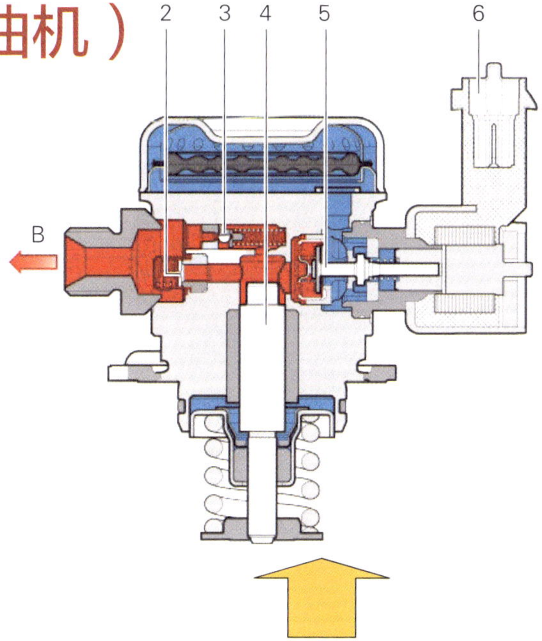

燃油高压泵

1—至高压泵的燃油供给管路；2—高压泵；3—滚轮挺杆；4—泵活塞；5—弹簧；6—燃油量控制阀；7—至共轨的高压管路；8—共轨；9—排气凸轮轴；10—共轨压力传感器；11—燃油供给管路快速接头；12—气缸盖；13—高压泵驱动凸轮；14—高压泵托架；

Bosch（博世）单活塞高压泵通过固定在排气凸轮轴上的一个三段凸轮来进行驱动，通过与电动燃油泵相连的燃油供给管路为高压泵提供低压燃油。

高压泵上的燃油量控制阀调节共轨内的燃油压力。共轨内的最大压力为200bar。在高压泵内有一个溢流阀，压力为245bar时该阀打开。发动机控制单元通过脉冲宽度调制方式（PWM信号）控制燃油量控制阀，在断电状态下执行打开位置。这样高压泵的泵活塞无法压缩燃油。

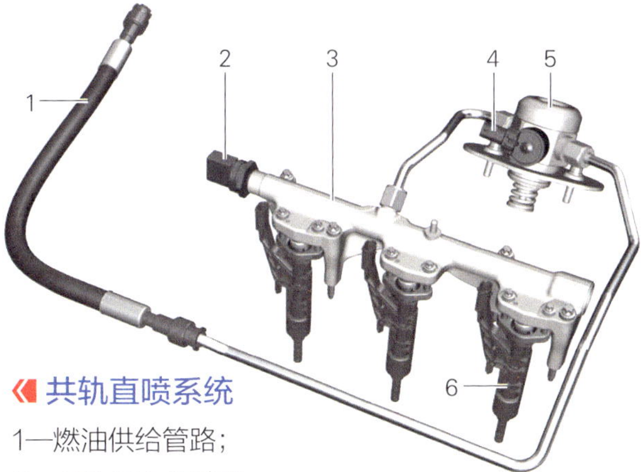

共轨直喷系统

1—燃油供给管路；

2—共轨压力传感器；

3—直接共轨；

4—燃油量控制阀；5—高压泵；

6—电磁阀喷射器

Bosch单活塞高压泵

A—低压接口；

B—高压接口；

1—补偿室；

2—高压单向阀；

3—溢流阀；

4—泵活塞；

5—燃油量控制阀；

6—燃油量控制阀的电气接口

燃油供给系统—高压泵构造（直喷汽油机）

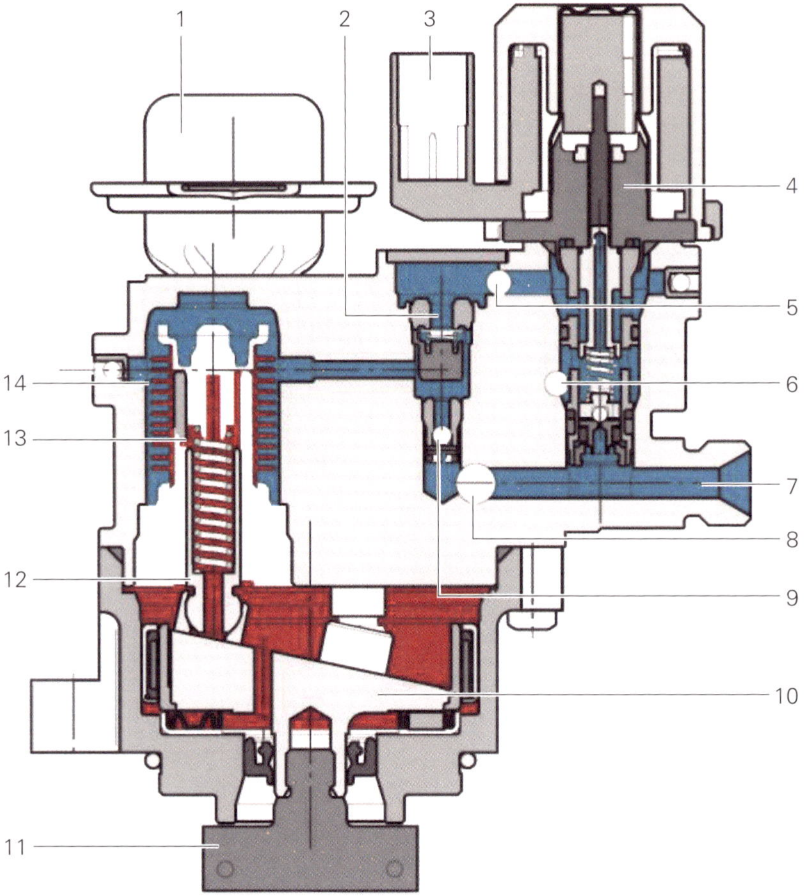

带有供油控制阀的高压泵

1—热补偿器；2—低压单向阀，×3；3—管线接头，发动机管理系统；4—供油控制阀；5—回油，压力限制阀；6—从燃油泵供油；7—通往导轨的高压孔口；8—供油管路，压力限制阀；9—高压单向阀，×3；10—摆动式阀盘；11—传动法兰，高压泵；12—柱塞，×3；13—注油，高压泵；14—油腔，×3

燃油在电动燃油泵产生的进气压力下通过供油管路（6）进入高压泵。在这里，燃油通过供油控制阀（4）和低压单向阀（2）进入柱塞和活塞筒总成的油腔（14）。柱塞和活塞筒总成内的燃油承受一定的压力，并通过高压单向阀（9）输送至高压孔口（7）。高压泵通过传动法兰（11）与真空泵连接在一起，因此也是通过链式传动，即一旦发动机开始运行，三个柱塞（12）就会通过摆动式阀盘（10）进行永久性的垂直方向往复运动。燃油继续增压直到新的燃油通过供油控制阀（4）进入高压泵。供油控制阀通过发动机管理系统接头（3）进行激活，并允许需要的油量进入。通过打开和关闭供油通道，利用供油控制阀来启动压力控制装置。高压区的最大压力被限制在245bar。如果出现压力过大的情况，压力限制阀可以由通往低压区的孔口（8和5）对高压回路卸压。低压区的液体体积可以用来补偿产生的最高压力。温度的改变导致的体积变化由热补偿器（1）进行补偿，而热补偿器与泵的注油装置连接。

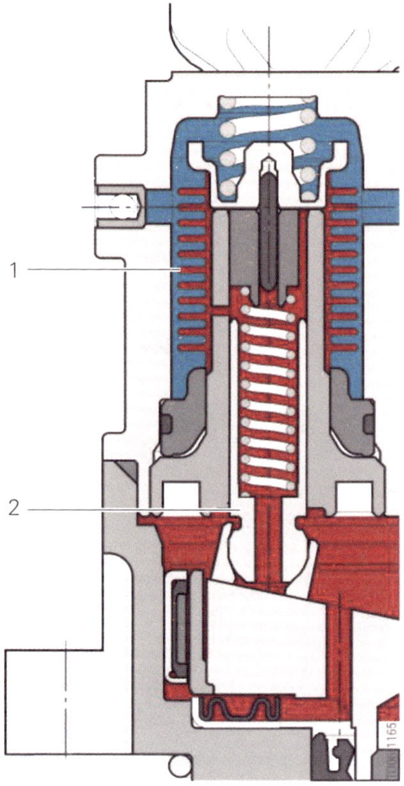

柱塞和活塞筒总成

红色—机油；蓝色—燃油；
1—金属膜；2—柱塞

由摆动式阀盘驱动的柱塞将油（红色）以向上的行程压入金属膜内。金属膜的体积变化减少了油腔内的有效空间。因此，压力作用（蓝色）下的燃油被迫进入导轨。

燃油供给系统—电磁喷射器构造（直喷汽油机）

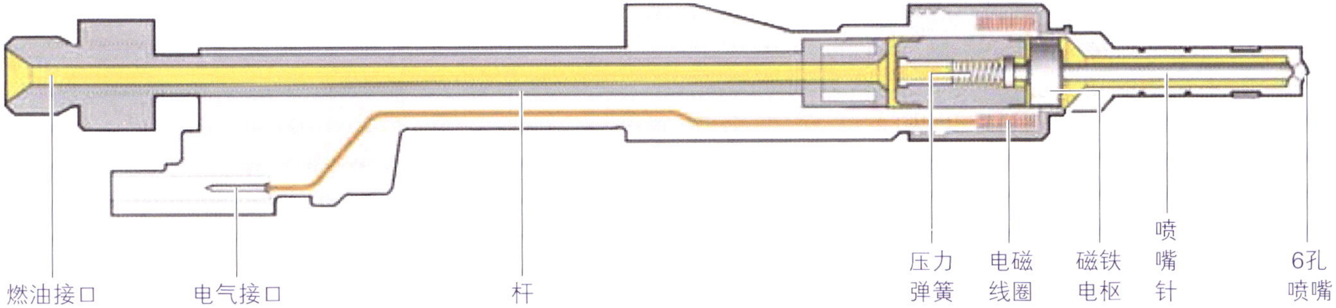

Bosch 电磁阀喷射器 HDEV5.2。喷射器名称由以下部分构成：HDEV= 高压喷射阀；5= 代系名称；1= 最大喷射压力 150bar；2= 最大喷射压力 200bar。电磁线圈通电时会产生吸引磁铁电枢的磁场。磁铁电枢在喷嘴针上运行。磁铁电枢朝电磁线圈线性移动时，喷嘴针随之一起移动，朝向燃烧室的喷嘴孔开启。

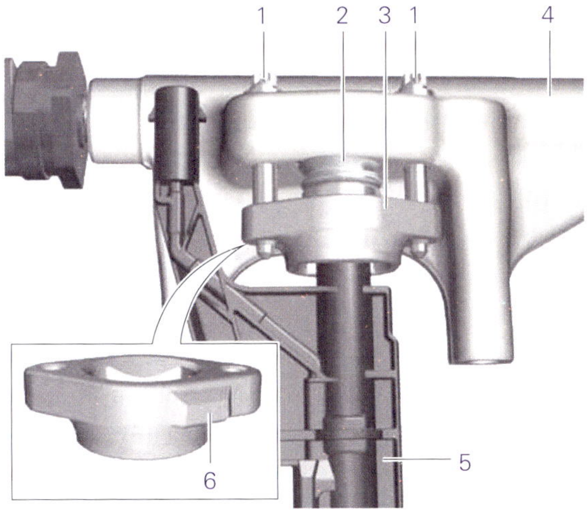

电磁阀喷射器通过一个卡扣式连接件固定在固定桥内。

1—固定螺栓；2—塑料套管；3—带卡扣式连接件的固定桥；4—共轨；5—电磁阀喷射器；6—铸造凸缘

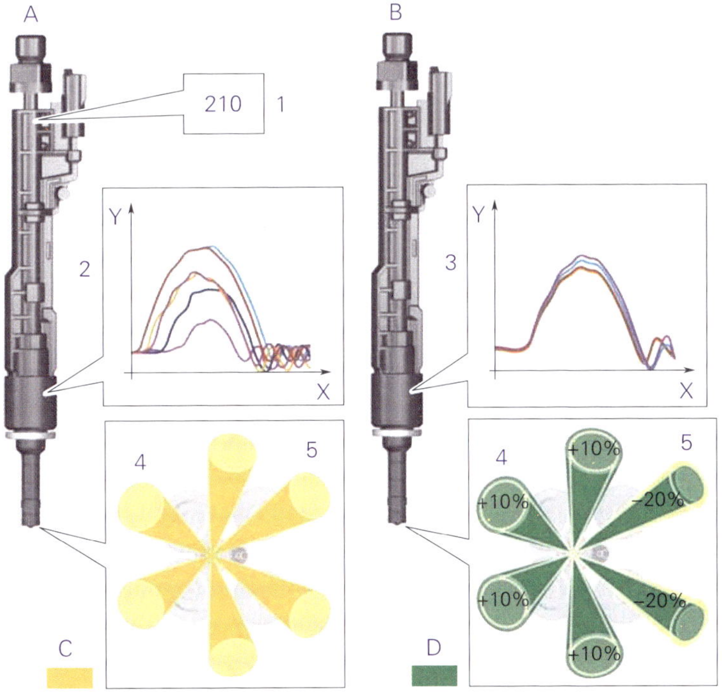

采用不同激光钻孔直径的新型高压喷射阀，可使朝向排气门的两个喷束的燃油量分别降低 20%，并使剩余喷束的燃油量分别提高 10%。只能将电磁阀喷射器装入气缸盖喷射器安装孔内的预定位置处，这样可确保燃烧室内的喷射形式正确校准。

A—欧 5 电磁阀喷射器；B—欧 6 电磁阀喷射器；C—均匀的喷嘴孔形状；D—不均匀的喷嘴孔形状；X—持续开启时间；Y—喷嘴针行程；1—喷射量校准代码；2—传统运行模式；3—调节运行模式；4—进气门侧喷射型式；5—排气门侧喷射型式

燃油供给系统—高压泵构造（柴油共轨系统）

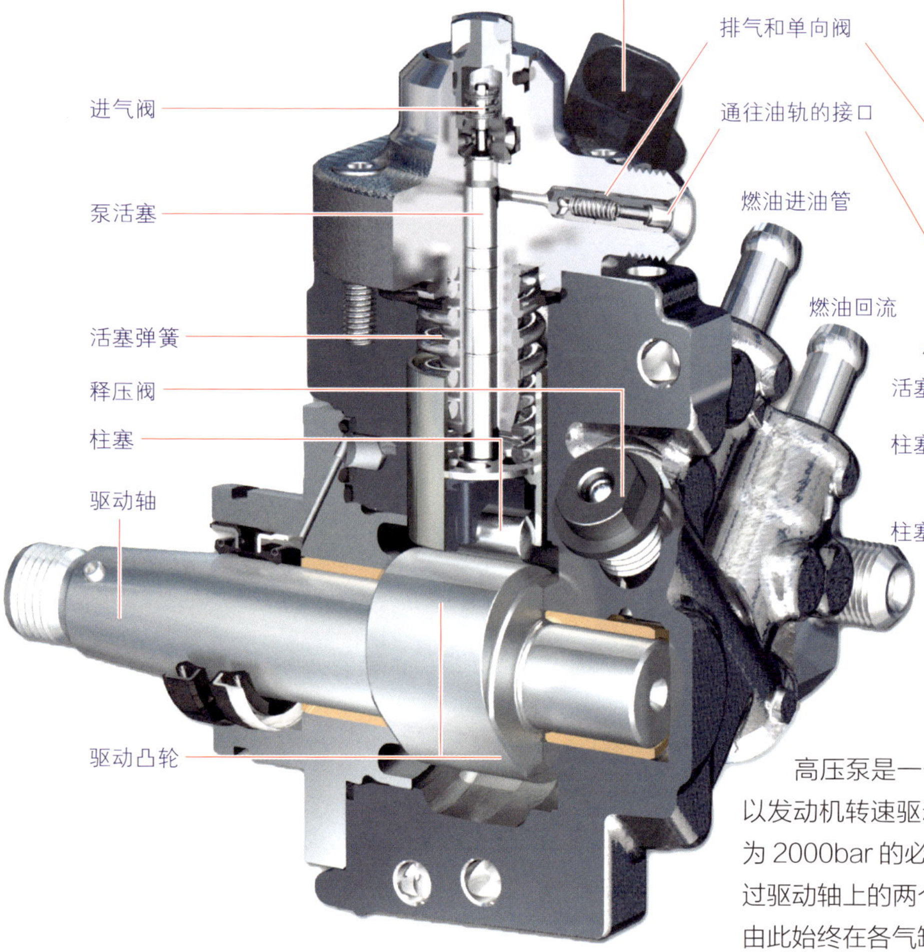

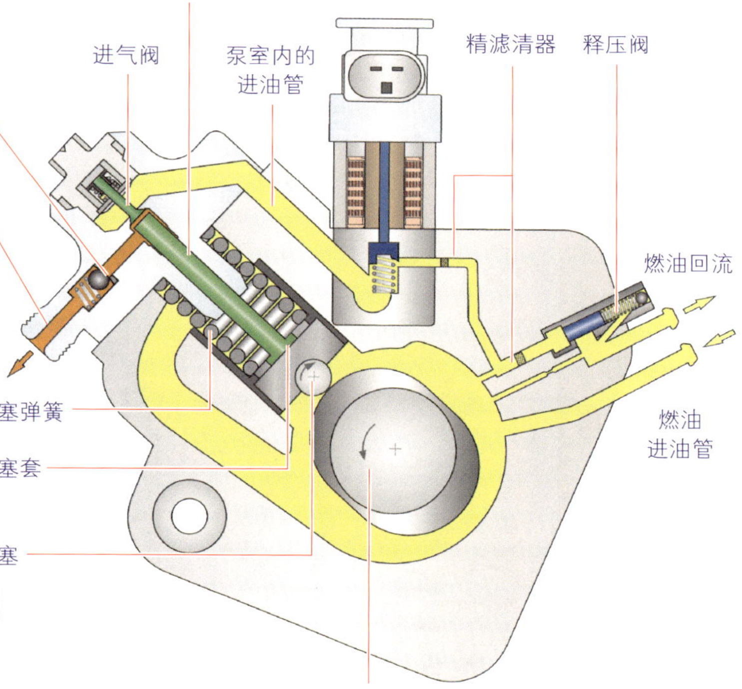

高压泵是一个单活塞泵，由曲轴的齿形带以发动机转速驱动。高压泵的任务是制造最高为 2000bar 的必需的燃油喷射压力。发动机通过驱动轴上的两个偏置 180° 的凸轮制造压力，由此始终在各气缸压缩状态时进行喷射。因此，泵的驱动负载相同，高压部分的压力浮动保持在低水平。

通过一个辅助燃油泵在发动机的各种运行状态下以大约 5bar 的压力对高压泵供给足够的燃油。燃油通过燃油计量阀进入泵的高压区。泵活塞被驱动轴上的凸轮推动着向上运动。为减少内部摩擦，凸轮工作面上的柱塞带有柱塞套。

燃油供给系统—高压泵原理（柴油共轨系统）

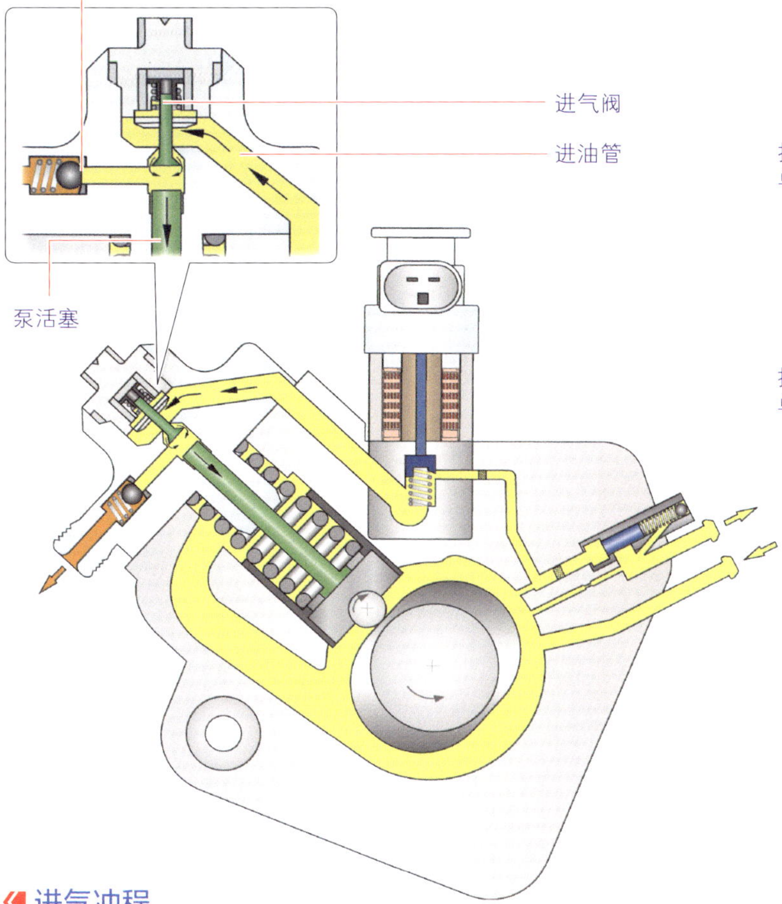

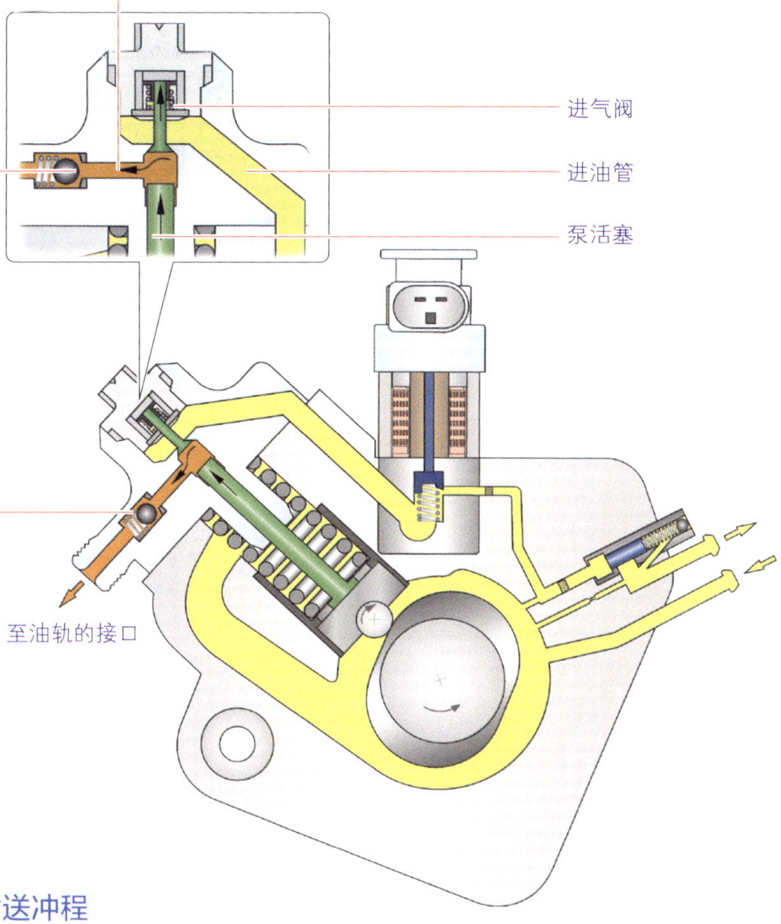

进气冲程

受活塞弹簧的作用，泵活塞向下运动，使压缩室的容积扩大。由于高压泵的进油管和压缩室之间的压力（真空）差异，进气阀被打开，燃油流入压缩室。

输送冲程

随着泵活塞上升运动的开始，压缩室内的压力增大，进气阀关闭。一旦压缩室内的燃油压力超过高压区的压力，排气阀（单向阀）打开，燃油进入高压储存器（油轨）。

燃油供给系统—压电喷射器（柴油共轨系统）

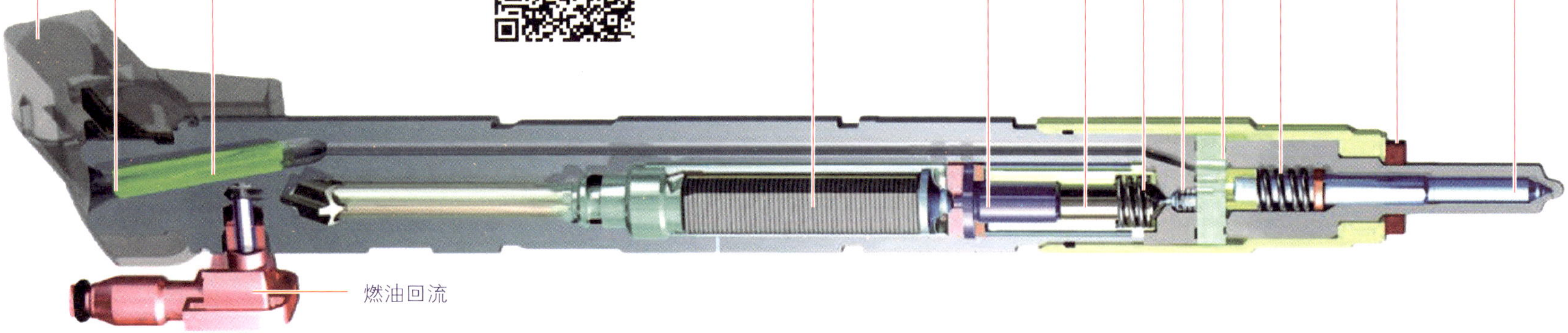

喷射器在此受压电作动器控制。与电磁阀相比较，压电作动器的开关速度大约快 4 倍。此外，与受电磁阀控制的喷射器相比，压电技术的喷针的运动质量减小了约 75%。因此产生以下优点：开关时间非常短；每工作循环可以多次喷射（最多为五次）；可精确计量喷射量。

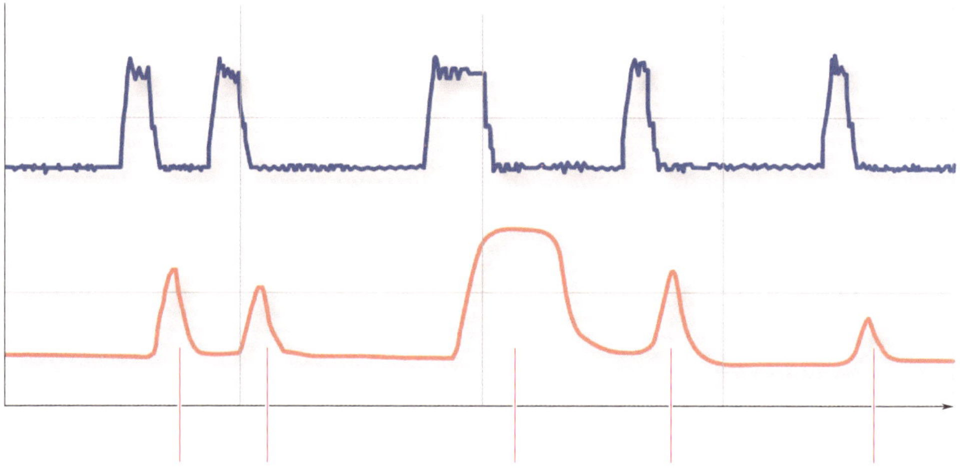

燃油供给系统—电磁阀喷射器（柴油共轨系统）

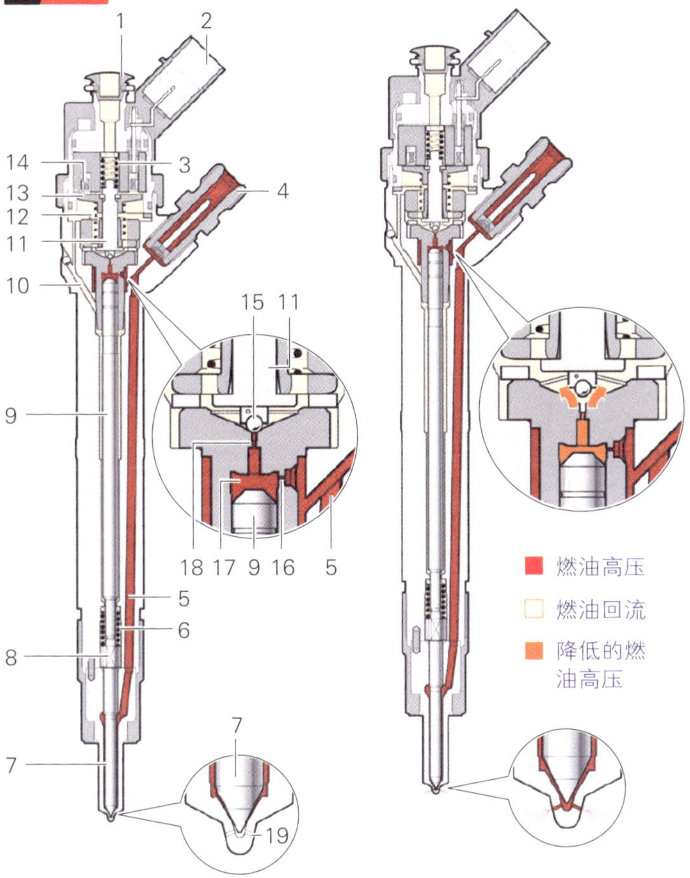

《 电磁阀喷射器RI2.2

1—燃油回流接口；2—电气接口；3—控制活塞弹簧；4—带过滤器的高压接口；5—供给通道；6—喷嘴针弹簧；7—喷嘴针；8—连接器；9—阀控制活塞；10—机油溢流管路；11—电磁铁控制活塞；12—电枢弹簧；13—电枢；14—电磁线圈；15—阀球；16—供油节流阀；17—控制室；18—排油节流阀；19—孔喷嘴

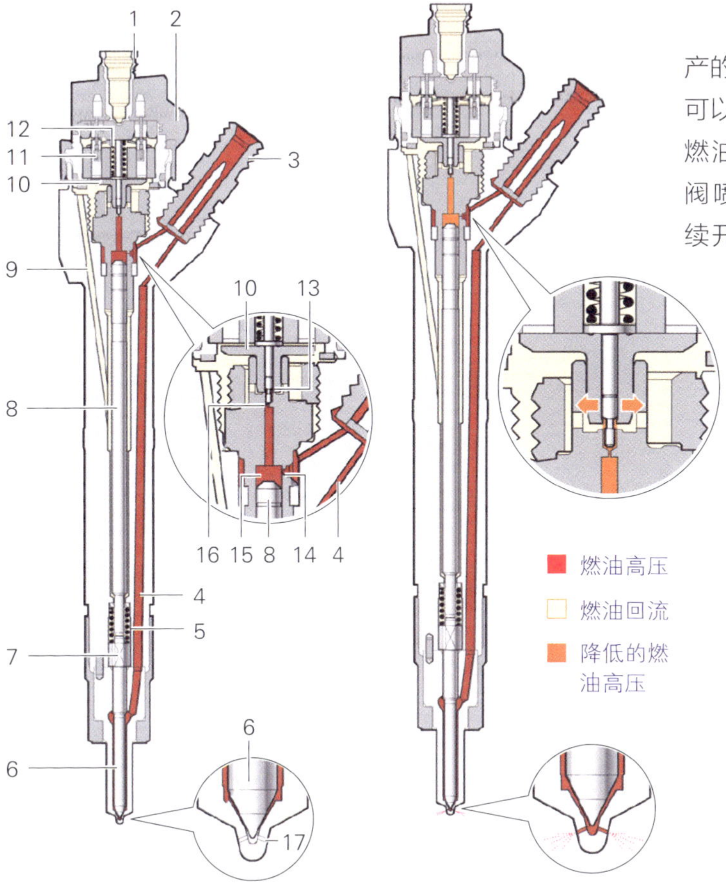

由 Bosch 公司生产的共轨喷射器 CRI2.5 可以以最高 1800bar 的燃油驱动，是已有电磁阀喷射器 CRI2.2 的后续开发产品，除了最大压力提高外，可能的开关过程数也提高到超过使用寿命 50%，同样实现了多次喷射能力和很短的开关时间。

《 电磁阀喷射器CRI2.5

1—燃油回流接口；2—电气接口；3—带过滤器的高压接口；4—供给通道；5—喷嘴针弹簧；6—喷嘴针；7—连接器；8—阀控制活塞；9—机油溢流管路；10—电枢；11—电磁线圈；12—电枢弹簧；13—控制阀；14—供油节流阀；15—控制室；16—排油节流阀；17—孔喷嘴

燃油供给系统—电控汽油喷射系统

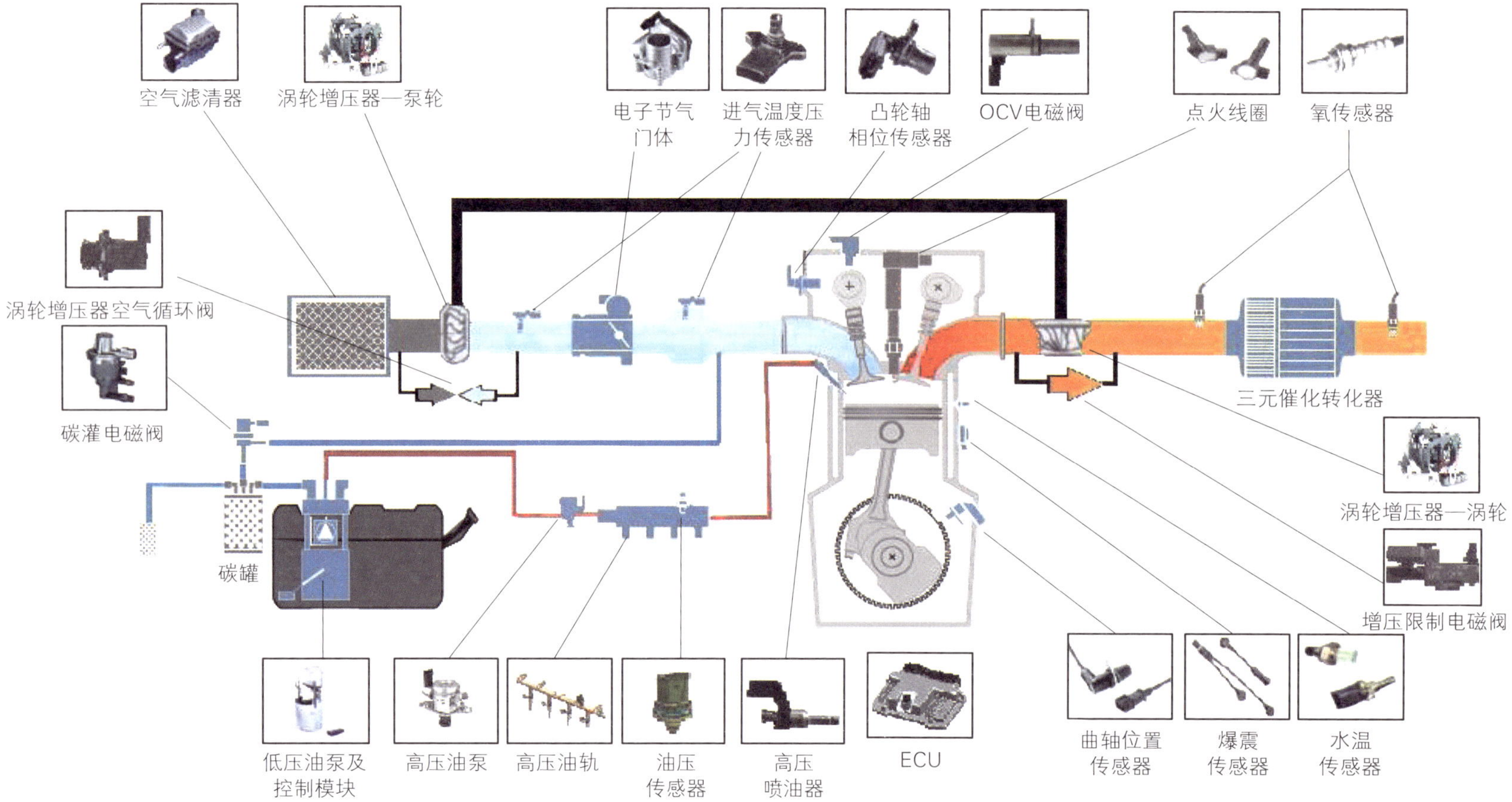

发动机管理系统通常主要由传感器、控制器（ECU）、执行器三个部分组成，对发动机工作时的吸入空气量、喷油量和点火提前角进行控制。在发动机电控系统中，传感器作为输入部分，用于测量各种物理信号（温度、压力等），并将其转化为相应的电信号；ECU 的作用是接收传感器的输入信号，并按设定的程序进行计算处理，产生相应的控制信号输出到功率驱动电路；功率驱动电路通过驱动各个执行器执行不同的动作，使发动机按照既定的控制策略进行运转；同时 ECU 的故障诊断系统对系统中各部件或控制功能进行监控，一旦探测到故障并确认后，则存储故障代码，调用“跛行回家”功能，当探测到故障被消除，则正常值恢复使用。

燃油供给系统—电控柴油喷射系统

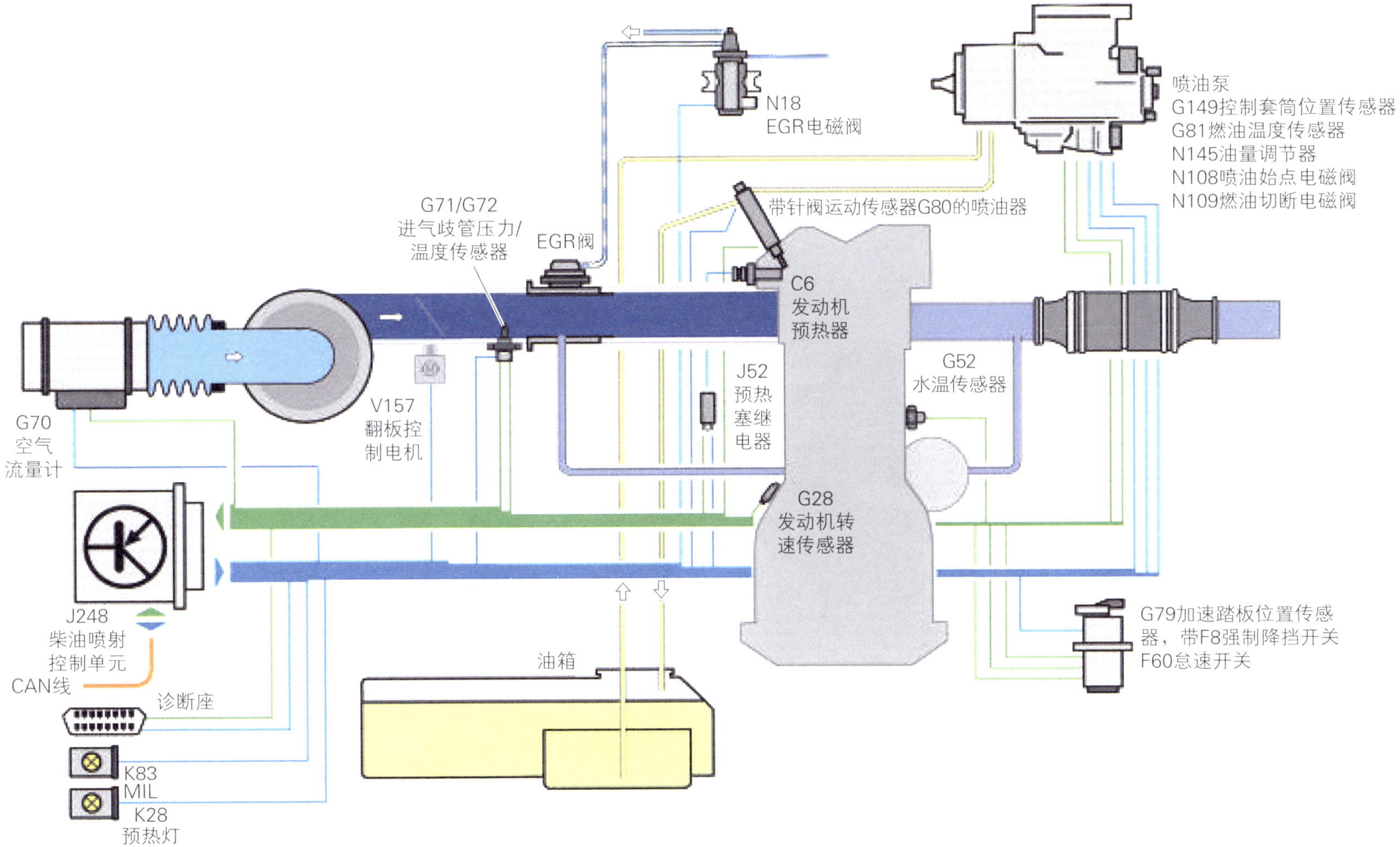

进排气系统—进气系统部件

进气系统负责提供经过清洁的空气。配备该系统是为了确保尽可能低的流动损耗，以使发动机能够“自由呼吸”并产生最大功率。

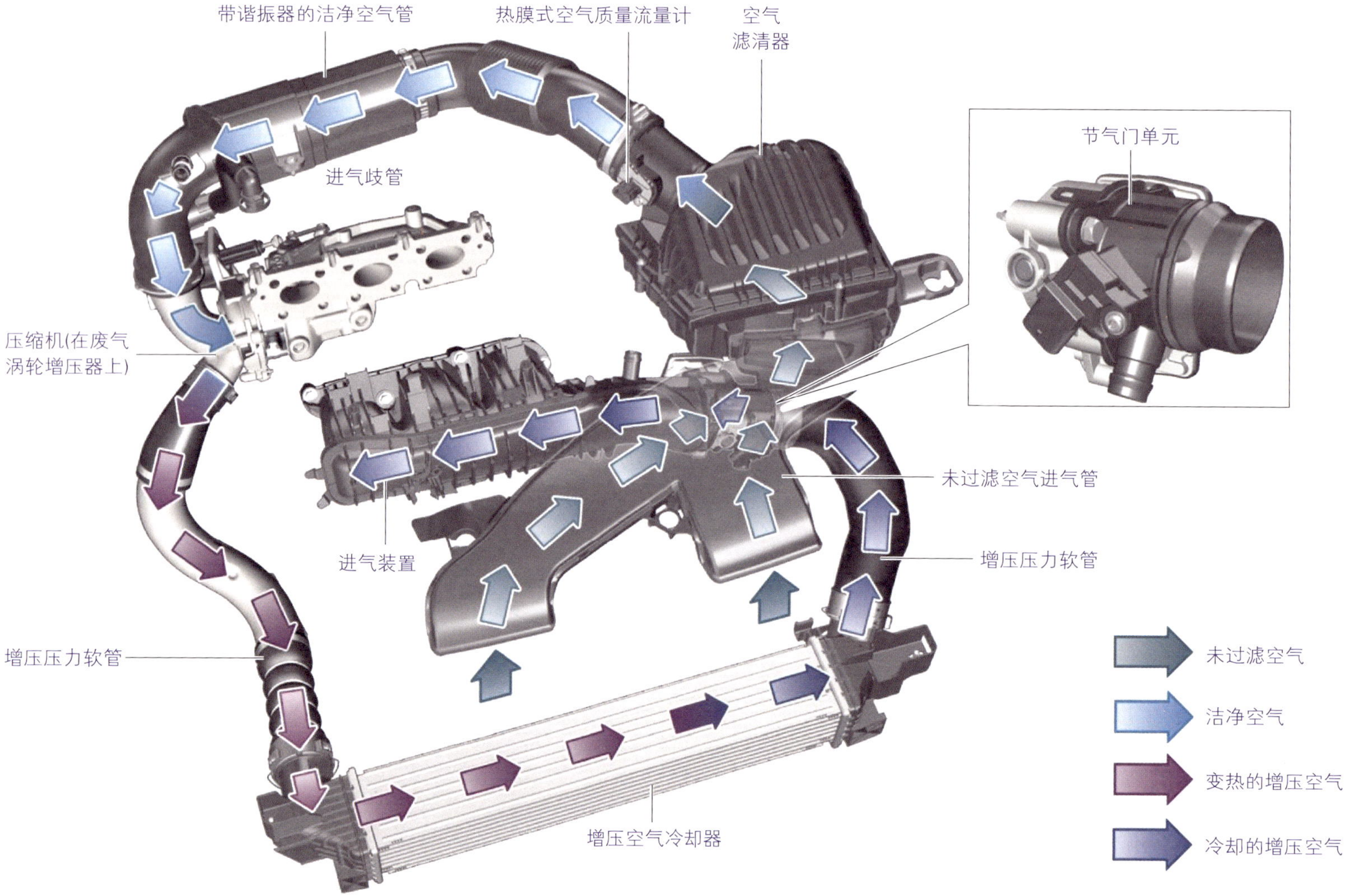

进排气系统—进气电控系统（纵涡翻板）

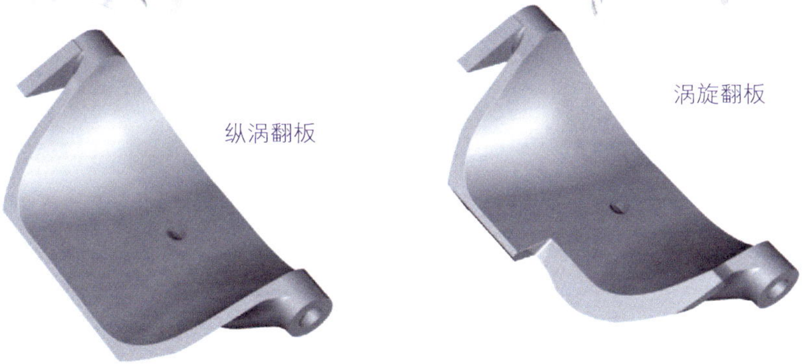

纵涡翻板用在汽油发动机上，与燃油直喷系统一同使用。纵涡翻板安装在进气歧管内，就在喷油阀前部。这种翻板可以搅动吸入的新鲜空气，使之呈圆筒形转动（平行于活塞顶）。在老发动机上，使用纵涡翻板来实现分层充气模式。为了搅动新鲜空气使之呈旋转运动状，出现了涡旋翻板，就是将纵涡翻板和横涡翻板结合在一起，这样就可以将纵涡通道非对称关闭，从而导致横涡充气运动和纵涡充气运动同时发生。

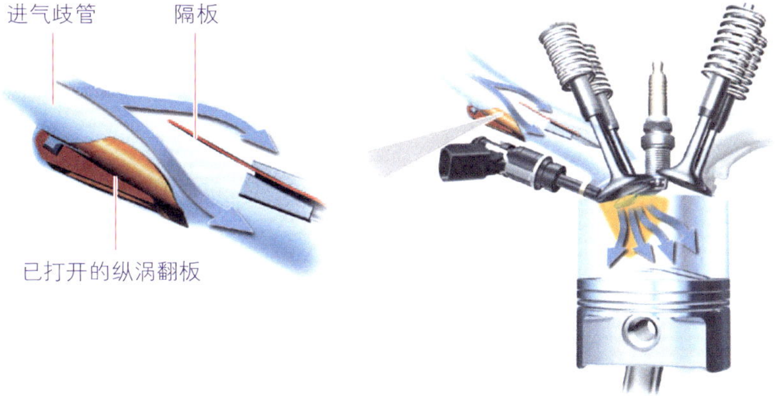

进气歧管内被一个隔板分成了上、下两部分。每个气缸的进气歧管下半部安装有一个纵涡翻板，当发动机转速较高时，纵涡翻板就打开了，以便实现更佳的充气效率。

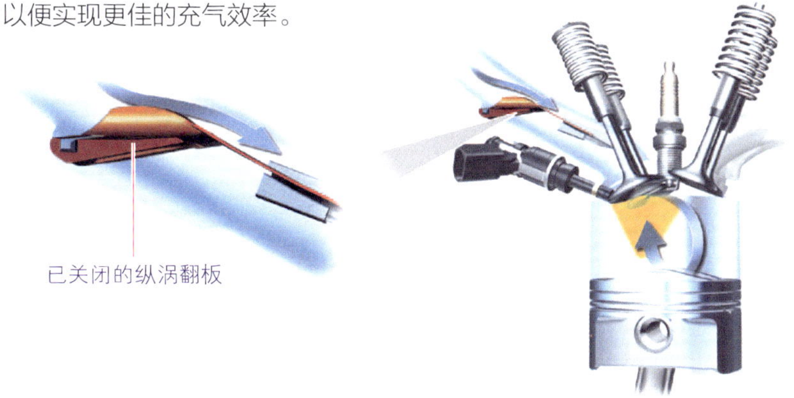

如果该翻板关闭了，那么吸入的空气就必须从进气歧管上半部经过，这也就流经了喷油阀的一部分。于是吸入的空气就产生了圆筒形空气柱，再配合活塞顶特殊的几何形状，那么空气就聚集在火花塞的中心部位了。将燃油准确喷入这个区域，燃油和空气混合气就点火了。燃烧室内的周边还有纯空气，这可形成绝热作用，防止热损耗。

进排气系统—进气电控系统（横涡翻板）

横涡翻板只用于柴油机，位于进气歧管内，其工作原理和结构形式与节气门相似。根据横涡翻板的位置，可产生一个绕气缸轴线的空气涡流。吸入的空气在进入每个气缸时，要经过两个分开着的通道：充气通道和横涡通道。充气通道可以被横涡翻板关闭，这就使得横涡通道内空气流速增大，在发动机转速较低时燃油和空气的混合状况明显改善了，结果就是降低了燃油消耗并减少了有害物质排放。在发动机转速较高时，横涡翻板是打开的。

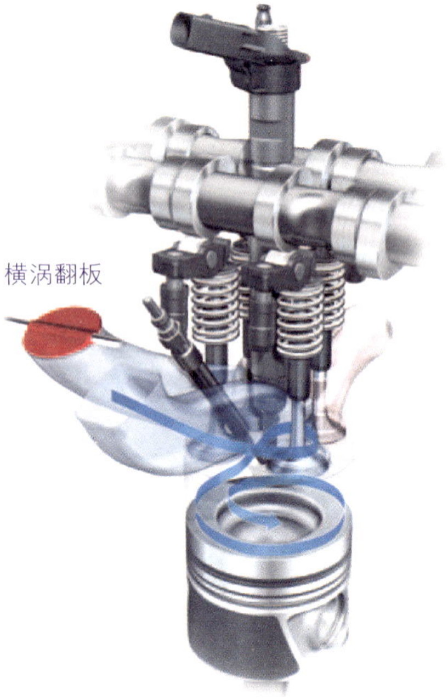

横涡翻板已关闭

发动机在怠速和转速较低时，横涡翻板是关闭着的。这就使得吸入的空气以很强的涡旋状运动，于是混合气形成状况就得到了改善。

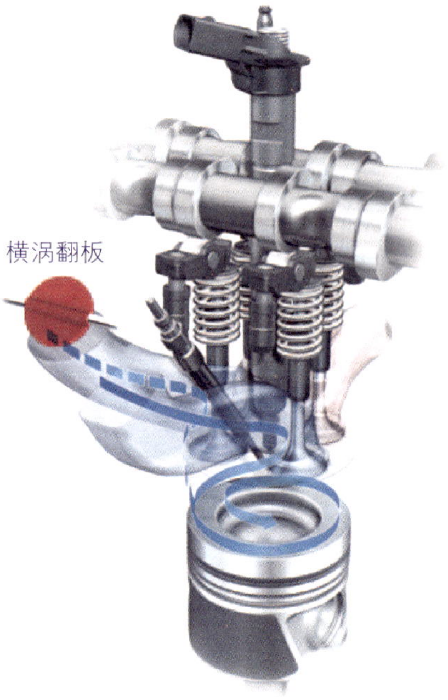

横涡翻板在中间位置

车辆在行驶过程中，横涡翻板位置会根据发动机负荷和转速不断地调整，这就保证了在任何工况时燃烧室都能有最佳的空气运动。

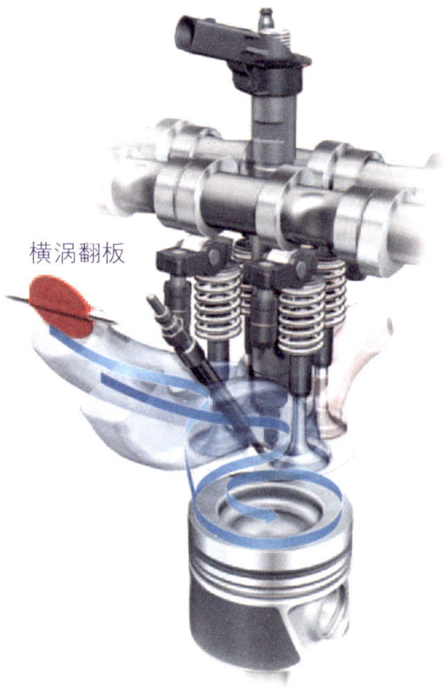

横涡翻板已打开

在启动发动机、发动机应急运行和转速超过 3000r/min 的全负荷工况时，横涡翻板完全打开，这时吸入的空气经充气通道和横涡通道进入气缸。由于这时进入的空气量增大了，因此燃烧室的充气状况非常好。

进排气系统—进气电控系统（可变进气歧管）

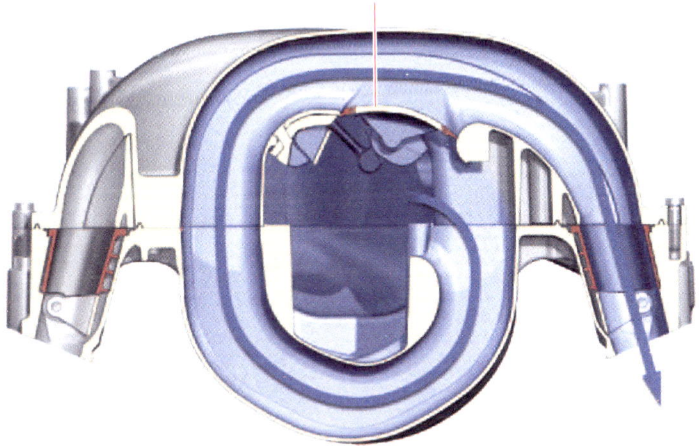

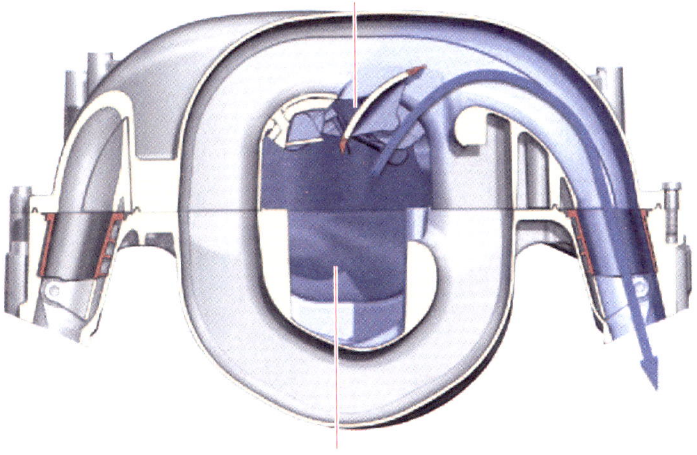

三级可变进气歧管

一级：低转速区

在发动机停机时，两个翻板都是打开着的。如果发动机在怠速运行，那么两个真空单元就被相应的进气歧管切换电磁阀给抽成真空了。于是切换翻板从怠速转速直至切换转速都是关闭着的。

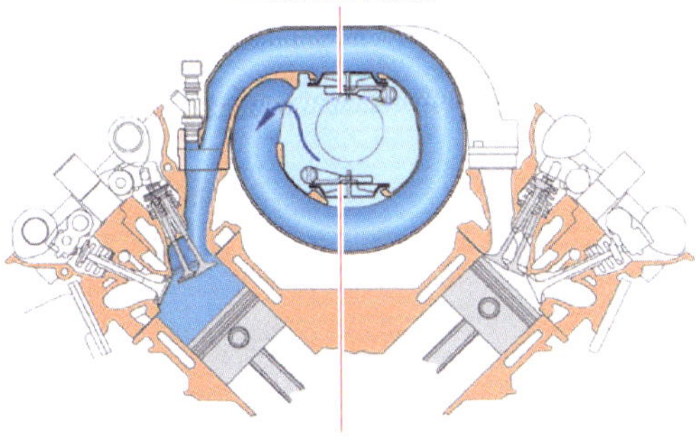

二级：中等转速区

发动机在中等转速区时，进气歧管切换电磁阀将大气压力引入到二级切换翻板的真空单元内。于是二级切换翻板就打开了，进气路径就缩短了。

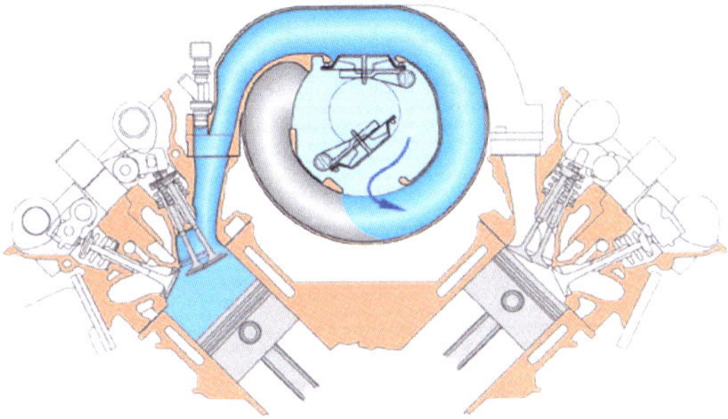

三级：较高转速区

发动机在较高转速区时，三级切换翻板也打开了。这时吸入的空气以最短进气路径进入燃烧室。

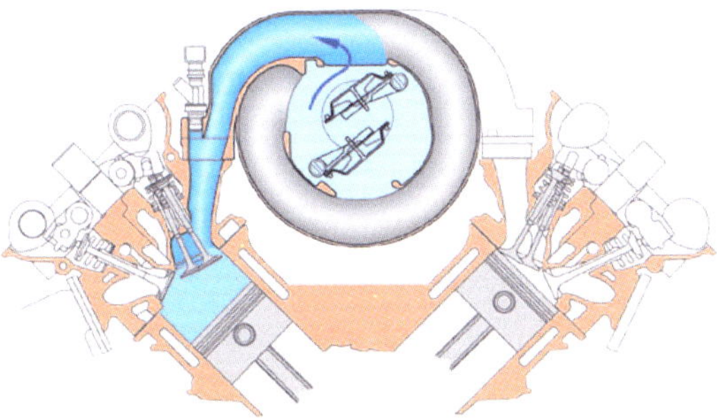

进排气系统—进气电控系统（可变进气歧管）

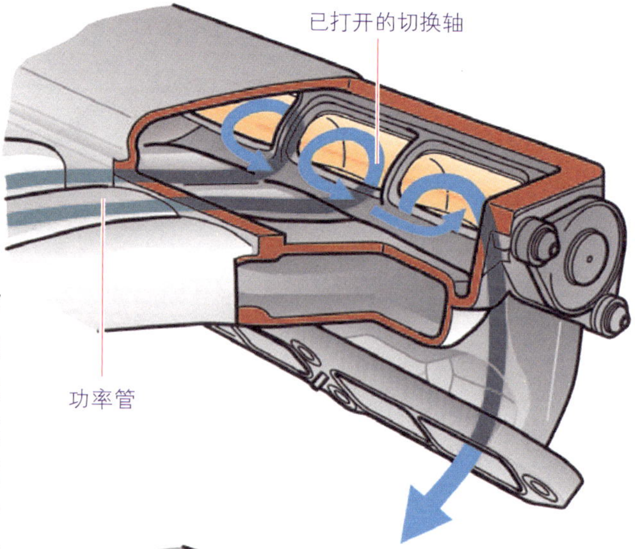

功率位置

发动机转速超过 4100r/min 时，进气歧管切换电磁阀没有动作，真空单元内就作用着大气压力。一个弹簧将切换轴回转了 90°，回到其初始位置了。气缸这时就通过短的进气路径从功率集管（功率总管）获取空气，功率集管（功率总管）是通过其他此时不吸气的气缸的振荡管获取空气供给的。

根据发动机型号的不同，可变进气歧管翻板的切换轴是用由特性曲线控制的电机来调节，或者是用真空单元来调节。用真空单元来调节时，操控是由进气歧管切换电磁阀来实施的。

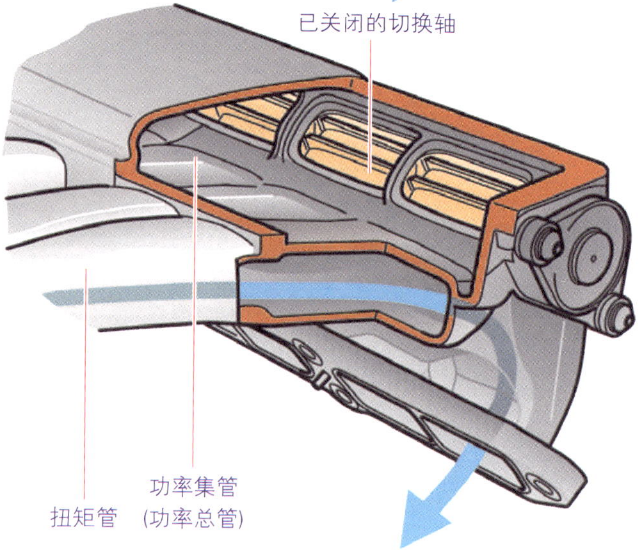

扭矩位置

发动机转速超过 1100r/min 时，进气歧管切换电磁阀就有动作了，真空单元也就进行了切换。于是可变进气歧管翻板就转动了 90°，功率管就被封闭了。正在吸气的气缸就经过长的振荡管直接从主集管（总管）吸气。

进排气系统—排气歧管

排气歧管的作用是将各个气缸排出的废气汇集到一起并送往排气系统。排气歧管可以用螺栓直接拧在发动机上、集成在发动机上或者构成排气歧管－废气涡轮增压器模块的一部分。

外置排气歧管在缸体的外部，用螺栓直接拧在缸体上。这种结构的缺点是：其后面的催化转化器不能直接安装在发动机缸体上，因此催化转化器就无法利用发动机的热辐射，需要较长时间才能达到其正常的工作温度。我们可以利用所谓的气隙绝热式排气歧管来抵消这个效应，具体说就是在排气歧管上再套上一个金属套，在金属套和排气歧管之间是充满空气的空间，这样就将排气歧管绝缘了。于是温度很高的废气就会流经催化转化器，使之快速达到其正常工作温度。

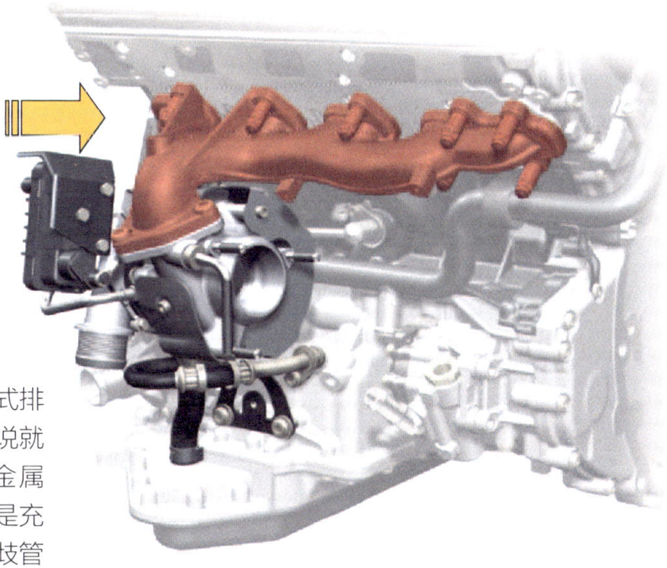

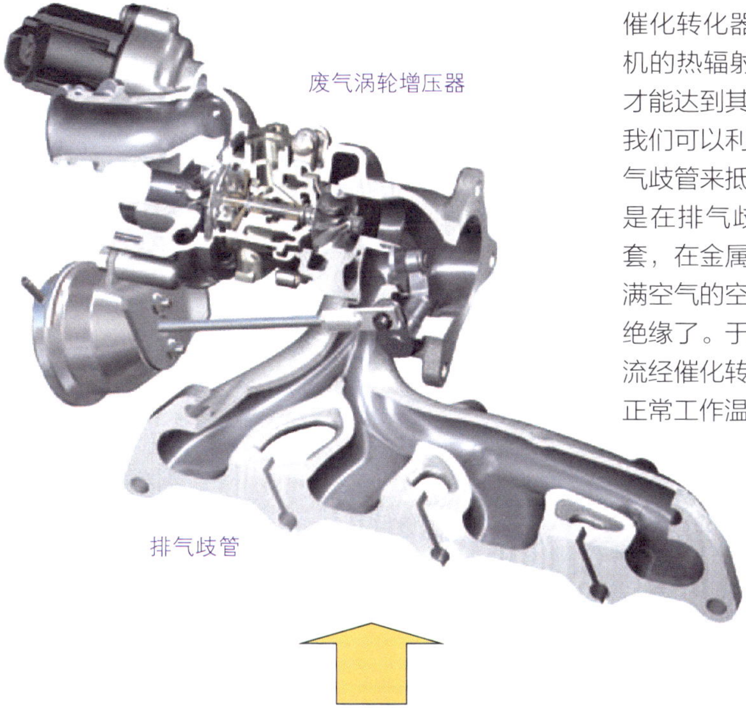

排气歧管和废气涡轮增压器集成在一个模块内。这种小巧的结构的优点在于：减轻了重量、减少了密封点、减少了部件数量。

缺点是：一旦某个部件功能失效，那么就得更换整个模块。

在集成式排气歧管上，缸盖内的排气道汇集到一个中央法兰处，催化转化器就直接安装在这个法兰上。与传统排气歧管相比，集成式排气歧管除了节省燃油且热能利用得好外，还减轻了重量。

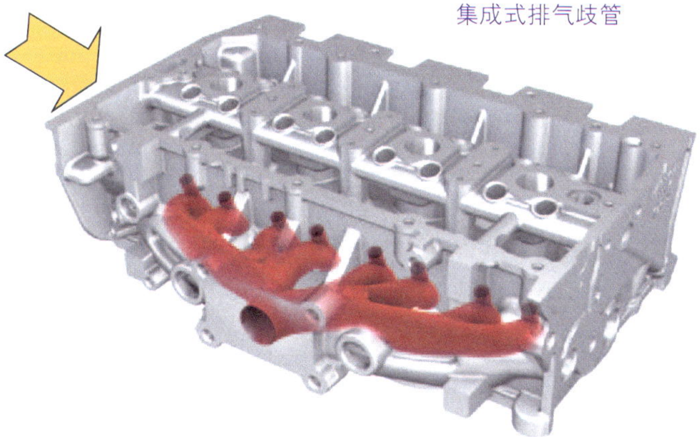

进排气系统—排气系统概览

排气系统一般都布置在车底部，它由多个部件组成：排气管，排气歧管（分外置排气歧管、集成式排气歧管、排气歧管－废气涡轮增压器模块），催化转化器［分三元催化转化器（汽油机的）、氧化式催化转化器（柴油机的）、柴油微尘过滤器（柴油机的）、选择性催化还原技术（SCR，柴油机的）］，隔离元件，消声器（分反射式消声器、吸收式消声器、排气控制阀）。

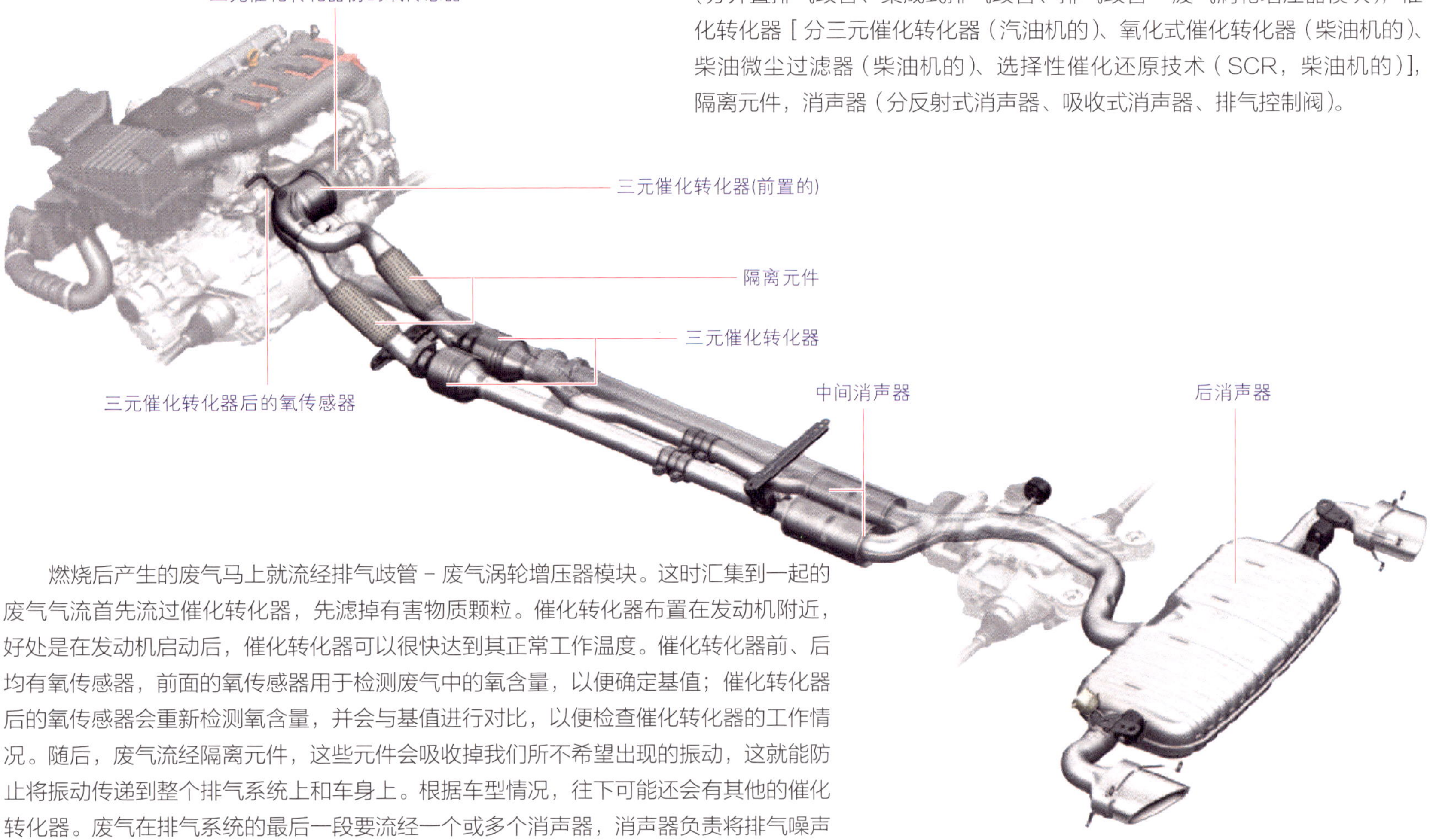

燃烧后产生的废气马上就流经排气歧管－废气涡轮增压器模块。这时汇集到一起的废气气流首先流过催化转化器，先滤掉有害物质颗粒。催化转化器布置在发动机附近，好处是在发动机启动后，催化转化器可以很快达到其正常工作温度。催化转化器前、后均有氧传感器，前面的氧传感器用于检测废气中的氧含量，以便确定基值；催化转化器后的氧传感器会重新检测氧含量，并会与基值进行对比，以便检查催化转化器的工作情况。随后，废气流经隔离元件，这些元件会吸收掉我们所不希望出现的振动，这就能防止将振动传递到整个排气系统上和车身上。根据车型情况，往下可能还会有其他的催化转化器。废气在排气系统的最后一段要流经一个或多个消声器，消声器负责将排气噪声降至规定水平。各元件之间的连接管使用的是镀铝钢管。

进排气系统—排气系统消声器

在排气系统的后段和中段，安装有一个或者多个消声器，消声器可以减小尾气排放时的噪声。根据车型的不同，使用不同结构形式的消声器。消声器借助不同的形状和内部结构，来适应具体的发动机声响的要求。排量较大的发动机采用双排气管结构，因此消声器的个数也就成倍增加了。消声器为了实现轻结构要求，采用高级不锈钢制成，这样还不会影响抗腐蚀能力。

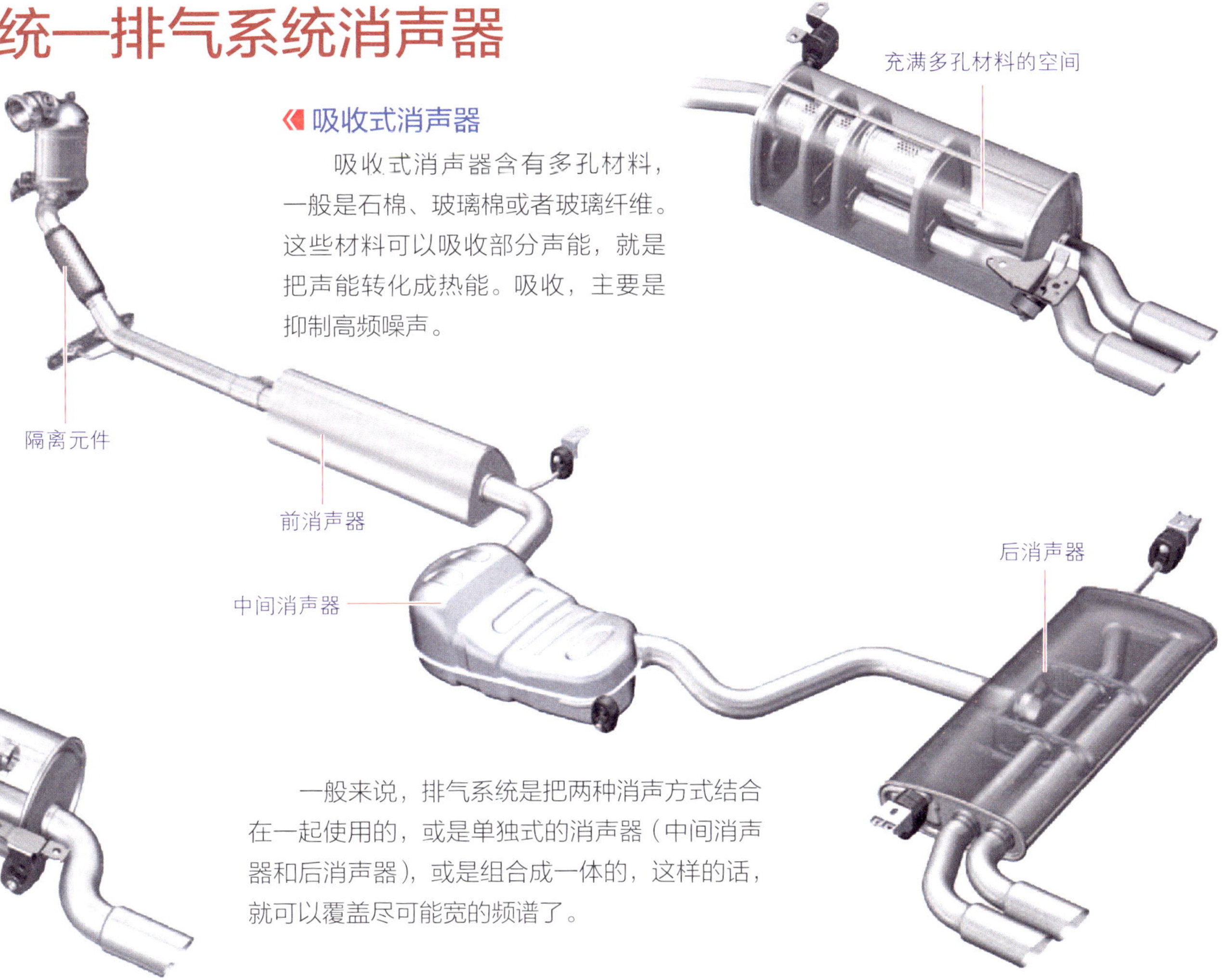

《 吸收式消声器

吸收式消声器含有多孔材料，一般是石棉、玻璃棉或者玻璃纤维。这些材料可以吸收部分声能，就是把声能转化成热能。吸收，主要是抑制高频噪声。

一般来说，排气系统是把两种消声方式结合在一起使用的，或是单独式的消声器（中间消声器和后消声器），或是组合成一体的，这样的话，就可以覆盖尽可能宽的频谱了。

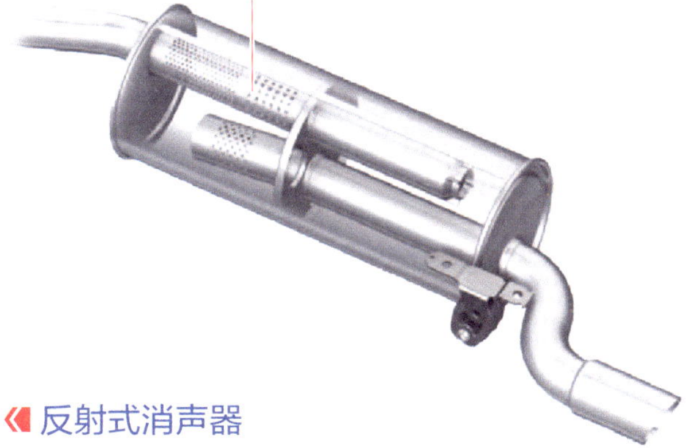

《 反射式消声器

这种消声器有多个腔（典型的有 4 个腔），利用声波反射原理来工作，多次穿越内腔后，声压振幅就被中和了，因此就降低了声压最大值。反射是通过消声器内的反射墙以及扩大或者缩小横截面积来实现的。但是，这会增大排气的背压（具体取决于结构）。反射，主要是抑制消声器内的低频噪声。其通过多次反射加强了声能吸收的效果，可将排气噪声降低 50dB（A），这相当于把声压降低了 300。

进排气系统—排气系统隔离器与控制阀

隔离元件不但能防止出现较大的摆幅，还能防止发动机将较小的振动传入排气系统。要是没有隔离元件的话，这种运动就会以声脉冲的形式传入车内，经过车厢这个大的谐振腔作用，声响就更大了。

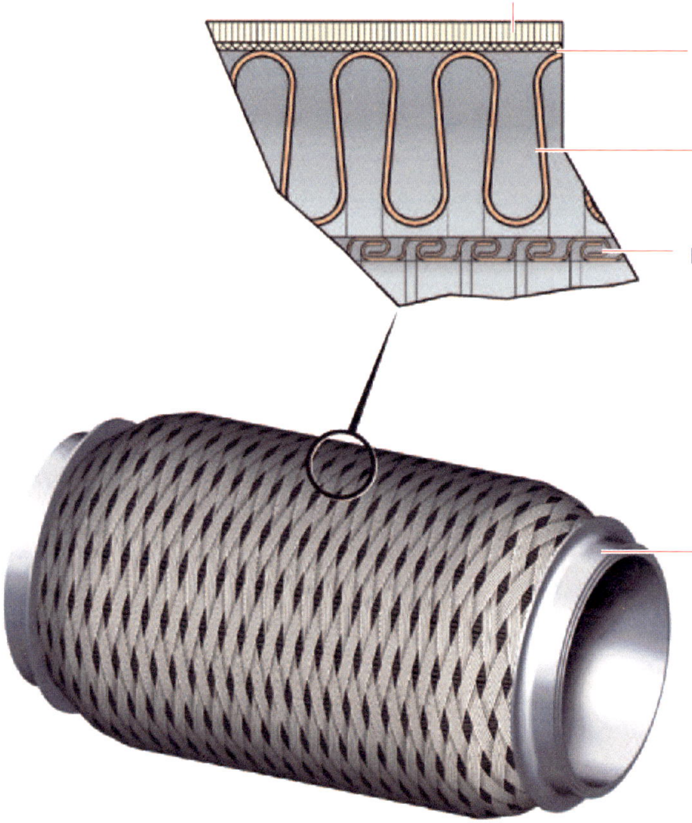

气动

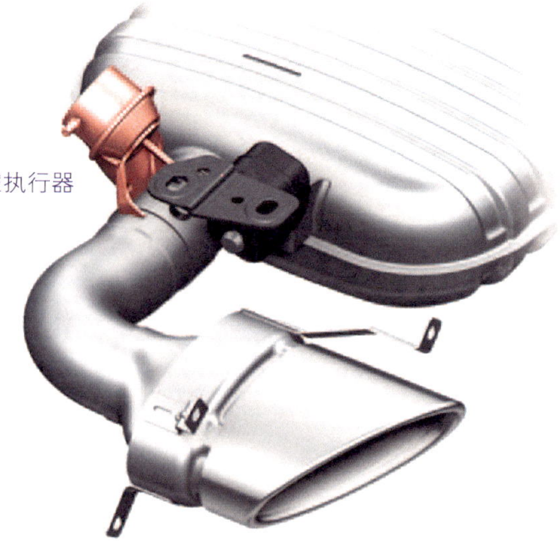

电动

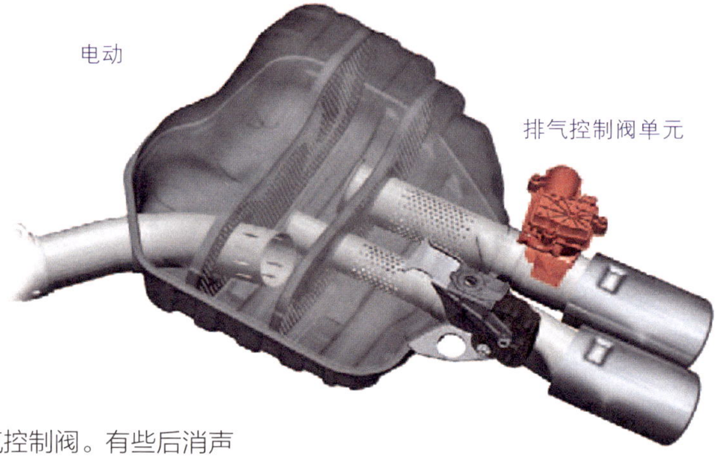

车辆必须满足噪声排放方面的所有要求，因此就在排气系统上采用了可控式排气控制阀。有些后消声器的末端管上装有排气控制阀，用于影响噪声排放。一般用真空执行器来操控排气控制阀，或者用伺服电机来操控排气控制阀。排气控制阀的打开和关闭是按发动机控制单元内的特性曲线计算出来的。

进排气系统—汽油机废气组成与理想空燃比

废气组成：

• 如果混合物略显稀性，则废气中含有较高比例的氮氧化物（NO_x）。

• 如果混合物显浓性，则废气中含有较高比例的碳氢化合物（HC）和一氧化碳（CO）。

λ 表示过量空气系数。过量空气系数的定义是实际上燃烧 1kg 汽油所需要的氧气质量比上理论上完全燃烧 1kg 汽油所需要的氧气质量。λ = 实际空气量 / 理论空气量。当 $\lambda>1$ 时，表示可燃混合气是稀的，燃烧后还有氧气剩余；当 $\lambda<1$ 时，表示可燃混合气是浓的，燃烧后没有氧气剩余了。当 $\lambda=1$ 时，汽油被完全燃烧，氧气刚好完全被消耗完。

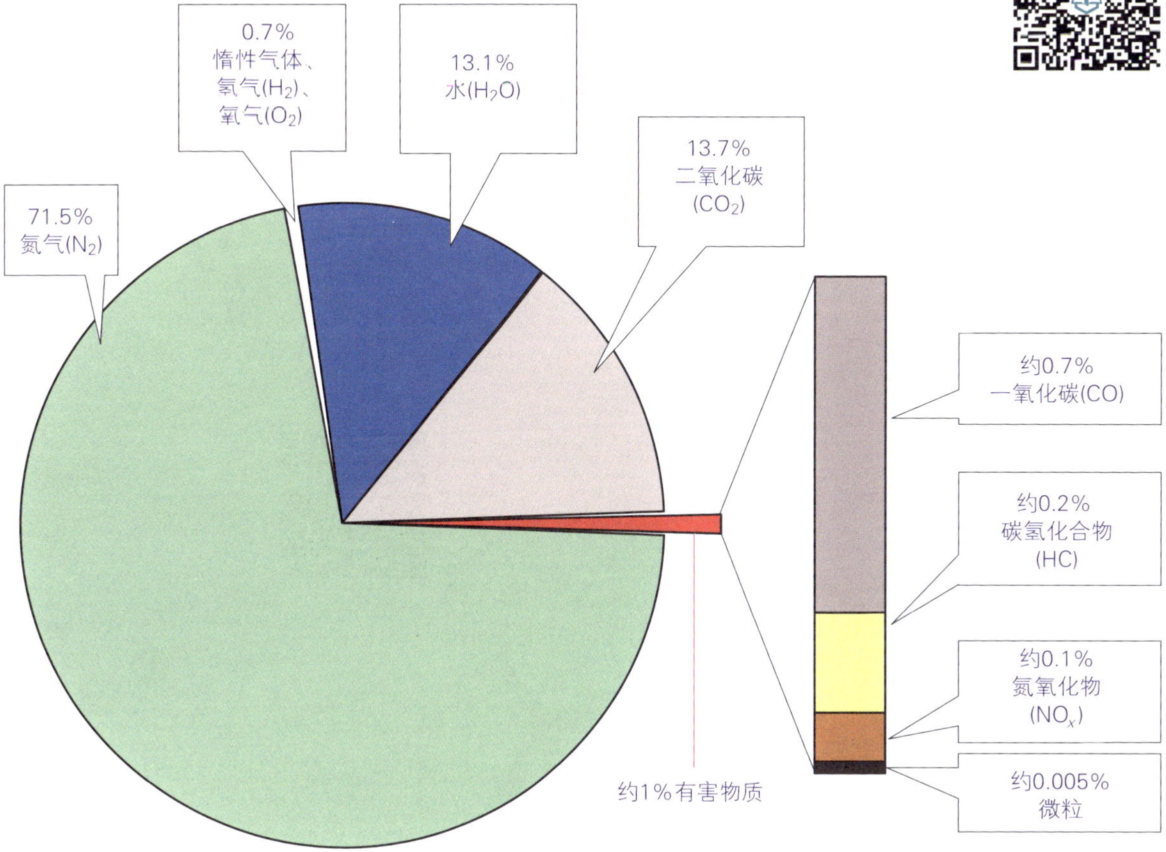

在 $\lambda=1$ 时，空气质量与燃料质量拥有最佳比率。假设氧含量为 21%，则完全燃烧 1kg 汽油需要约 14.7kg 空气。最佳比率也称为理想配比值。

• 如果实际空气质量等于所需空气质量，则实际配比值与理想配比值相同（此时 $\lambda=1$）。

• 如果实际空气质量更大，则实际配比值也会更大，$\lambda>1$。

• 如果实际空气质量较小，$\lambda<1$。

进排气系统—催化转化器

催化转化一般包括两个化学过程：还原——去掉废气成分中的氧；氧化——在废气成分中加入氧。通过这两个化学过程，三元催化转化器可同时对三种有害物质进行转换。

氧化式催化转化器利用了废气中大量的剩余氧气，这种催化转化器只能转化废气中可以氧化的成分。这种氧化反应过程与三元催化转化器中的氧化过程是一样的。由于废气温度较低，因此柴油机的氧化式催化转化器一般都安装在排气歧管附近。这种催化转化器的内部是由铂和钯制成的。

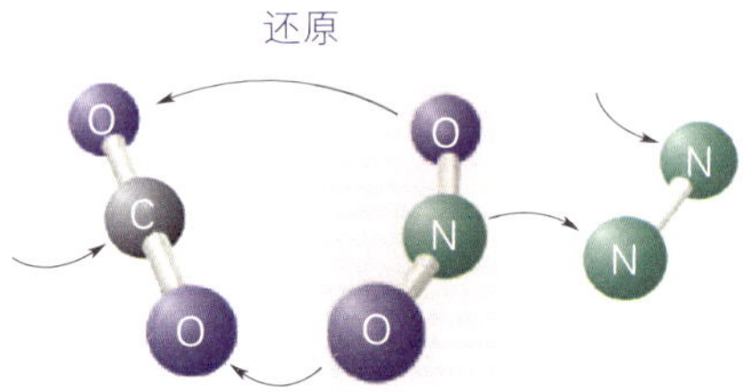

将氮氧化物NO_x还原成二氧化碳CO_2和氮气N_2

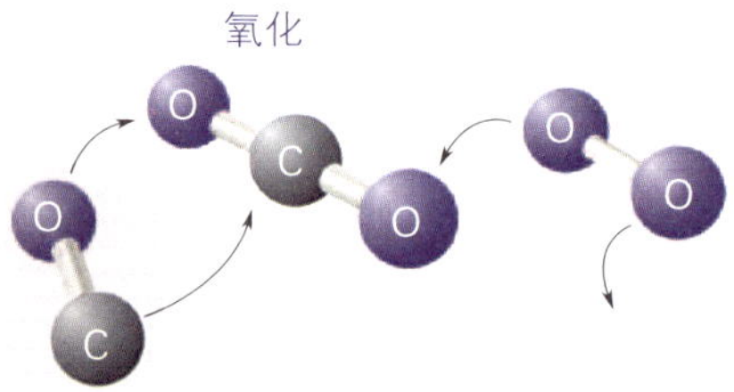

将一氧化碳CO氧化成二氧化碳CO_2

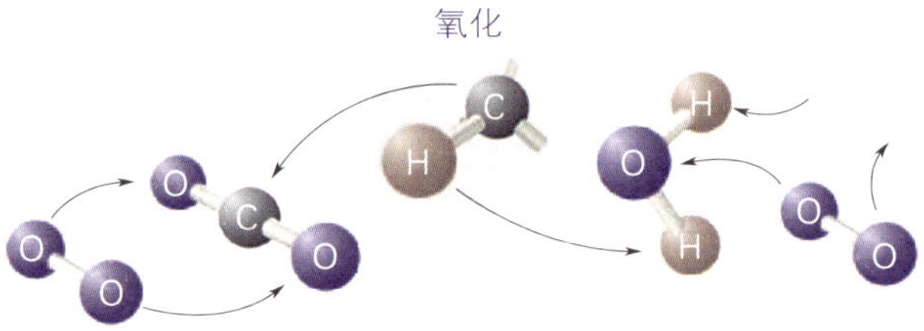

将碳氢化合物HC氧化成二氧化碳CO_2和水H_2O

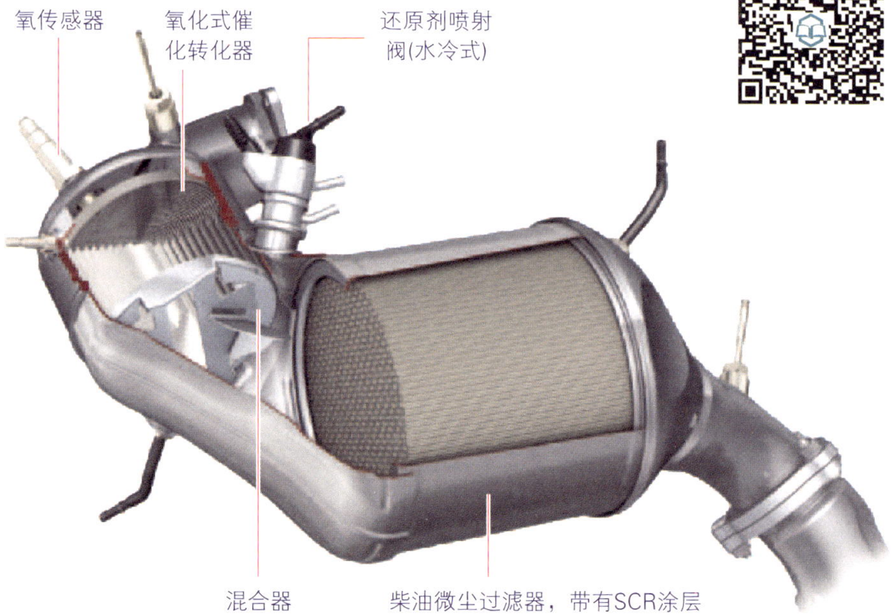

柴油微尘过滤器安装在氧化式催化转化器的下游，用于过滤废气中的炭黑颗粒。为了防止微尘过滤器被炭烟堵塞而影响功能，必须定期执行再生操作。这个再生过程可以使微尘过滤器收集的炭黑颗粒与二氧化氮发生反应而生成二氧化碳（氧化了）。

进排气系统—柴油机SCR系统

选择性催化还原（SCR）系统是废气再循环系统的一部分。借助去 NO_x 催化转化器的帮助以及使用了还原剂，就可以把氧化式催化转化器和柴油微尘过滤器没能处理掉的氮氧化物转化成氮气和水。还原剂使用的是高纯度、透明的 32.5% 尿素水溶液。

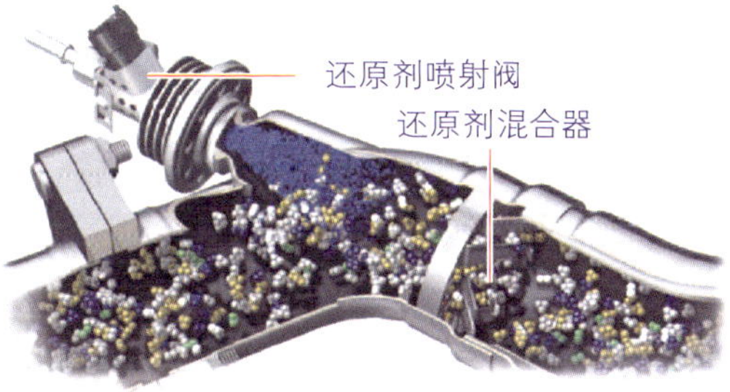

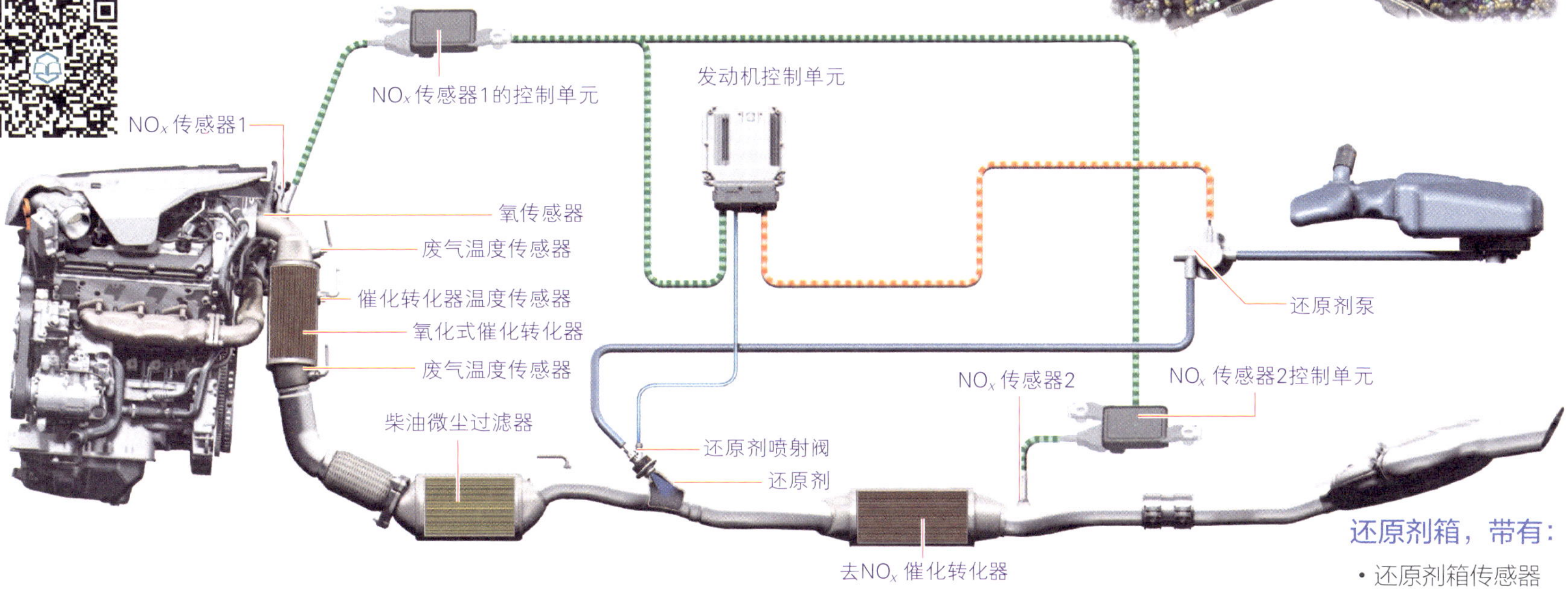

还原剂箱，带有：

- 还原剂箱传感器
- 还原剂温度传感器
- 还原剂箱加热器

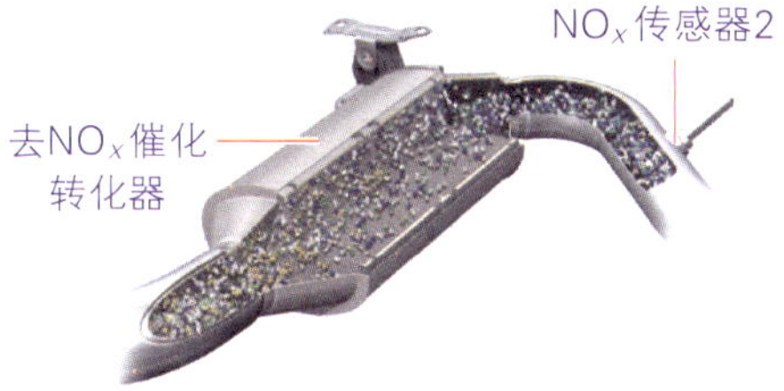

去 NO_x 催化转化器在发动机启动后，在废气温度为 180℃时几分钟即可达到其正常工作温度。这个温度信息由去 NO_x 催化转化器前的废气温度传感器传给发动机控制单元，于是就可以喷射还原剂了（按精确计量来喷射）。从还原剂喷射阀到去 NO_x 催化转化器以及在该催化转化器内部，会发生各种化学反应。只要有很热的表面存在，异氰酸就会通过水解被转换成二氧化碳和其他氨分子。反应所需要的水，是由发动机燃烧过程所产生的。一个分子的尿素可以生成两个分子的氨，用于还原式催化转化器中的化学反应。把还原剂喷到很热的气流中的话，首先会蒸发掉其中的水分，随后会发生热解，这时尿素分解成异氰酸和氨。氨在去 NO_x 催化转化器中驻留，与废气中的一氧化氮（NO）和二氧化氮（NO_2）反应，生成氮气（N_2）和水（H_2O）。

进排气系统—柴油机废气净化模块

有的柴油发动机上使用了所谓的废气净化模块。这种模块将氧化式催化转化器和柴油微尘过滤器合成为一个部件，于是这两个装置就可以安装在发动机附近，因此也就可以让废气净化模块很快达到其正常工作温度了。为了存储废气中的氮氧化物，就将氧化式催化转化器设计成 NO_x 存储式催化转化器。对于 NO_x 存储式催化转化器中氮氧化物的存储和再生控制，是由控制单元内的一个计算模型来完成的，该计算模型需要使用温度传感器和氧传感器信息。柴油微尘过滤器还作为硫化氢（H_2S）的捕集器使用，硫化氢是在 NO_x 存储式催化转化器脱硫时产生的，因此柴油微尘过滤器涂有金属氧化物涂层。

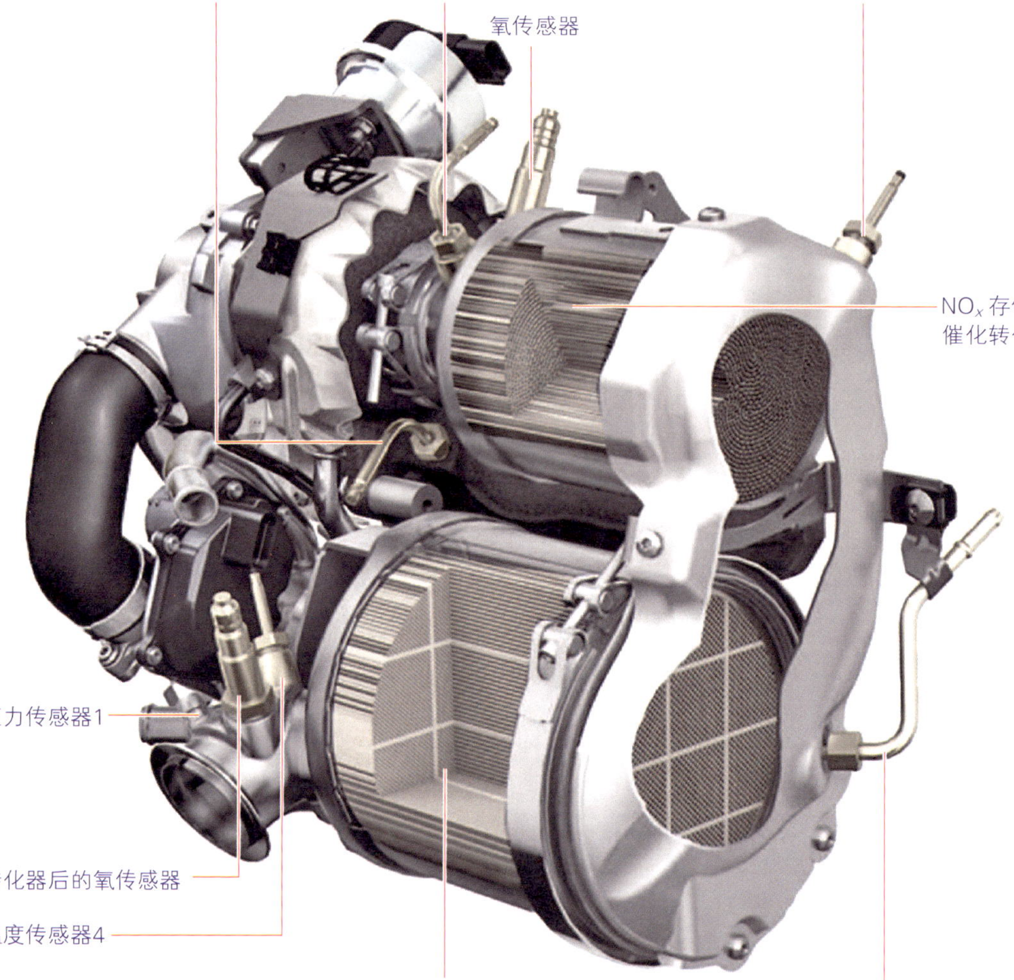

进排气系统—柴油机废气净化（不带SCR）系统

为了在整个特性曲线范围内都能使用低压废气再循环，就用电动排气控制阀来以可控方式对柴油微尘过滤器流出的整个废气气流形成阻碍。这样的话，就在柴油微尘过滤器后面（指下游）形成一个30～40mbar的过压（大小取决于排气控制阀所形成的排气压力）。这个过压通过废气再循环冷却器和其后面的废气再循环阀就形成了一个正的流动压差（扫气率）。通过这个废气再循环阀就可以调节再循环废气量。

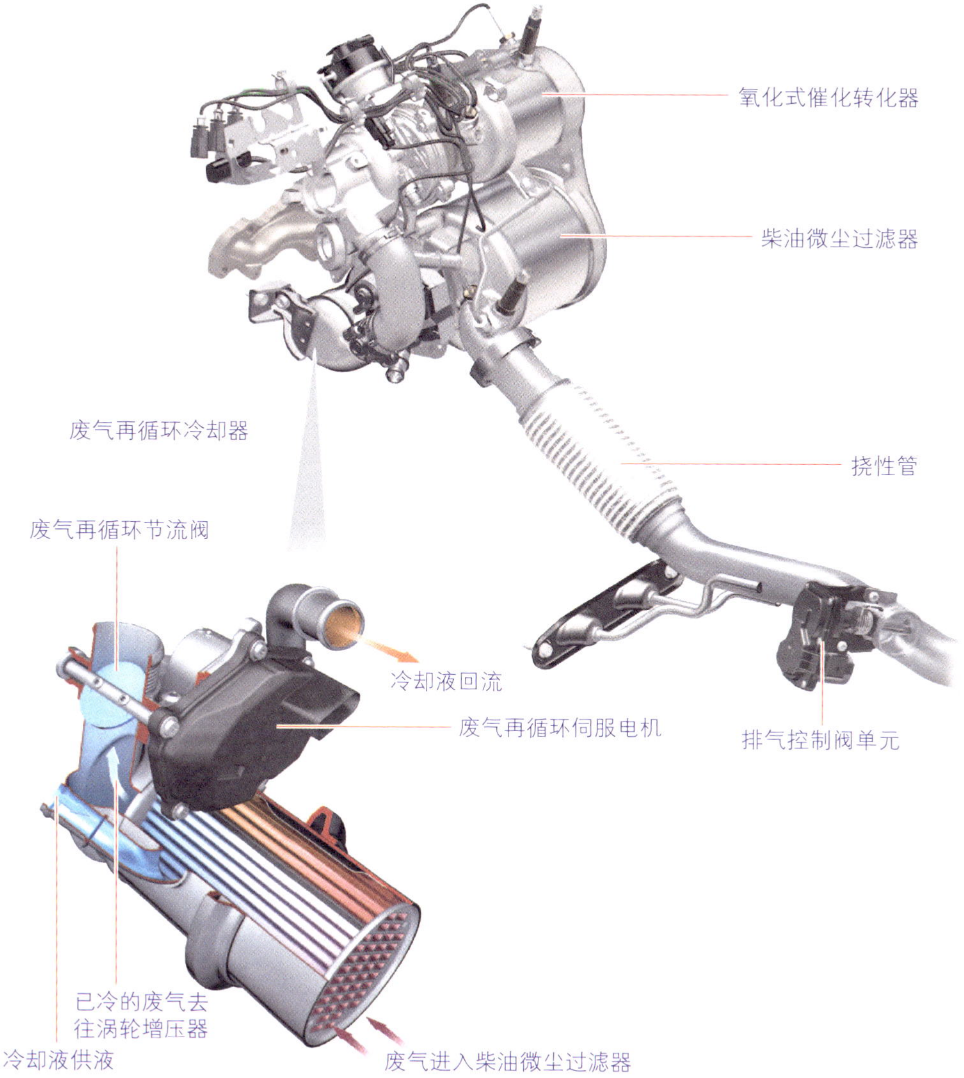

进排气系统—柴油机废气净化（不带SCR）系统

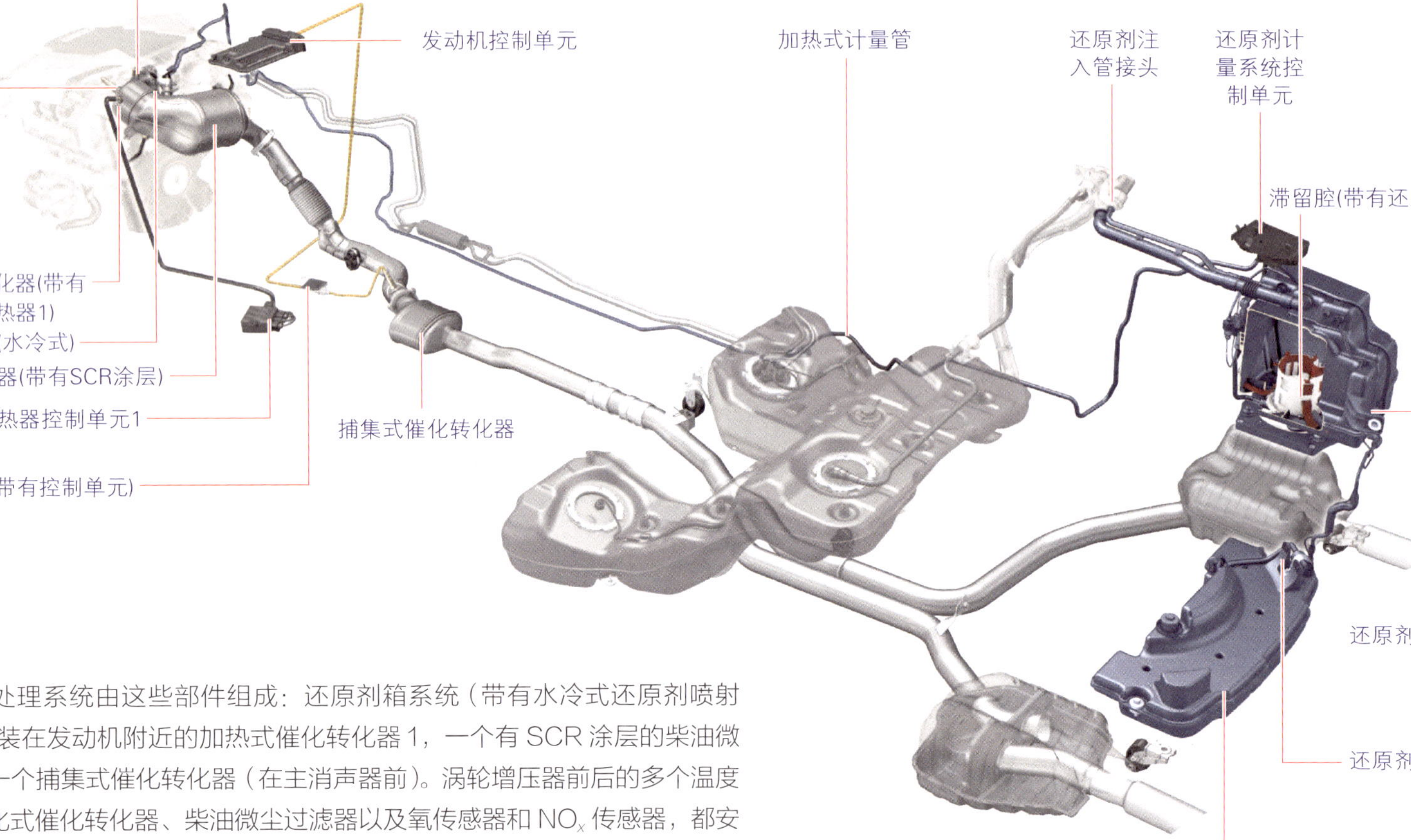

废气再处理系统由这些部件组成：还原剂箱系统（带有水冷式还原剂喷射阀），一个安装在发动机附近的加热式催化转化器 1，一个有 SCR 涂层的柴油微尘过滤器和一个捕集式催化转化器（在主消声器前）。涡轮增压器前后的多个温度传感器、氧化式催化转化器、柴油微尘过滤器以及氧传感器和 NO_x 传感器，都安装在排气系统上。通过传感器来控制废气再处理过程。

进排气系统—废气排放控制（汽油机）

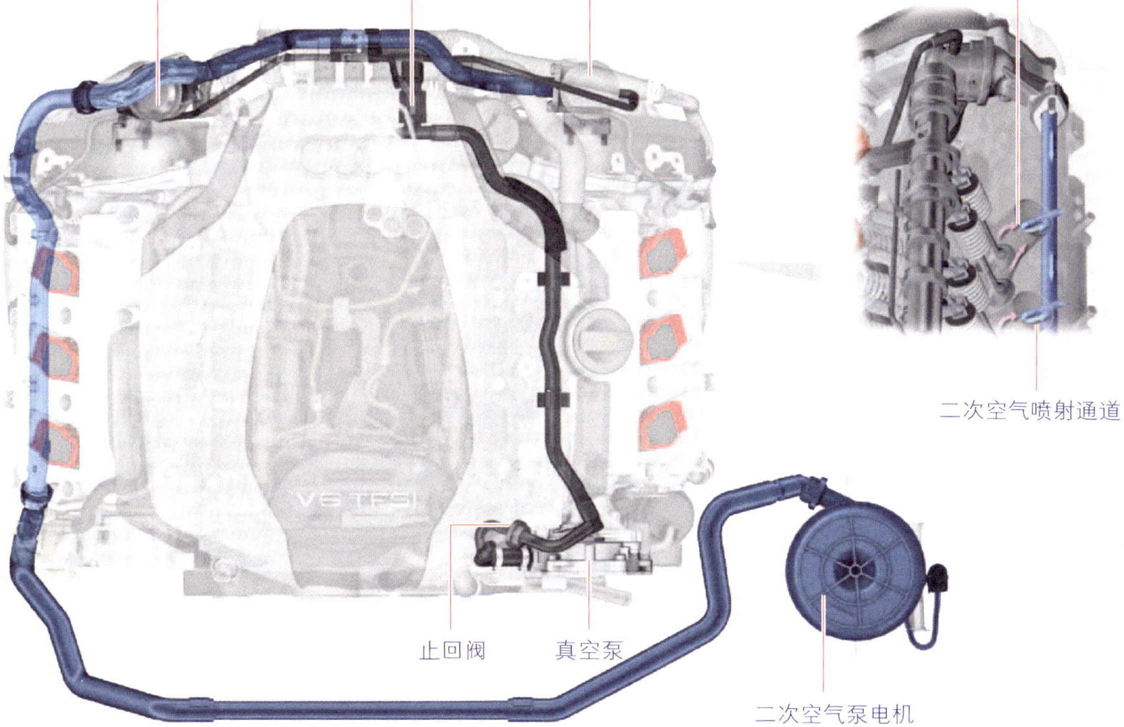

由于冷启动和预热阶段混合气非常浓，因此在这段时间内废气中有很多没有燃烧掉的碳氢化合物。在这种情况下，催化转化器无法正常工作，因为没达到催化转化器的正常工作温度，要想实现完全转换，混合比必须是 $\lambda=1$。将空气喷到排气门的后面，就使得废气中的氧含量升高了，于是就会发生碳氢化合物和一氧化碳的二次氧化（二次燃烧）。由此释放出的热量就帮着加热了催化转化器，使之快速达到正常工作温度。

汽油发动机上的内部废气再循环系统也是将废气送回去燃烧，以便减少氮氧化物的排放量。其与外部废气再循环系统不同之处在于废气并非取自排气系统。要采用这种内部废气再循环系统，有个前提条件：发动机必须配备有凸轮轴调节装置（可变气门正时）。在使用内部废气再循环系统时，燃烧后一部分废气直接就被抽回到燃烧室了。为此，排气凸轮轴要这样来调节：使得排气门要比正常时稍晚些关闭。于是一部分刚被压入排气道内的废气就在活塞向下运动过程中又被抽回到燃烧室，并在此处与吸入的新鲜空气和喷入的燃油一起混合了。

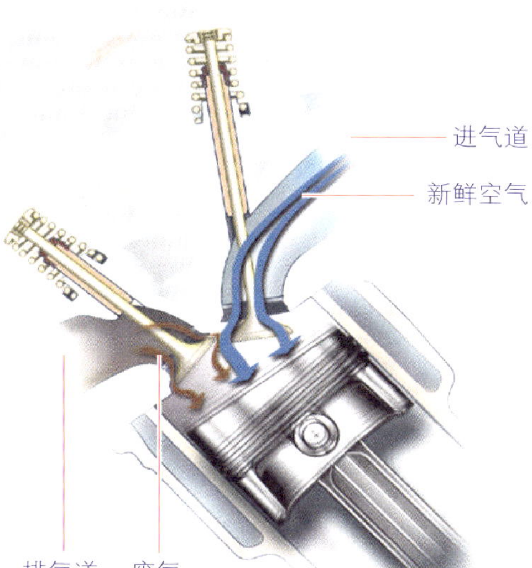

进排气系统—废气排放控制（柴油机）

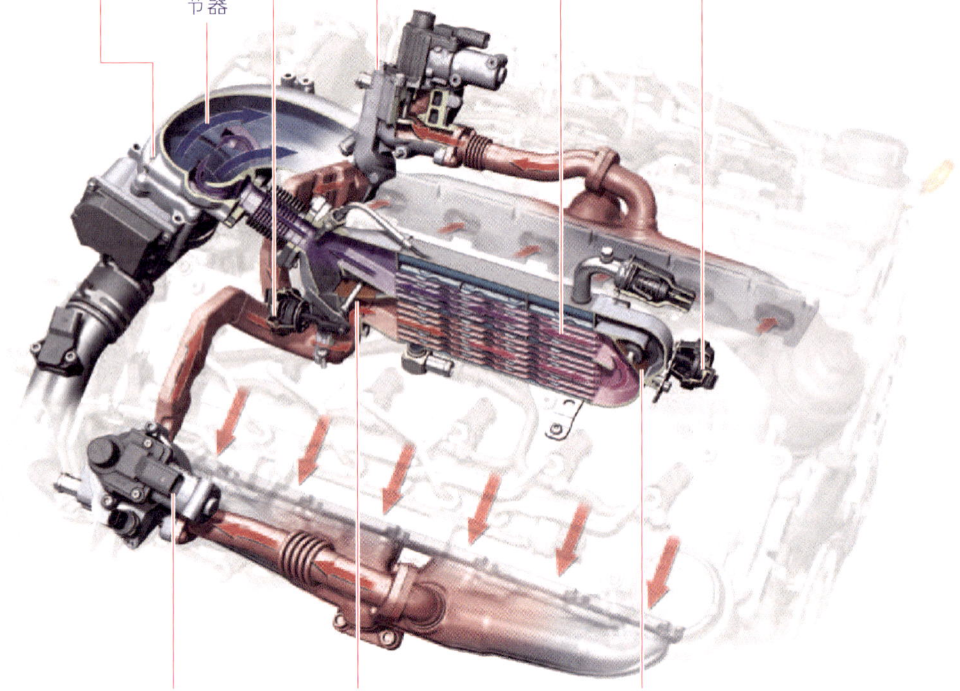

现代发动机装备有可控式废气再循环冷却器，再循环的废气在被送去燃烧前，要流经这个可控式废气再循环冷却器。为了能尽量给再循环的废气降温，将这个废气再循环冷却器连接到一个单独的低温冷却循环管路中了，其中的冷却液直接取自主散热器的出口，用一个电动泵送往废气再循环冷却器。根据工作温度，这种冷却器可以接通或者关闭，灵活地为废气提供冷却。这就进一步减少了氮氧化物的排放量。当发动机处于冷态时，热的废气就通过旁通通道被直接送入到燃烧室了，这样就可以使得氧化式催化转化器和冷却液迅速热起来。

1 级—旁通模式：绕过废气再循环冷却器，绕过辅助冷却器。

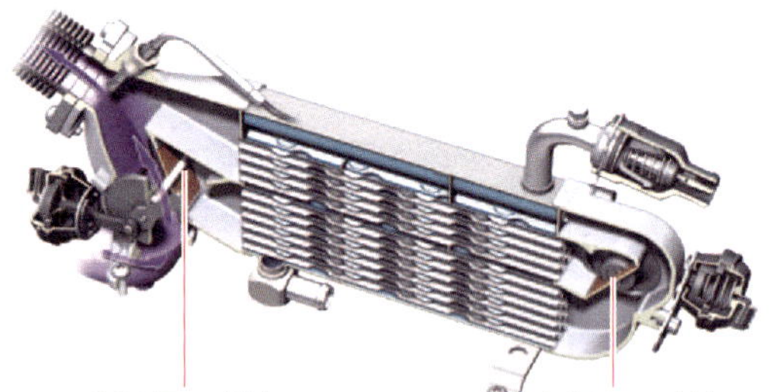

2 级—中等冷却能力：流经废气再循环冷却器，绕过辅助冷却器。

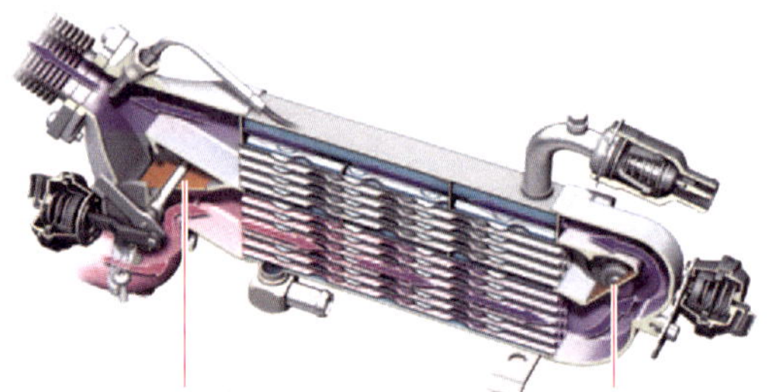

3 级—最大冷却能力：流经废气再循环冷却器，流经辅助冷却器。

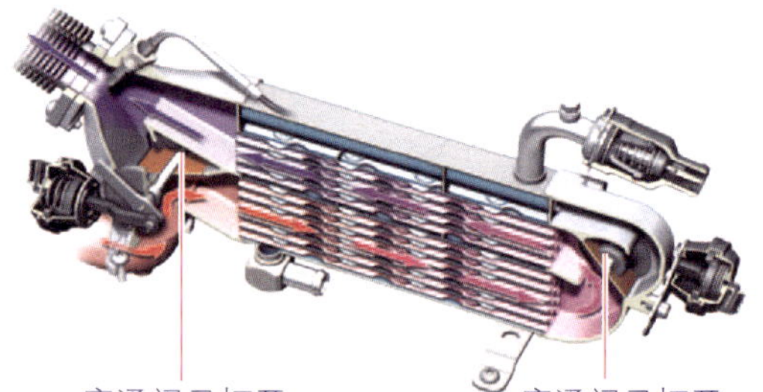

进排气系统—增压系统概览

增压系统可以提高发动机的充气效率（容积效率）。具体说就是把要吸入的空气预先压缩一下，这能提高发动机的输出功率和效率。增压系统也是多种多样的。在车用发动机上，除了广泛使用的废气涡轮增压器外，还有罗茨式的压气机模块增压器。这两种增压系统上还集成有其他用于调节增压压力的辅助装置。

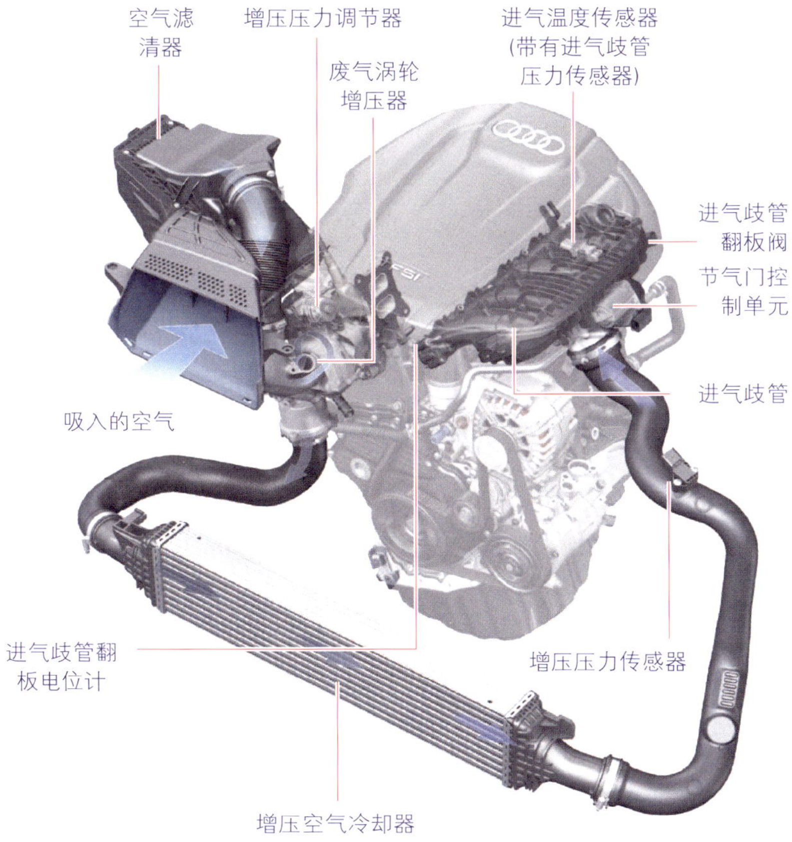

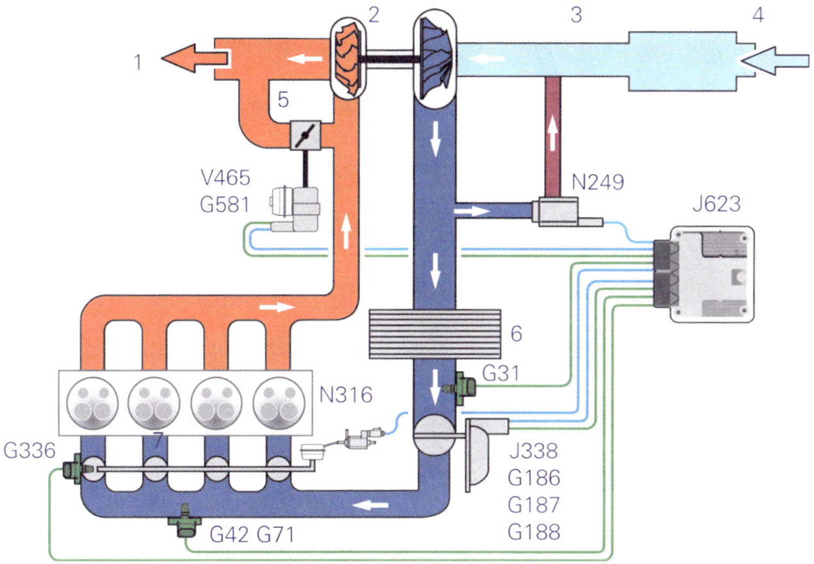

1—废气气流；2—废气涡轮增压器；3—空气滤清器；4—新鲜空气气流；5—废气泄放阀；6—增压空气冷却器；7—进气歧管翻板

G31—增压压力传感器；G42—进气温度传感器；G71—进气歧管压力传感器；G186—电子油门驱动器；G187—电子油门驱动器角度传感器1；G188—电子油门驱动器角度传感器2；G336—进气歧管翻板电位计；G581—增压压力调节器位置传感器；J338—节气门控制单元；J623—发动机控制单元；N249—涡轮增压器循环空气阀；N316—进气歧管翻板阀；V465—增压压力调节器

传感器导线；执行元件导线；废气；吸入的空气(负压)；增压空气(增压压力)；旁通空气(增压压力)

进排气系统—增压器结构原理

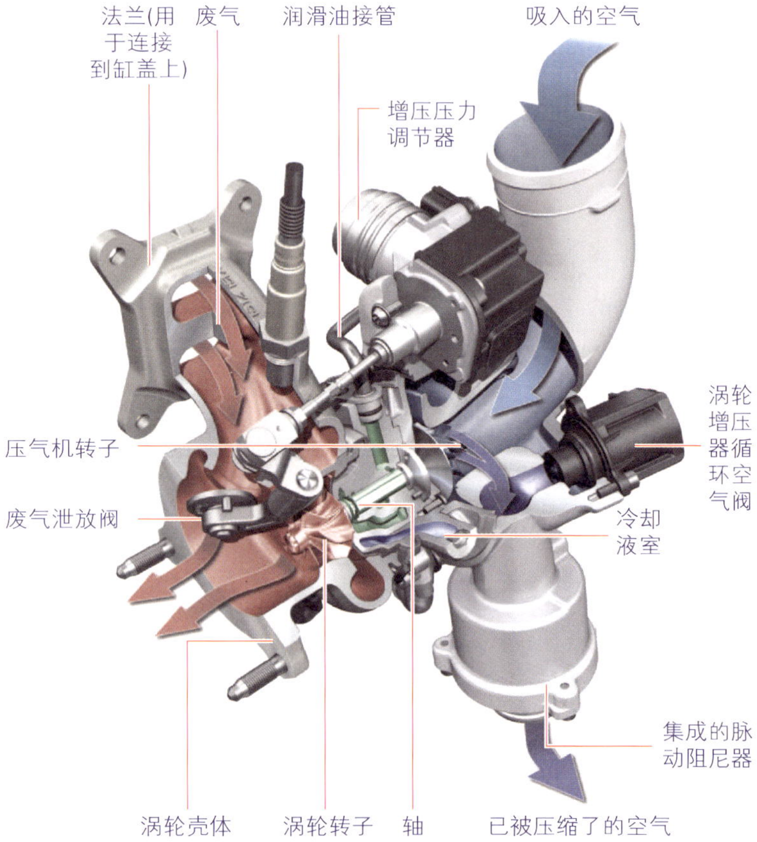

废气涡轮增压器的基本原理，就是利用废气流动的动能来对吸入的空气进行预压缩。在发动机工作时，废气会推动废气涡轮增压器的涡轮转动，压气机就将吸入的空气压缩了。

旁通空气控制

如果节气门关闭了（比如在减速时），由于增压压力还作用着，因此在压气机通道内就会产生一个背压，涡轮增压器的压气机转子于是就大大减速。如果打开节气门，那么涡轮增压器首先就得提高转速。通过这个旁通空气控制功能，就能减小可能产生的增压滞后。涡轮增压器循环空气阀N249是个电磁阀，由发动机控制单元来操控。

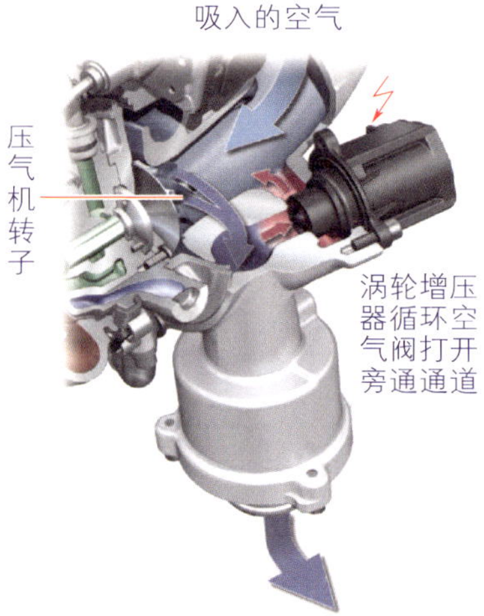

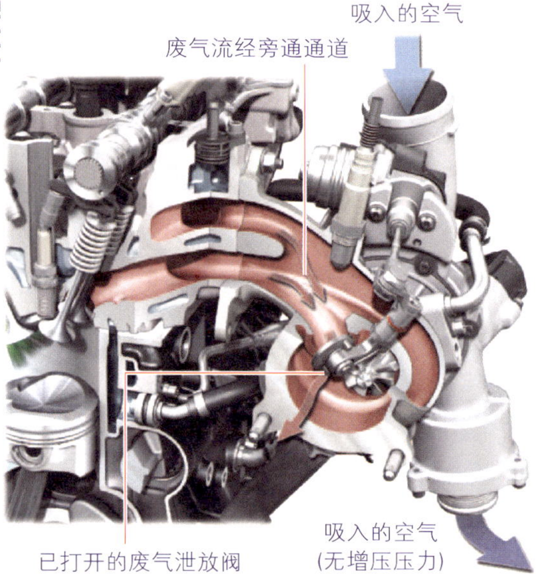

增压压力调节

如果不需要增压压力或者只需很小的增压压力，发动机就会操控增压压力调节器，调节器随后通过一根拉杆打开废气泄放阀，于是废气未经利用而经一个旁通通道流过涡轮增压器。涡轮轴转得很慢，增压压力下降。增压压力传感器会侦测到这个情况，如果增压压力下降得足够了或者又需要较大的增压压力了，那么增压压力调节器会让废气泄放阀关闭，于是废气就又流经涡轮转子了。

进排气系统—增压器结构原理（柴油机）

在涡轮增压器上，增压压力调节很重要，除了采用废气泄放阀这种旁通结构外，还有一种涡轮几何形状可变的涡轮增压器。这种结构一般都用于柴油发动机上，涡轮周围布置有可调的导向叶片，由调节环来实施调节。废气涡轮增压器的控制模块操控涡轮增压器上的一个拉杆。导向叶片具有机翼似的外形，可以改变涡轮的阻流特性。

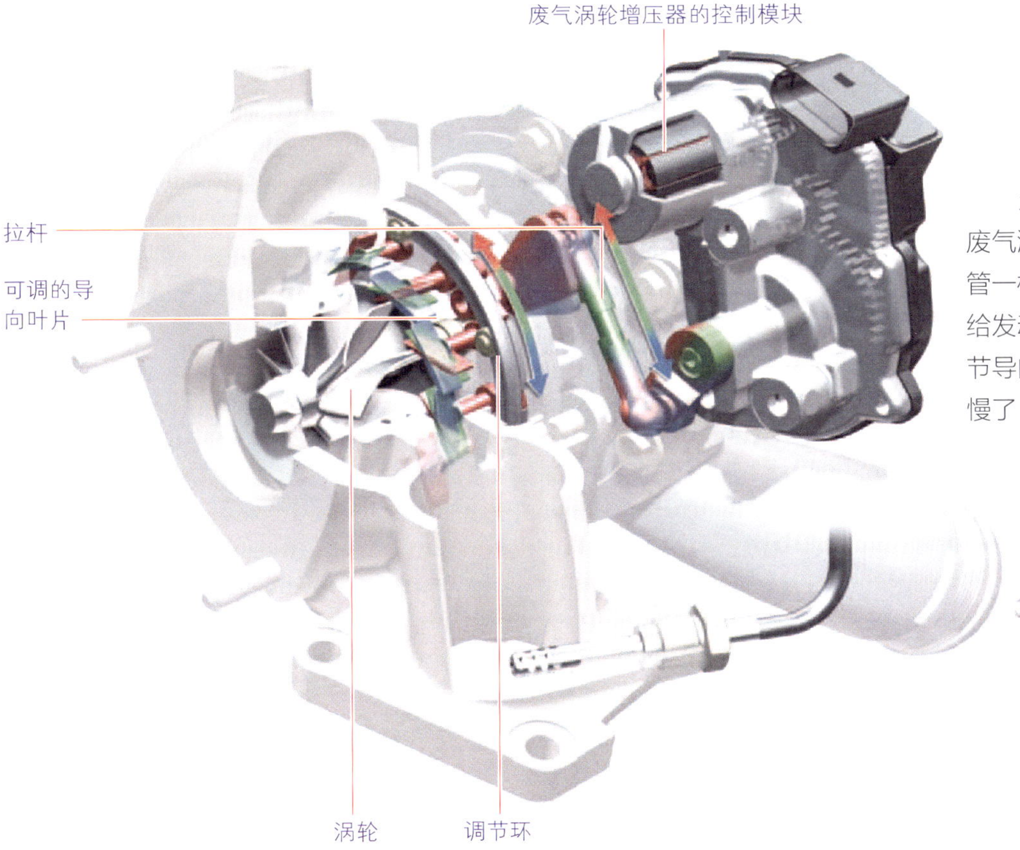

导向叶片位置较平，废气气流进口截面很窄。

当导向叶片被推动时，叶片之间的空间就变窄小了，于是废气流经的速度就变快了。这个效应就像化油器中的文丘里喉管一样。进气歧管内的一个传感器不断地将增压压力信息传送给发动机控制单元。如果增压压力达到一定值，那么就开始调节导向叶片，以便增大叶片间的空间，于是废气气流流速就放慢了，涡轮转得也慢了，增压压力也就下降了。

导向叶片位置较陡，废气气流进口截面很宽。

进排气系统—增压器结构原理（罗茨式）

压气机模块有个壳体，壳体内有两个转子在转动。罗茨式增压器配备的是四叶型转子，两个转子的每个叶片相对于纵轴扭转 160°，因此可实现连续而少波动的空气供给模式。两个转子采用机械式驱动形式，比如由曲轴通过传动带机构来驱动。这两个转子通过壳体外的一对齿轮来同步连接并按相反方向转动，于是两个转子就相互啮合了。在这种结构中，重要的是转子彼此间和与壳体间要密封。其困难之处在于摩擦要尽可能小（要尽可能没摩擦）。在工作时（转子在转动），空气在叶片和外壁之间从空气入口（吸气侧）向空气出口（压力侧）输送。输送空气的压力来自回流。

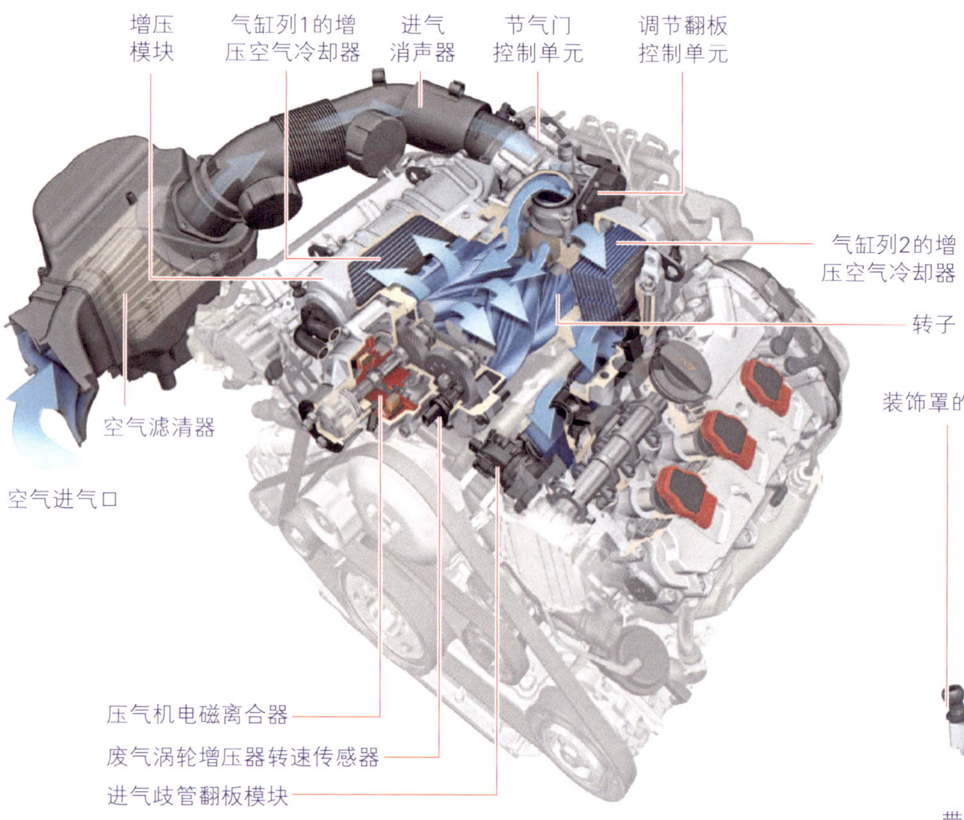

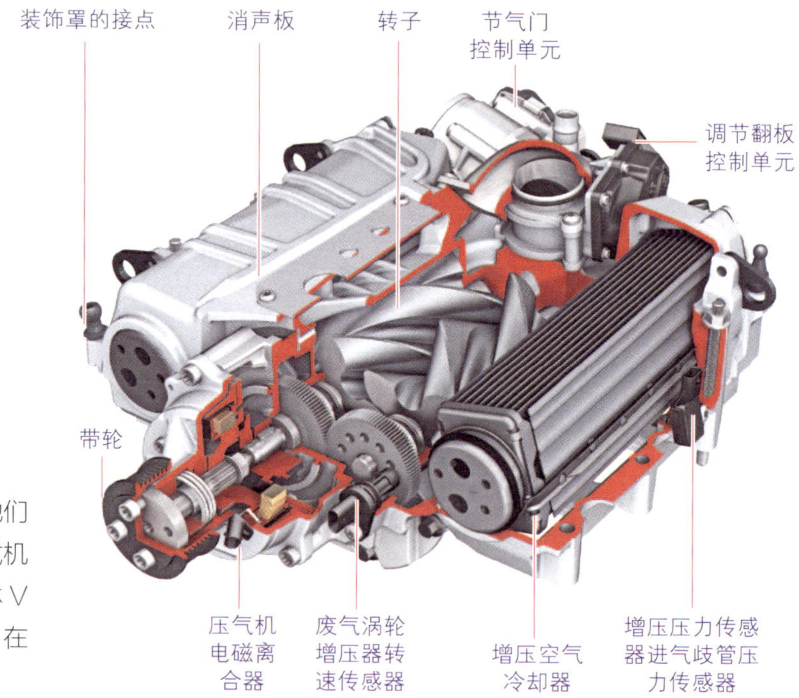

“罗茨式增压器”这个名称来源于 Philander 和 Francis Roots 兄弟，他们在 1860 年就将此技术申请专利了。罗茨式增压器的结构形式就是旋转活塞式机构，按容积泵原理工作，无内部压缩。空气供给的主要部件是位于发动机缸体 V 形位置中的压气机模块。该模块内集成有罗茨式鼓风机和增压空气冷却系统，在某些发动机上还有旁通调节装置。

进排气系统—增压器电磁离合器（罗茨式）

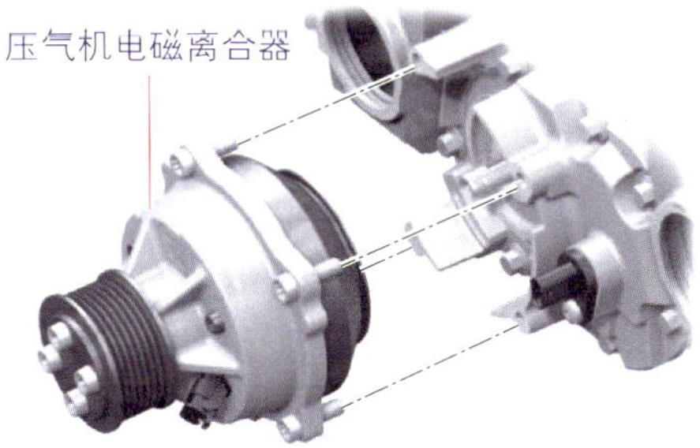

压气机电磁离合器N421是个单独的模块，用螺栓拧在压气机上（在右侧转子轴前面）。该离合器负责接通或者切断压气机。

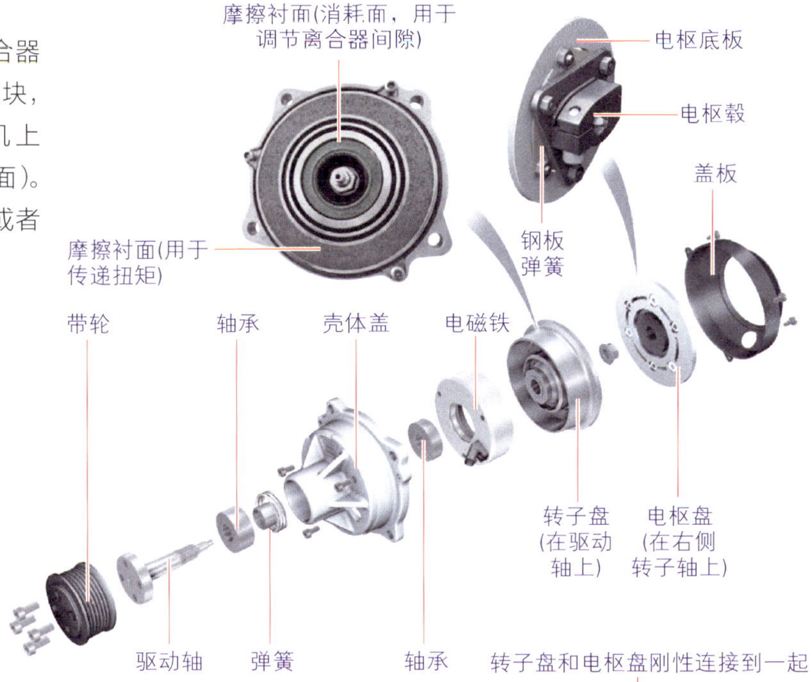

电磁离合器脱开—压气机被关闭（就是不工作）

在低转速和中等转速范围时以及在发动机负荷较低时，电磁离合器是不通电的。此时电磁离合器是脱开的，压气机被关闭（就是不工作），在转子盘和电枢盘之间有空隙，于是去往转子的动力流被中断。另外，此时调节翻板也是关闭的，发动机消耗的全部空气都流经转子，因此转子以很低转速在转动着。

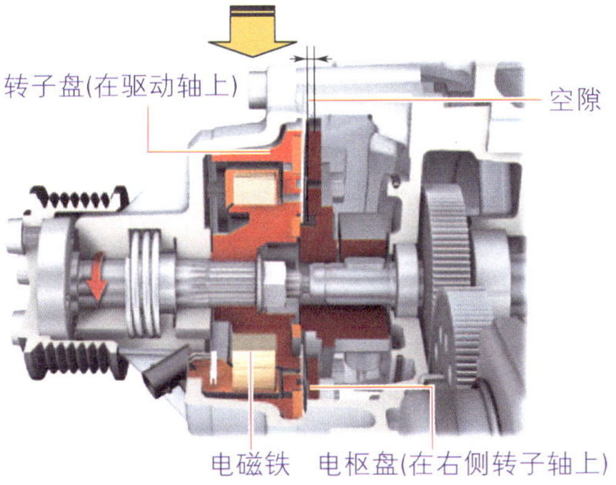

电磁离合器接合—压气机被接通（就是在工作）

发动机控制单元通过PWM信号让电磁离合器通上电（电流调节）。电磁力逆着钢板弹簧力将电枢盘拉靠到转子盘的摩擦衬面上。这时就产生了接合动力，压气机转子被驱动而转动起来。

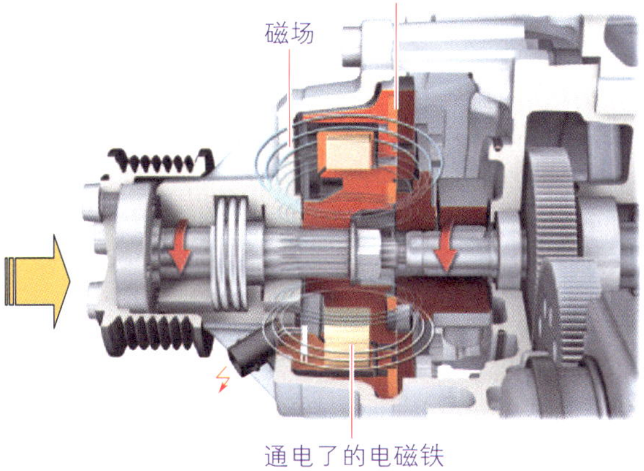

进排气系统—双涡流涡轮增压器

Twin Scroll（双涡流）废气涡轮增压器将分别来自 2 个气缸列的通道在排气歧管和废气涡轮增压器内连接起来，即气缸 1 和 4，气缸 2 和 3。在低转速时提高排气歧管内的气体动力，可更有效地利用脉动式气柱能量。因此在 1600r/min 转速时即可达到最大扭矩，几乎可以完全避免“涡轮效应滞后”问题。DME 通过一个废气旁通阀对增压压力进行调节，由一个隔膜盒以气动方式控制废气旁通阀。电子气动压力转化器使隔膜盒承受负压（真空）。为了废气涡轮增压器的冷却和润滑必须为发动机冷却循环回路和机油回路分别提供 2 个接口，冷却系统通过一个独立的泵冷却废气涡轮增压器。DME 控制单元在发动机关闭后接通涡轮增压器冷却液泵。

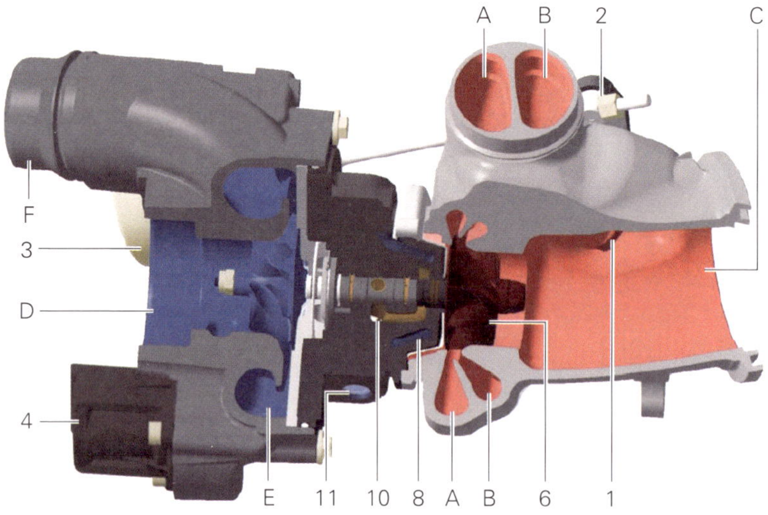

Twin Scroll废气涡轮增压器

A—排气通道 1（连接气缸 1 和 4）；
B—排气通道 2（连接气缸 2 和 3）；
C—至催化转化器的接口；
D—自进气消声器的入口；
E—环形通道；
F—至增压空气冷却器的出口；
1—废气旁通阀；
2—废气旁通阀杠杆臂；
3—废气旁通阀真空罐；
4—循环空气减压阀；
5—旁通通道；
6—涡轮；
7—压缩机轮；
8—冷却通道；
9—涡轮轴；
10—机油回流管路；
11—冷却液回流管路

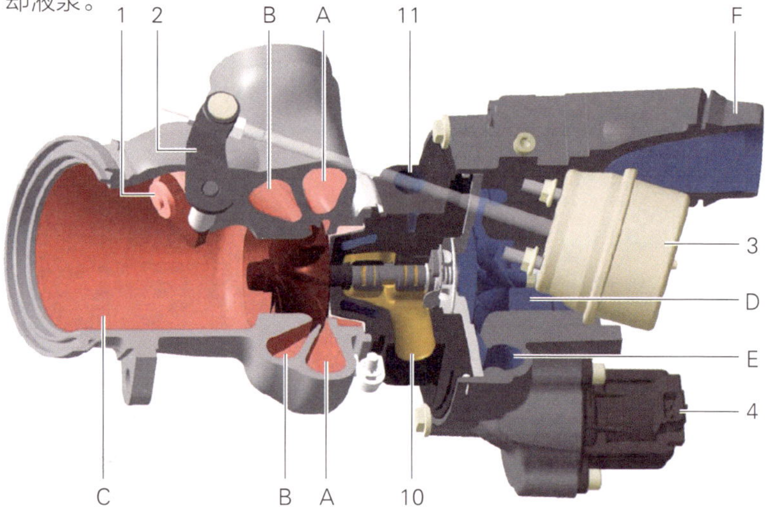

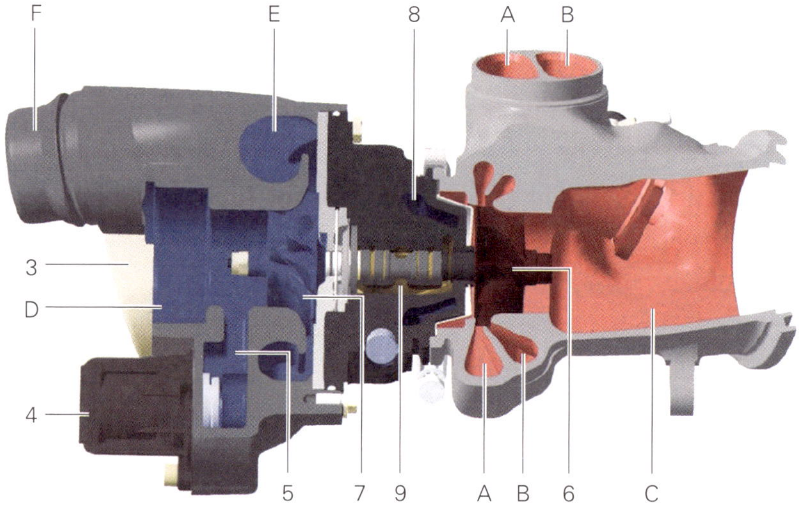

进排气系统—双涡轮增压器（直列6缸发动机）

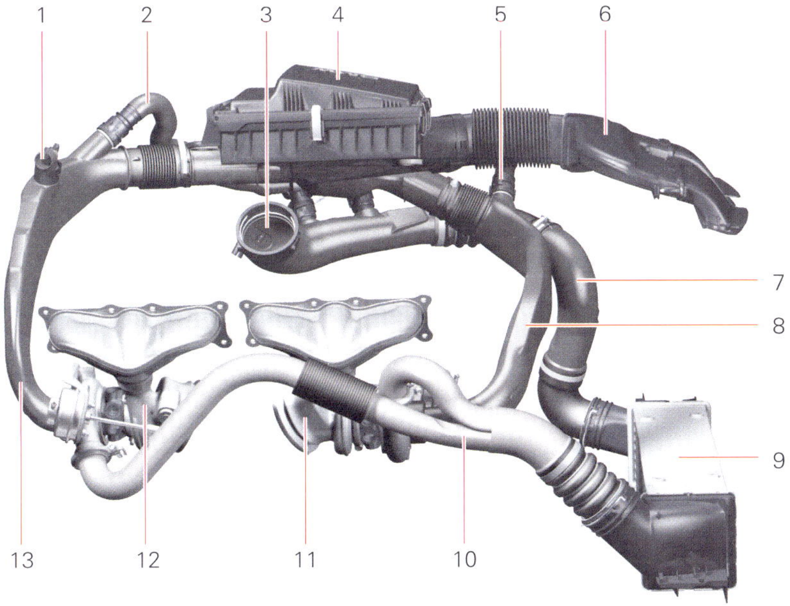

直列6缸发动机双涡轮增压器

1—增压运行模式下泄漏气体的PTC加热装置；2—气缸列2循环空气管路；3—节气门连接法兰；4—空气滤清器；5—气缸列1循环空气管路；6—进气管；7—增压空气压力管路；8—气缸列1增压空气进气管路；9—增压空气冷却器；10—增压空气集气管路；11—气缸列1废气涡轮增压器；12—气缸列2废气涡轮增压器；13—气缸列2增压空气进气管路

新鲜空气经过空气滤清器和增压空气进气管路由废气涡轮增压器的压缩机吸入并压缩。由于废气涡轮增压器的运行温度很高，因此将其与冷却液循环回路和发动机机油循环回路连接在一起。增压空气在废气涡轮增压器内压缩时产生很高的温度，因此需要通过一个增压空气冷却器对其再次冷却。经过压缩和冷却的增压空气从增压空气冷却器处通过节气门进入进气管。

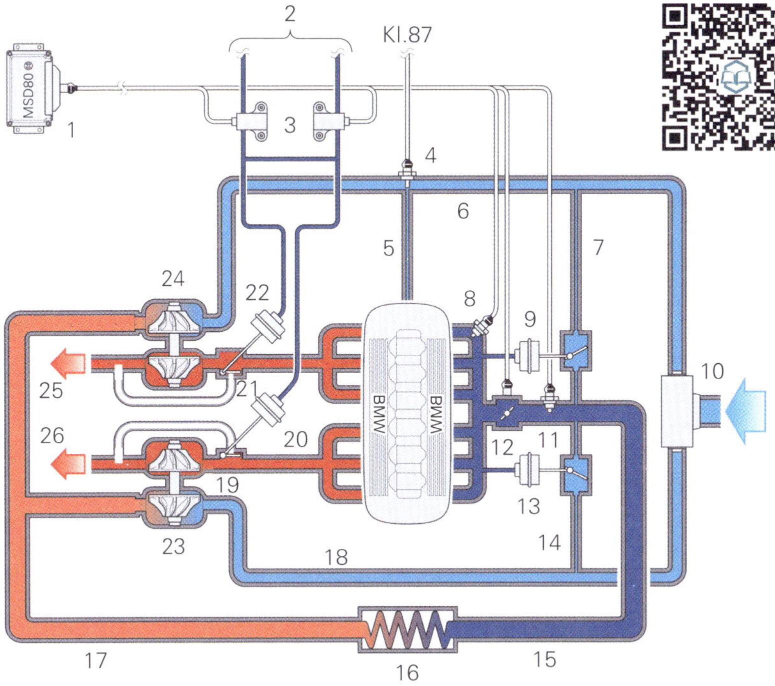

增压运行模式

1—发动机控制单元；2—至真空泵的管路；3—电子气动压力转化器（EPDW）；4—泄漏气体PTC加热装置；5—增压运行模式的泄漏气体管路；6—气缸列2增压空气进气管路；7—气缸列2循环空气管路；8—进气管压力传感器；9—气缸列2循环空气减压阀；10—空气滤清器；11—增压空气压力和温度传感器；12—节气门；13—气缸列1循环空气减压阀；14—气缸列1循环空气管路；15—增压空气压力管路；16—增压空气冷却器；17—增压空气集气管路；18—气缸列1增压空气进气管路；19—气缸列1废气旁通阀；20—气缸列1废气旁通执行机构；21—气缸列2废气旁通阀；22—气缸列2废气旁通执行机构；23—气缸列1废气涡轮增压器；24—气缸列2废气涡轮增压器；25—至气缸列2的催化转化器；26—至气缸列1的催化转化器

进排气系统—双涡轮增压系统（V型8缸发动机）

V型8缸发动机双涡轮增压器

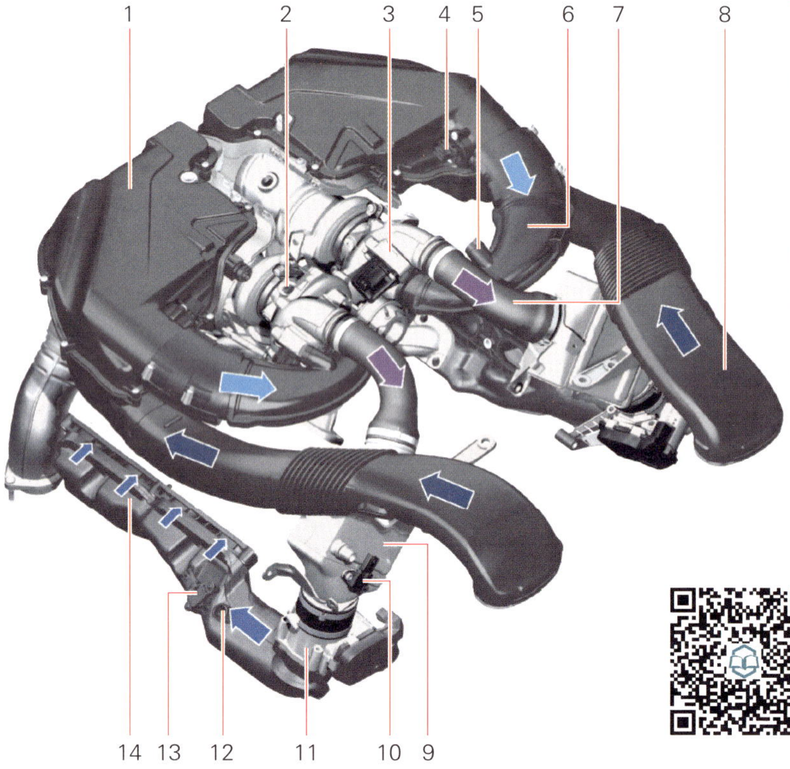

1—进气消声器；2—废气涡轮增压器；3—循环空气减压阀；4—热膜式空气质量流量计；5—用于增压运行模式的曲轴箱通风接头；6—洁净空气管；7—增压空气管；8—未过滤空气管；9—增压空气冷却器；10—增压空气温度和压力传感器；11—节气门；12—用于自吸式发动机运行模式的曲轴箱通风接头；13—进气管压力传感器；14—进气装置

通过两个相对较小且并联的废气涡轮增压器实现低转速下的快速响应。通过废气旁通阀控制增压压力。此外还使用了循环空气减压阀。废气涡轮增压器通过发动机废气驱动，即带压力的废气通过废气涡轮增压器的涡轮并以此方式为同轴上的压缩机提供驱动力。在此对进气进行预压缩，从而提高发动机燃烧室的进气量。这样可提高喷射和燃烧的燃油量，从而提高发动机的功率和扭矩。涡轮和压缩机的最高转速可达175000r/min。废气入口温度最高可达950℃。

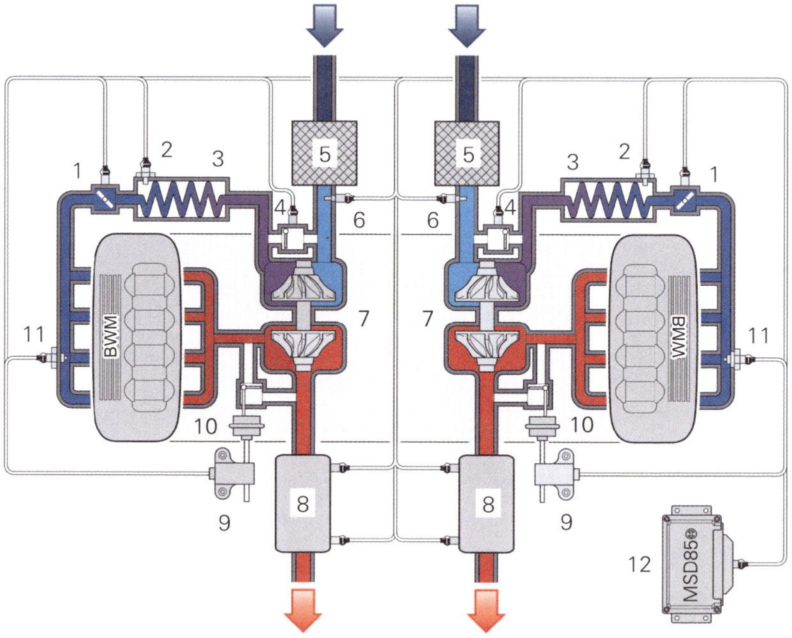

增压运行模式

1—节气门；2—增压空气温度和压力传感器；3—增压空气冷却器；4—循环空气减压阀；5—进气消声器；6—热膜式空气质量流量计；7—废气涡轮增压器；8—催化转化器；9—电子气动压力转化器；10—废气旁通阀；11—进气管压力传感器；12—数字式发动机电子系统（DME）

进排气系统—双增压系统

有些发动机同时配备有压气机模块和废气涡轮增压器，调节翻板控制单元上的翻板位置，就决定了新鲜空气是流经压气机模块和（或）直接流向废气涡轮增压器。新鲜空气从废气涡轮增压器流经增压空气冷却器和节气门控制单元而进入进气歧管。增压压力由增压压力限制电磁阀来调节。

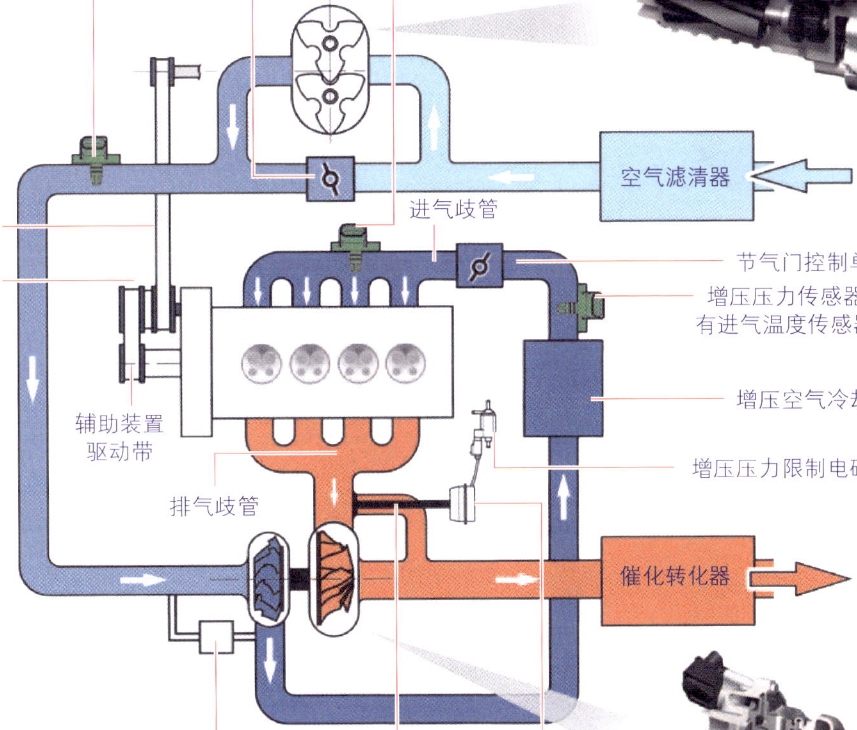

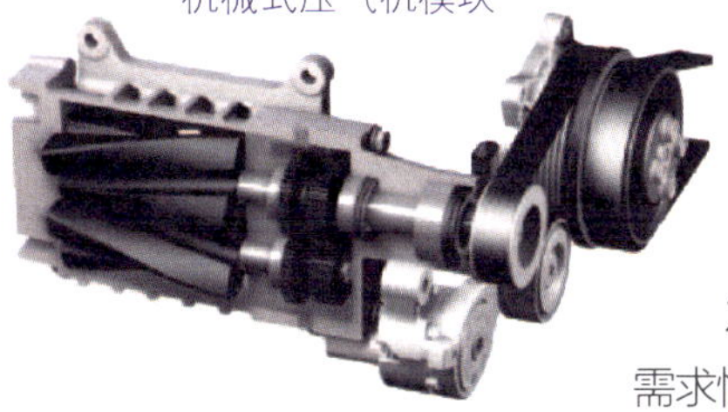

机械式压气机模块

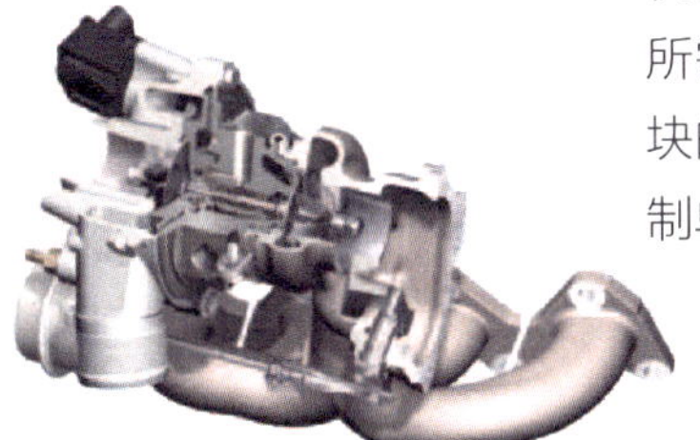

废气涡轮增压器

发动机控制单元根据扭矩需求情况来决定是否需要增压压力，在超过某最低扭矩需求值且发动机转速不高于2400r/min时，压气机模块一直都是接通的（就是在工作）。发动机转速不高于3500r/min时，压气机模块根据需要来接通工作，比如，发动机转速在这个范围内时车辆匀速行驶并突然急加速了，就需要压气机模块接通工作了。由于涡轮增压器有惯性，这会导致加速延迟（增压滞后），因此这时会接通压气机模块来工作，以便尽快形成所需要的增压压力。压气机模块的增压压力通过调节翻板控制单元来调节。

进排气系统—机械式压气机

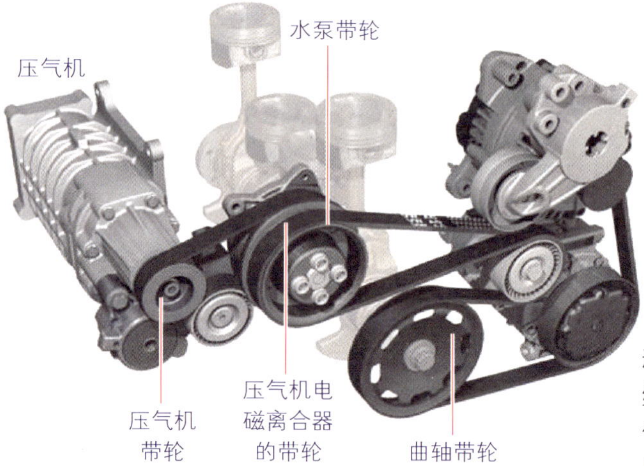

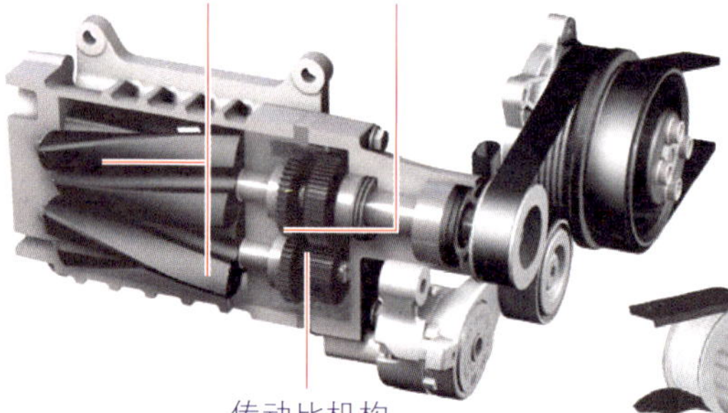

机械式压气机通过水泵由辅助装置来驱动。这个辅助装置是通过水泵模块上的一个免维护电磁离合器来接通的。由于曲轴带轮到压气机带轮有一个传动比，压气机内部还有一个传动比，所以压气机的转速是曲轴转速的5倍。压气机最高转速是17500r/min。

机械式压气机用螺栓拧在缸体上的进气歧管一侧，在空气滤清器后面。由于其两个转子的形状的原因，也称之为螺旋式压气机。增压压力通过调节翻板控制单元来调节。该压气机能产生的最大增压压力约为1.75bar（绝对）。

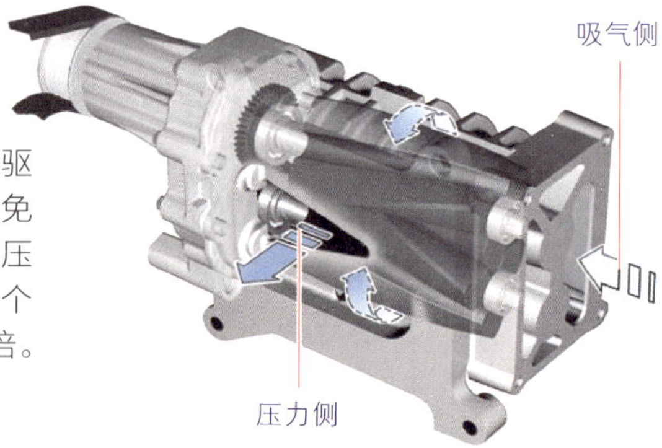

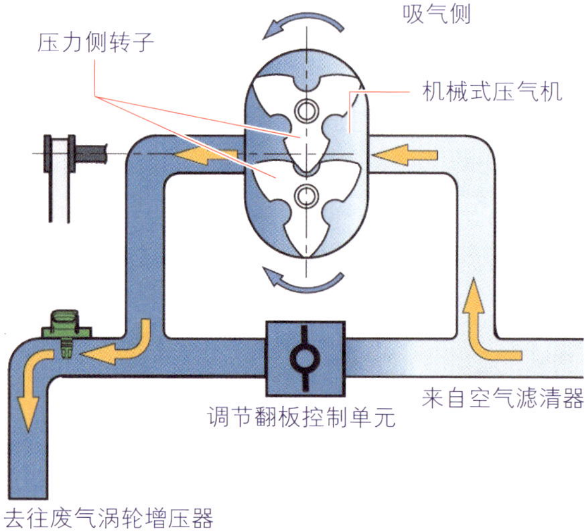

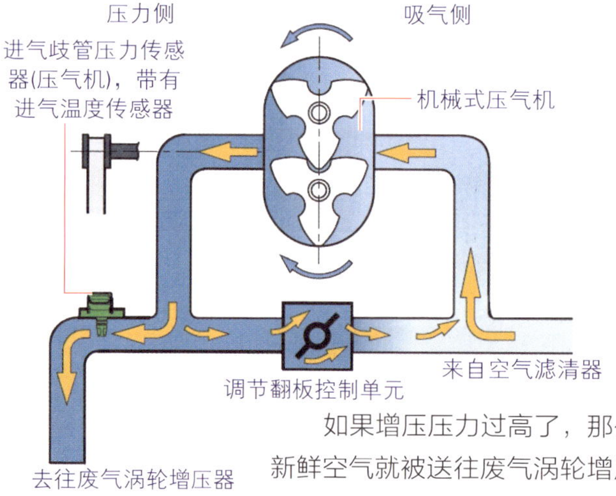

压气机的两个转子的形状是这样设计的：当转子转动时，吸气侧的容积就变大，于是就会吸入新鲜空气，且转子会将新鲜空气送至压气机的压力侧，在压力侧，两个转子之间的容积又在变小，于是空气就被压向废气涡轮增压器的方向。增压压力通过变换调节翻板的位置来进行调节。如果调节翻板关闭，压气机在该转速时产生最大增压压力。

如果增压压力过高了，那么调节翻板就会稍微打开些，这时一部分新鲜空气就被送往废气涡轮增压器，其余新鲜空气经部分开启的调节翻板被送往压气机的吸气侧，于是增压压力就下降了。增压压力大小由进气歧管压力传感器（压气机）来测量。

进排气系统—压气机电磁离合器

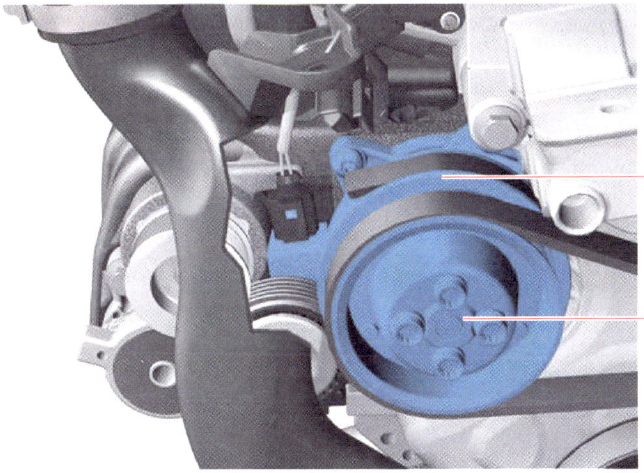

这个免保养压气机电磁离合器，是水泵模块的一个组件。压气机在需要时就靠这个离合器来接通而开始工作。在需要时，该离合器由发动机控制单元来激活工作。

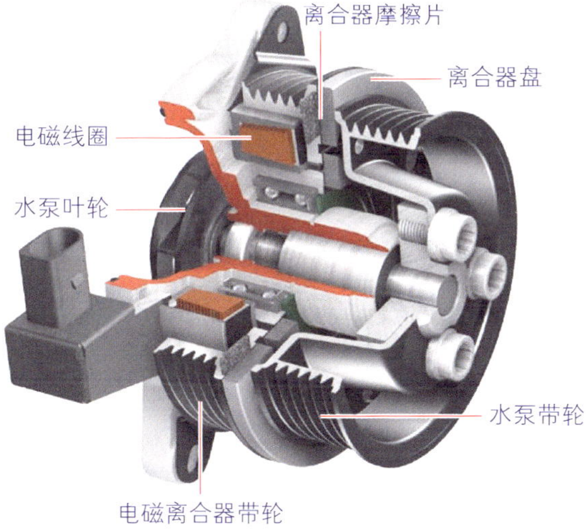

未启用离合器： 水泵带轮在辅助装置带驱动机构中，由曲轴来驱动。如果没有启用该电磁离合器，那么压气机的带轮就不会跟着一起转动，压气机也就没工作。离合器摩擦片和离合器盘之间有个间隙“A”。

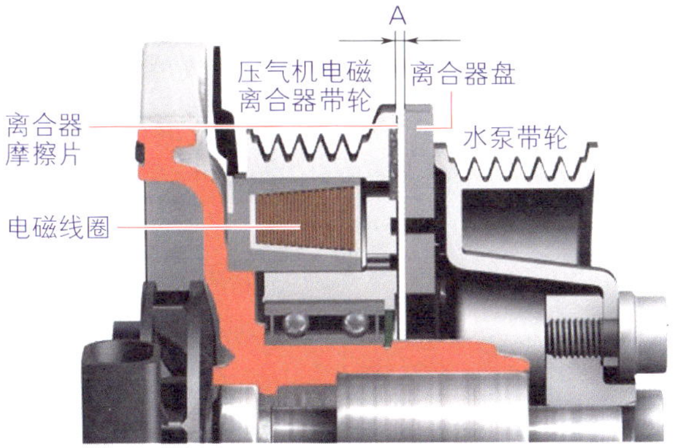

已启用离合器： 如果该压气机接通了，那么电磁线圈就会被加载上电压，产生一个磁场。这个磁场会将离合器盘拉靠在离合器摩擦片上，这就使得压气机电磁离合器带轮和水泵带轮之间建立起动力连接（就是能够传递动力了），于是这个机械式压气机就被驱动而工作了。压气机会一直在工作，直至通向电磁线圈的电路中断为止。随后，离合器盘被水泵带轮上的弹簧复位，于是压气机带轮也就不会再跟着转动了。

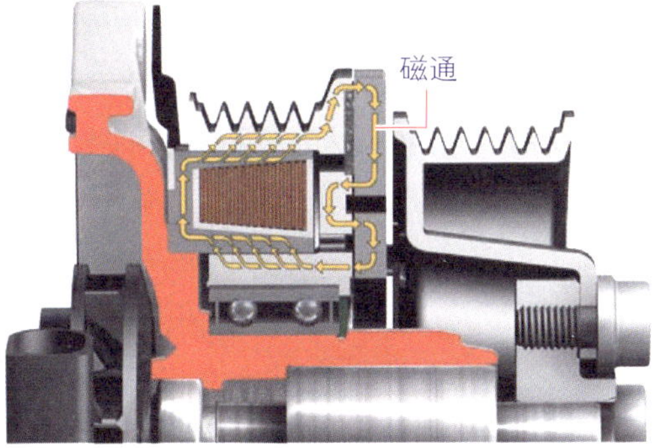

进排气系统—增压空气冷却系统

增压空气冷却系统可以使增压发动机工作起来效率更高，扭矩输出和功率输出都能得到提高。当很热的涡轮增压器对吸入的空气进行预压缩时，空气就变热并膨胀了。吸入的空气可能被加热到高达 200℃。在同样体积下，冷的空气中所含的氧分子要多于热的空气，因此空气要是冷下来，那么发动机的充气效率就高了，输出功率也会提升。在涡轮增压器和进气歧管之间安装增压空气冷却器，可以将吸入的空气的温度最多降低 50℃。另外，这个冷却系统还可以降低爆震倾向（指汽油机）和氮氧化物的生成量。

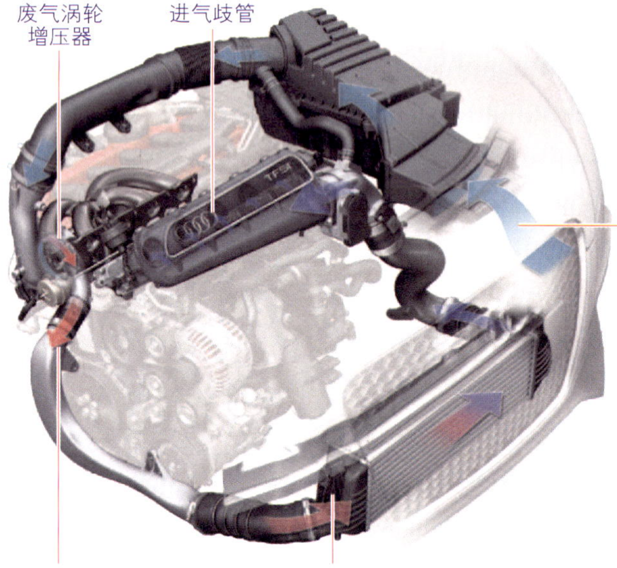

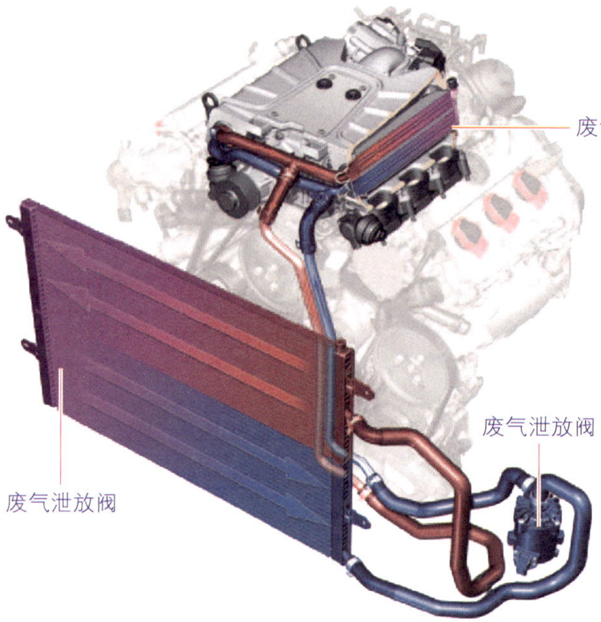

被废气涡轮增压器加热了的吸入空气，流经冷却器时将热量释放到铝制薄片上。铝制薄片由环境空气（行驶时的风）来冷却。冷却下来的吸入空气被送往进气歧管。

增压空气冷却循环管路相对于主冷却循环管路来说是独立的，但是这两套循环管路彼此是相连的，且使用同一个冷却液膨胀罐。增压空气冷却循环管路内的冷却液温度一般低于主冷却循环管路。电动增压空气冷却泵负责增压空气冷却循环管路内冷却液的输送。

冷却系统—冷却液循环系统

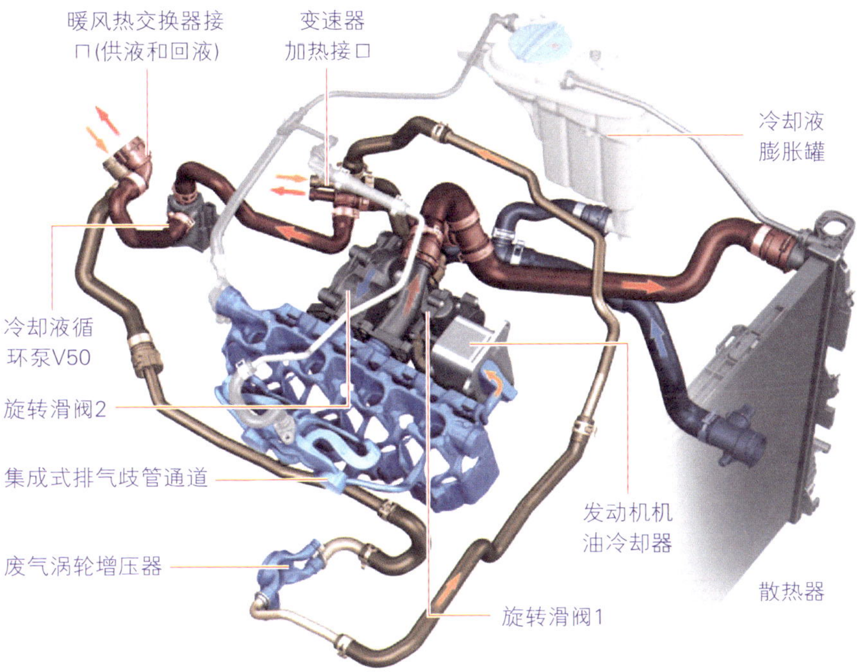

1—暖风热交换器；2—变速器机油冷却器；3—自动空调冷却液切断阀；4—冷却液循环泵；5—变速器冷却液阀；6—冷却液膨胀罐；7—冷却液温度传感器；8—冷却液泵，带有发动机温度调节元件(旋转滑阀1和2)；9—废气涡轮增压器；10—集成式排气歧管(IAGK)；11—发动机机油冷却器；12—散热器风扇1；13—散热器风扇2；14—散热器出口冷却液温度传感器；15—散热器；▬已冷的冷却液；▬已热的冷却液

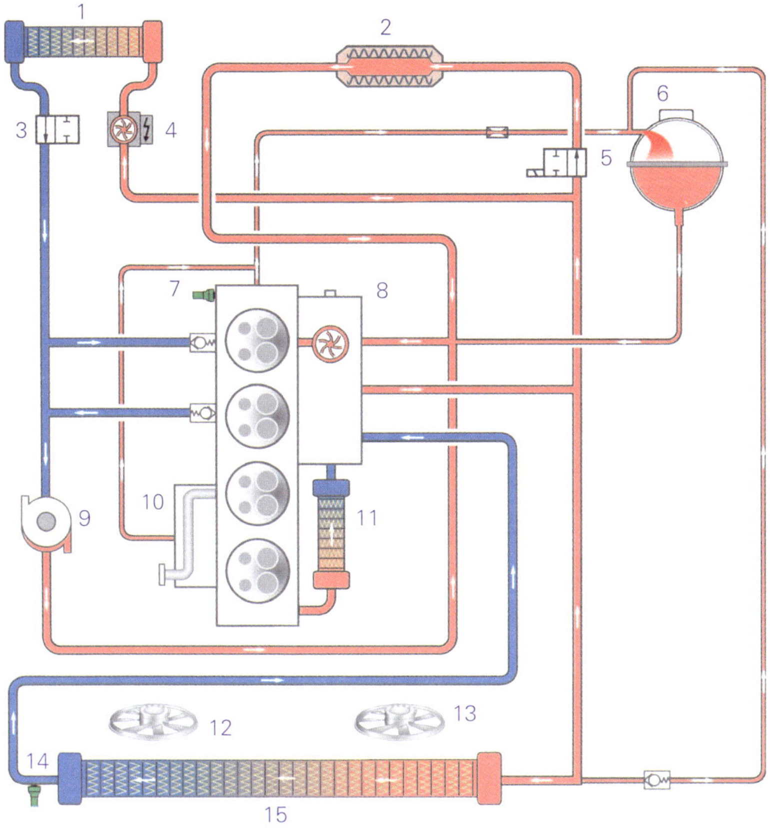

发动机除了将输入能量转换成机械能外，还将其中的很大一部分转换成热量。热能主要是燃烧过程产生的，发动机内部摩擦也会产生热量。为了防止部件因温度过高而导致磨损和可能出现的损坏，必须要将发动机的热散掉。因此发动机就专门有冷却系统，冷却系统还会对下述工作特性和发动机经济性有直接影响：气缸充气、燃油消耗、爆震倾向（仅指汽油发动机）、压缩比。因此，对冷却系统就提出了很多要求，它应轻便小巧，但是还得有足够的冷却能力，另外，重要的是要根据需要来保证所有部件的冷却。

冷却系统—双回路系统

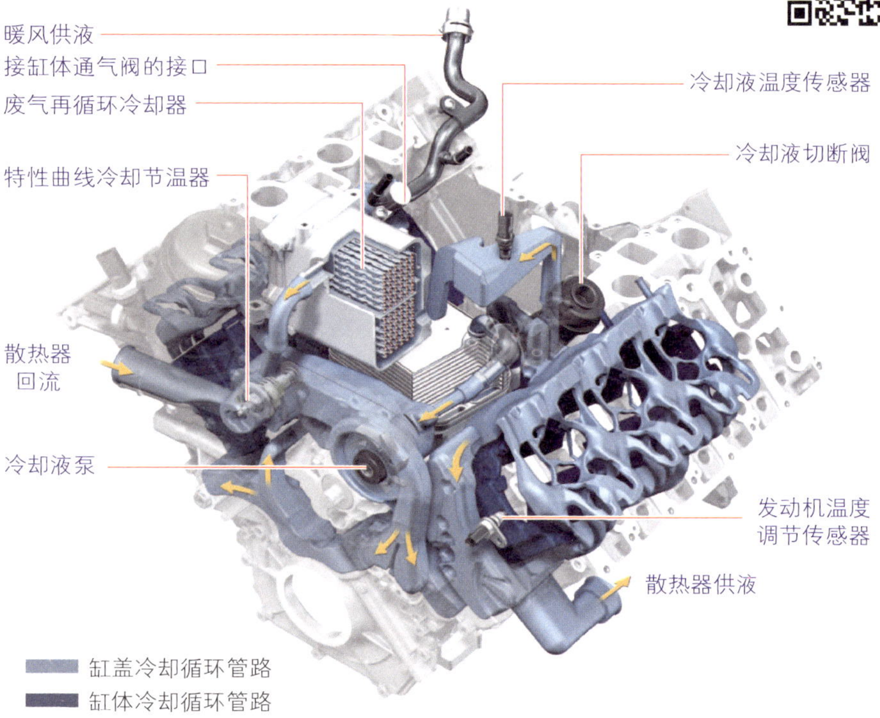

1—暖风热交换器；2—放气螺塞；3—暖风冷却液切断阀；4—辅助加热器；5—冷却液循环泵；6—ATF冷却液节温器；7—ATF冷却器；8—废气涡轮增压器模块；9—冷却液膨胀罐；10—冷却液温度传感器；11—缸盖；12—缸体；13—机油温度传感器；14—废气再循环冷却器；15—发动机机油冷却器；16—冷却液切断阀；17—发动机温度调节传感器；18—特性曲线冷却节温器；19—冷却液泵；20—散热器出口冷却液温度传感器；21—散热器；22—辅助散热器；

已冷的冷却液； 已热的冷却液

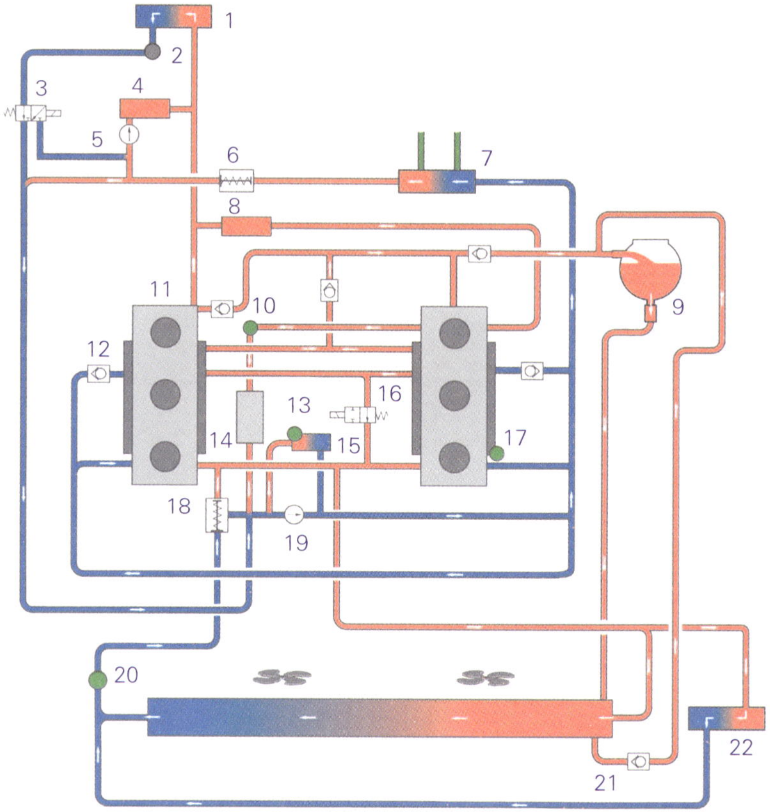

双回路式冷却就是缸体和缸盖采用两个并联且彼此分开着的冷却液循环管路。位于发动机前端V形位置的冷却液泵将冷却液输送到发动机缸体内相应的排气侧。冷却液在此处分成两路：一路去往缸盖；另一路去往缸体。流经这两个支路后，冷却液流回冷却液泵吸液侧。冷却液是通过两气缸列排气侧相应的止回阀而进入到缸盖冷却液循环管路的，止回阀是用于防止两气缸列之间冷却液回流的（也就是避免缸体不必要的散热）。

冷却系统—节温器

冷却液温度调节器也被称作节温器，根据结构，可能含有一个或者两个节温器。节温器是通过蜡膨胀元件来操控的。节温器一般是直接安装在发动机上的，也有把节温器集成在冷却液泵壳体上的。

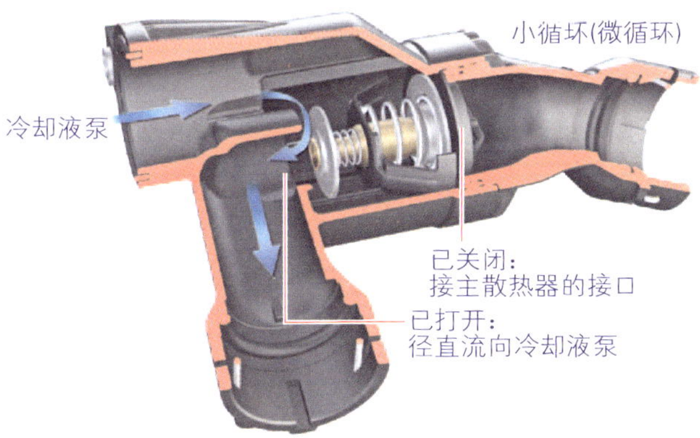

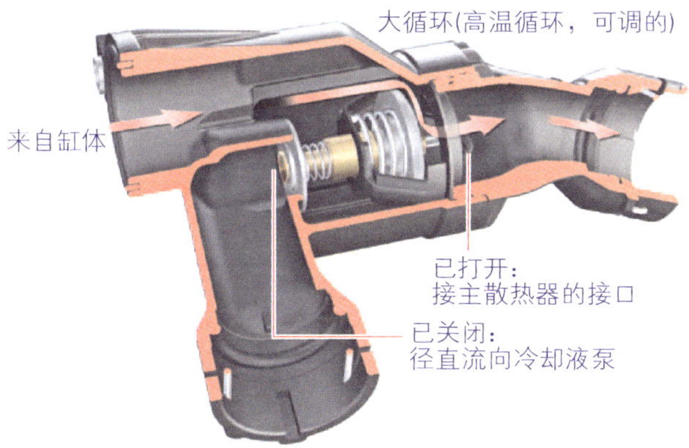

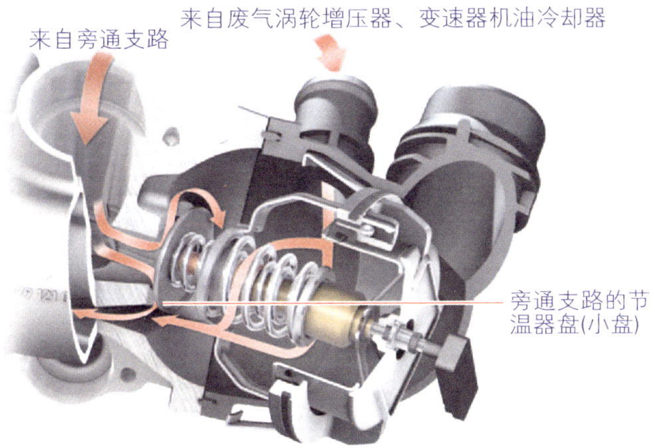

节温器已关闭(旁通支路已打开)

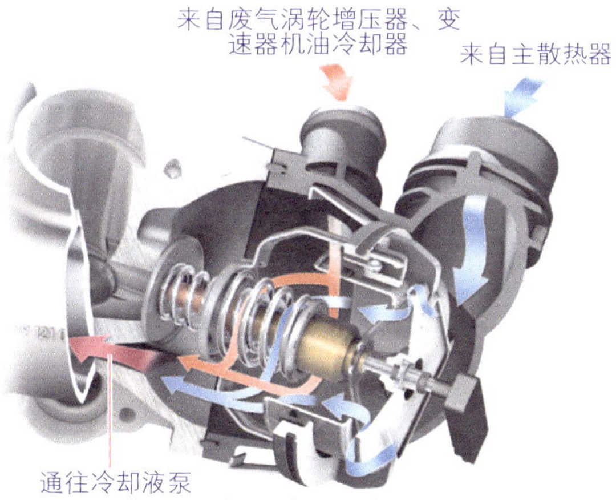

节温器已打开(旁通支路已关闭)

冷却系统—机械冷却液泵

在液冷式发动机上，由冷却液泵负责冷却液循环管路中的冷却液循环。根据发动机不同，冷却液泵使用不同的泵轮。冷却液泵或者是通过正时机构来驱动，或者是通过发动机的传动带机构来驱动。在某些发动机上，冷却液泵泵轮在特定工况时可以被遮挡住，以便形成“静止冷却液”状态（就是冷却液不流动），这样在发动机启动后有助于让发动机某些区域快速热起来。

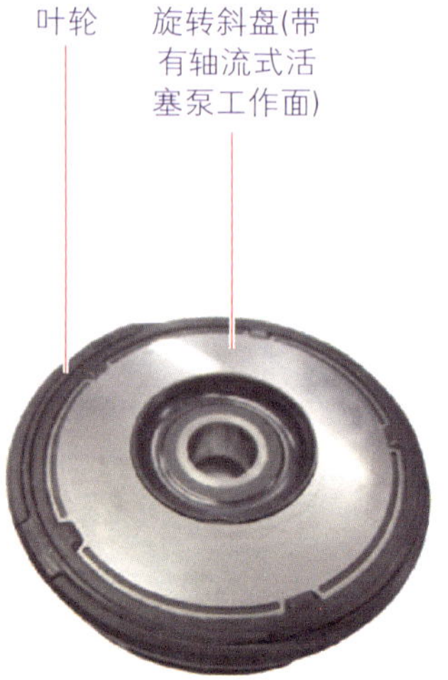

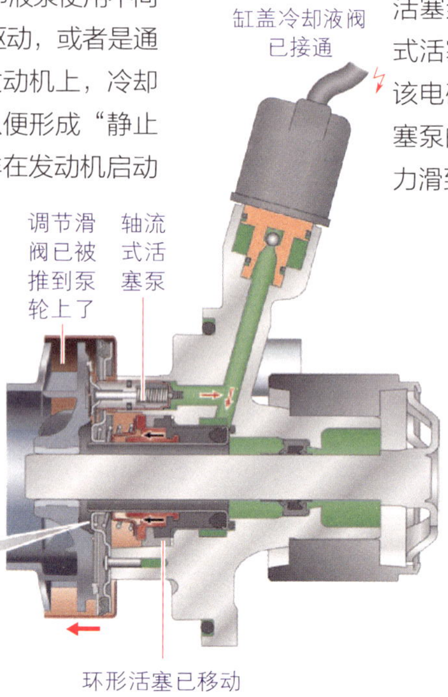

冷却液静止

调节滑阀可以借助液压压力被推到叶轮上，于是就不输送冷却液了。泵轮有一个镶铸的不锈钢板，起旋转斜盘作用。壳上集成有一个轴流式活塞泵，该泵由旋转斜盘来驱动。旋转斜盘的往复直线运动，使得轴流式活塞泵可以通过缸盖冷却液阀将冷却液送回到冷却循环管路中。如果该电磁阀通上了电，那么冷却循环管路中回流通道就关闭了。轴流式活塞泵的直线运动就在环形活塞处产生一个液压压力，调节滑阀顶着弹簧力滑到叶轮上，并将缸体隔绝（密封了），这时冷却液就不流动了。

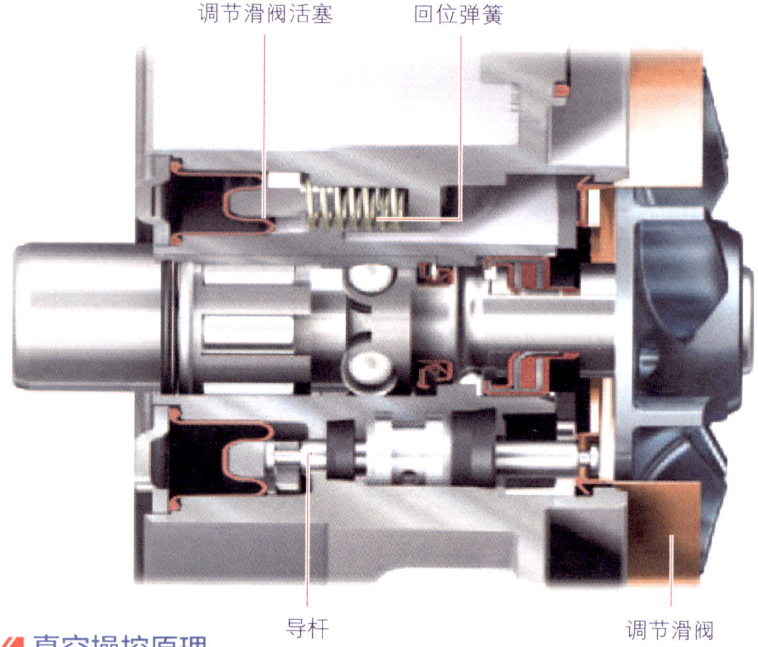

冷却液循环

如果缸盖冷却液阀断了电，那么冷却循环管路中回流通道就打开了。环形活塞被压力弹簧推回，将调节滑阀带回到其初始位置。叶轮上这时就没有调节滑阀了，冷却液就又开始循环了。轴流式活塞泵在发动机工作时也一直在工作着。

真空操控原理

抽出真空室内的空气，就会有一个力作用到调节滑阀活塞上。于是调节滑阀通过导杆顶着弹簧力经过叶轮就被压到缸体上了。这样就在泵出口处的压力一侧对冷却液形成了节流。通过周围布置的三个回位弹簧，在真空供给出现问题时，仍能保证足量输送冷却液。

冷却系统—电动冷却液泵

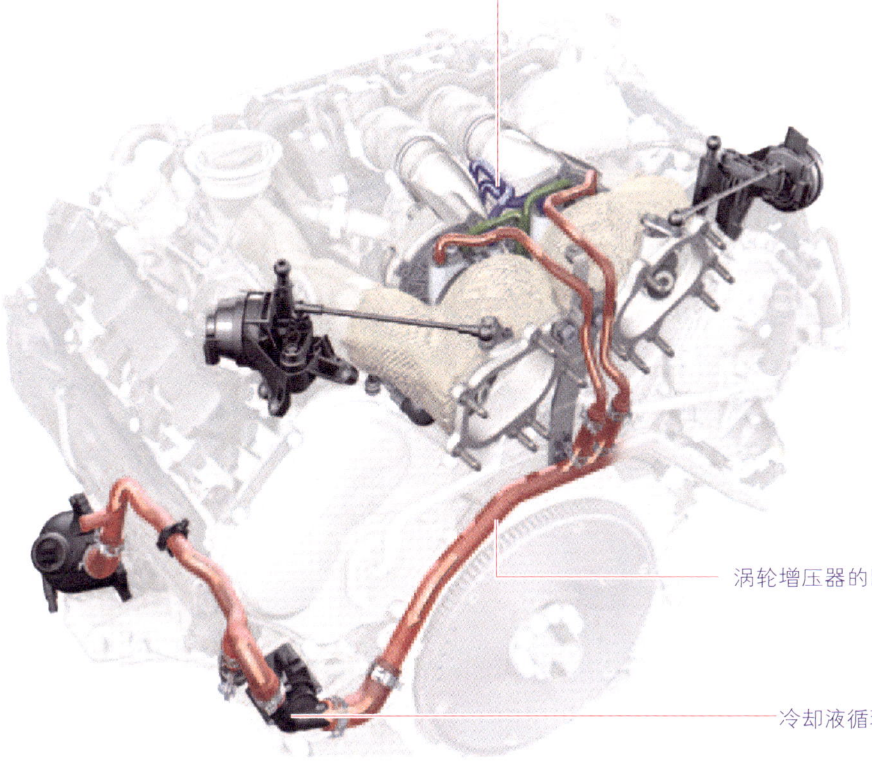

在发动机停机后还可以有冷却液续动（冷却液继续循环一段时间），以防止发动机某些区域过热（积热），比如废气涡轮增压器。电动冷却液泵由发动机控制单元根据需要来控制。

在有些汽油发动机的车上，使用一种改进了的传感器来侦测发动机温度。这种传感器结构的特点在于：在热传导区采用了螺纹，这就增大了表面（能快热和快冷）。温度传感器是拧在缸盖上的，即安装在一个最快到达临界温度的地方。

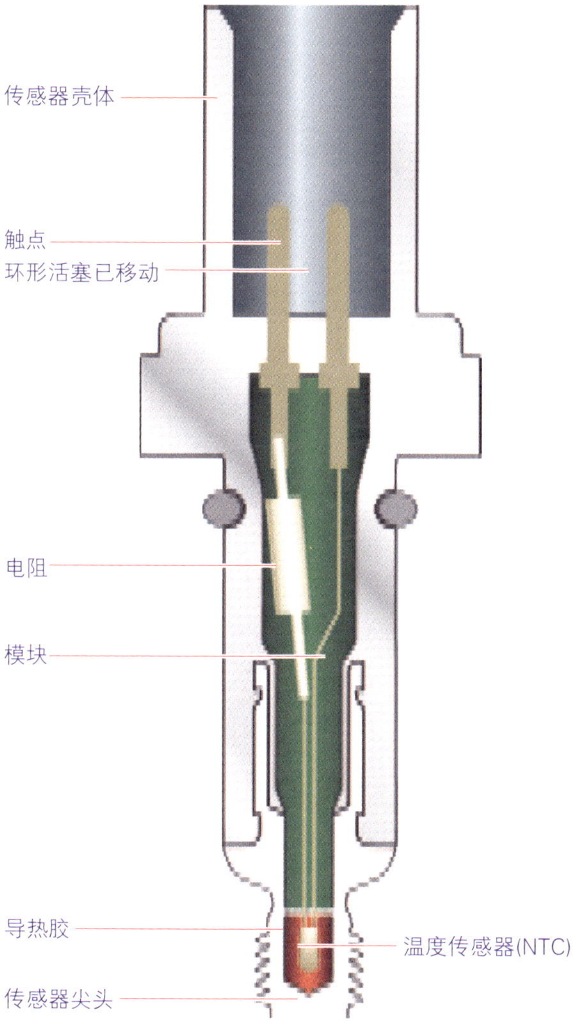

冷却系统—发动机温度调节

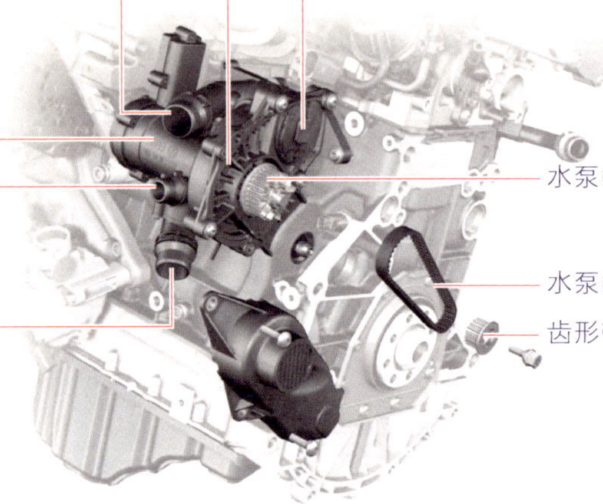

旋转滑阀 2 是通过一个滚销齿联动机构与旋转滑阀 1 相连的。该联动机构的结构是这样的：旋转滑阀 2 在特定角度位置会与旋转滑阀 1 连上和脱开。旋转滑阀 2 的旋转运动（打开流经缸体的冷却液液流）在旋转滑阀 1 转角约为 145° 时开始，在旋转滑阀 1 转角约为 85° 时再次脱开。此时旋转滑阀 2 达到了其最大转动位置，缸体内的冷却液循环管路就完全打开了。

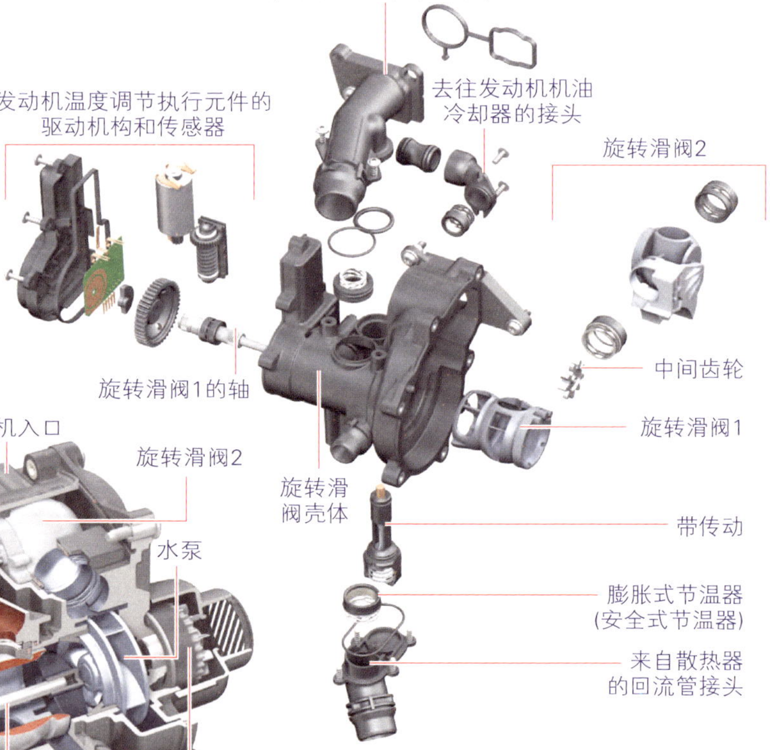

旋转滑阀角度位置的调节是按照发动机控制单元内的各种特性曲线来进行的。通过旋转滑阀的相应位置，就可实现不同状态的切换。因此，就可让发动机快速预热，也就使得摩擦变小了（燃油消耗也就小了）。另外，可让发动机温度在 85 ~ 107℃之间变动。一个直流电机驱动旋转滑阀转动，该电机由发动机控制单元通过PWM信号（12V）来操控，操控频率为 1000Hz。电机通过一个很结实的蜗轮蜗杆传动装置来驱动旋转滑阀 1，这样就能控制机油冷却器、缸盖以及主散热器中的冷却液液流了。

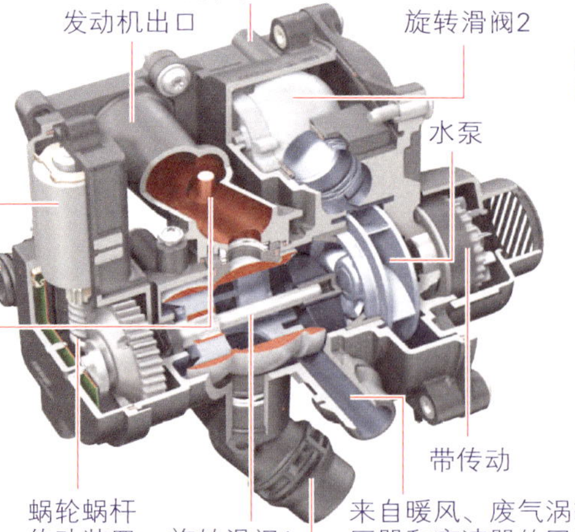

润滑系统一概览

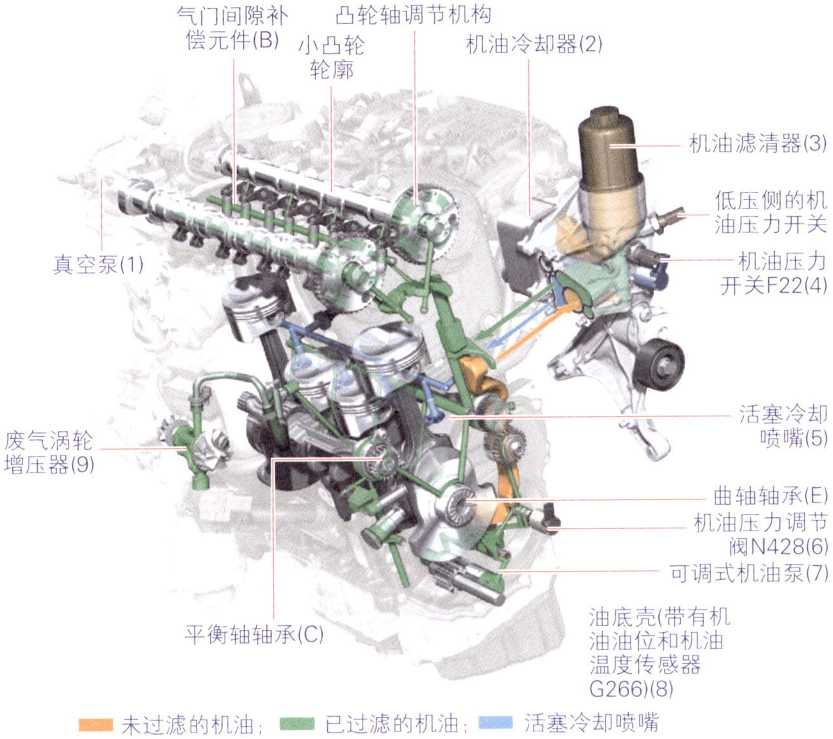

系统功能

润滑系统（机油循环系统）的功用就是减小能量损失和磨损，主要有下述功能：减小摩擦、散热、精密密封、运走残渣、防腐、降低噪声和冲击、降低燃油消耗、保证或者延长使用寿命。

润滑系统在任何工作条件下均能可靠工作，这点尤其重要，否则磨损会迅速增大，甚至造成发动机损坏。

工作原理

机油泵通过滤网从油底壳内抽取机油，机油泵一般由曲轴通过链条或者齿轮来驱动。机油泵的下游安装了一个机油压力限制阀，用于限制系统压力，防止系统受损。油底壳是发动机上的最低点，用于存储发动机机油，油底壳表面也用于给机油散热，因此有的油底壳上有散热片。油底壳内有机油油位和机油温度传感器。在机油被用于润滑前，有个滤清器（一般为纸质）会过滤机油。如果滤清器堵塞或者机油温度过低，那么机油要想流过滤清器，阻力就会非常大。在这种情况时，旁通阀就会打开，此时机油就不经过滤而直接去往润滑点。这个旁通阀一般就集成在机油滤清器内。机油经孔和管路到达发动机上的润滑点。发动机上有一个或多个用于侦测发动机机油压力的传感器，为了防止发动机停机时机油回流，安装有机油压力保持阀。

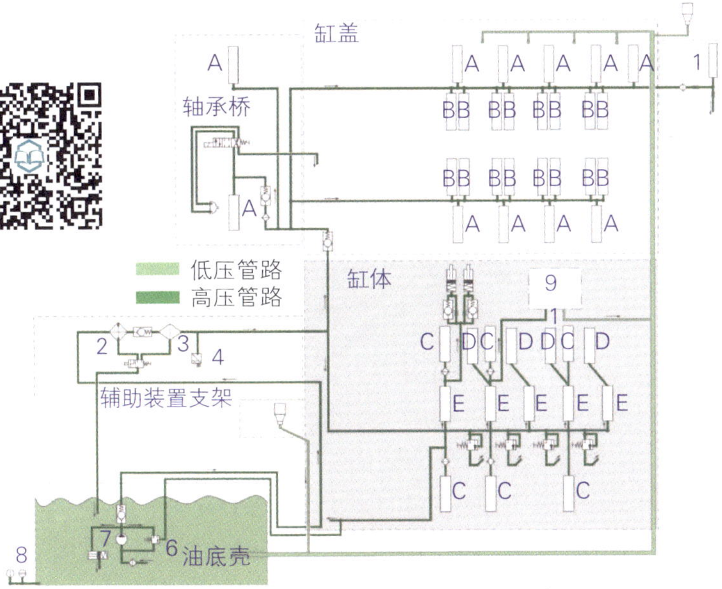

A—凸轮轴轴承；B—气门间隙补偿元件；C—平衡轴轴承；D—连杆；E—曲轴轴承

润滑系统—概览（干油底壳类型）

机油罐

由机油泵模块送入机油罐的机油，是经过一个双路管进入机油罐的，这个双路管通到一个旋流器。机油被引入到旋流器后就开始回转，同时还脱气。在机油进入机油罐时，机油要经过机油挡板，从而去掉机油泡沫并使得机油稳定下来。向上走的窜气会进入机油罐内的机油细分离器。机油罐内集成有机油加注管、机油尺和机油油位高度 / 机油温度传感器。

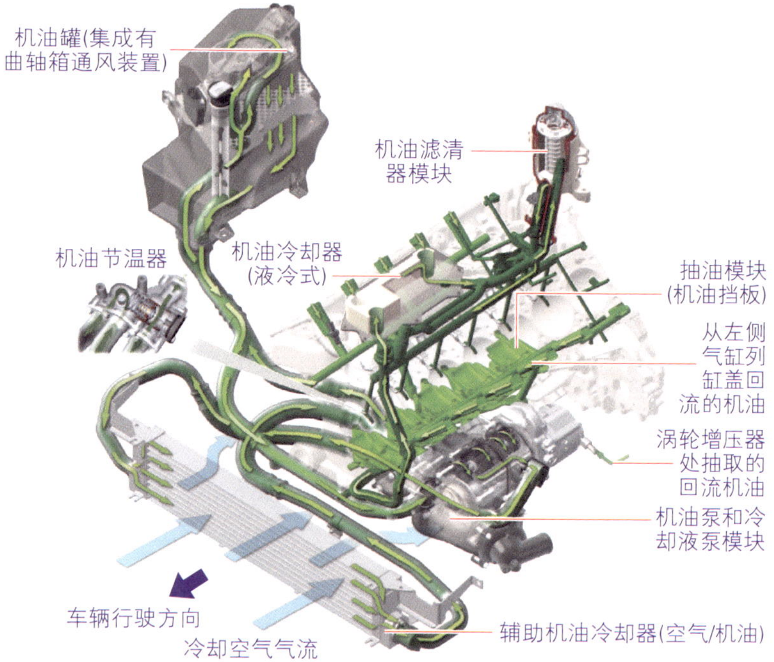

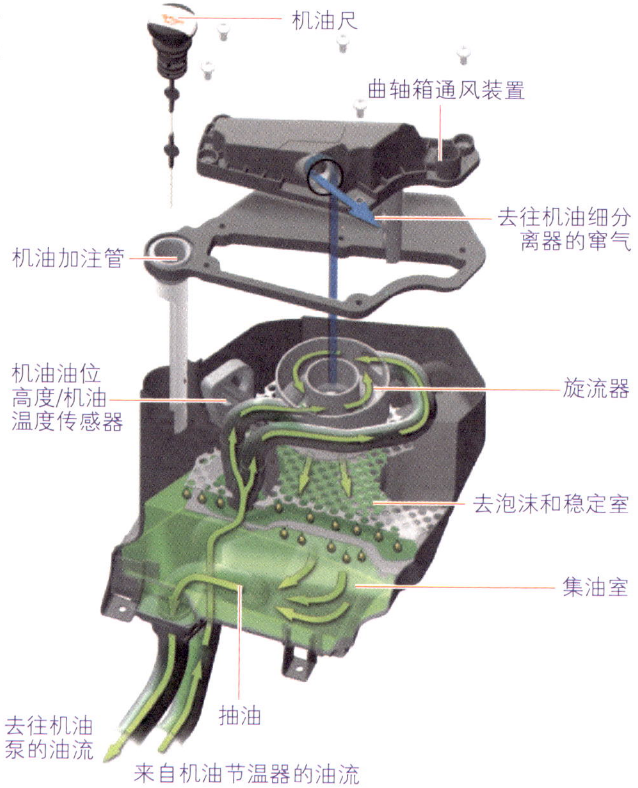

配备有干油底壳润滑系统的发动机，使用的不是油底壳，而是使用抽油模块。该模块将轴承、缸盖和链盒中的全部回流机油抽走。抽出的机油由机油泵模块经机油节温器送入机油罐。机油罐内的机油再被抽出并由机油泵模块送入发动机机油循环系统（这时机油是有压力的）。根据机油节温器的位置，机油或者是直接被送往机油罐，或者是要经过辅助机油冷却器（空气 / 机油）。在更换机油时，要注意打开所有放油螺栓。

润滑系统—机油滤清器

机油滤清器一般都是单独集成为 个模块的。在实际应用中，滤清器模块既有带整体可更换式滤清器，也有带永久外壳式滤清器。旋装式机油滤清器直接拧在油底壳上部。工作时，机油泵送来的机油经一个通道去往机油滤清器。机油经过过滤后，通过一根立管进入缸体，然后再流经机油冷却器，随后再被送往各个润滑点。机油滤清器内有一个膜片阀，它在发动机停机时可防止机油从机油滤清器中流出。带有可更换滤芯的机油滤清器模块在取出机油滤清器滤芯时，弹性箍圈会松开并打开排油口，机油滤清器模块内剩余机油就能流出了。

旋装式机油滤清器（整体可更换式）

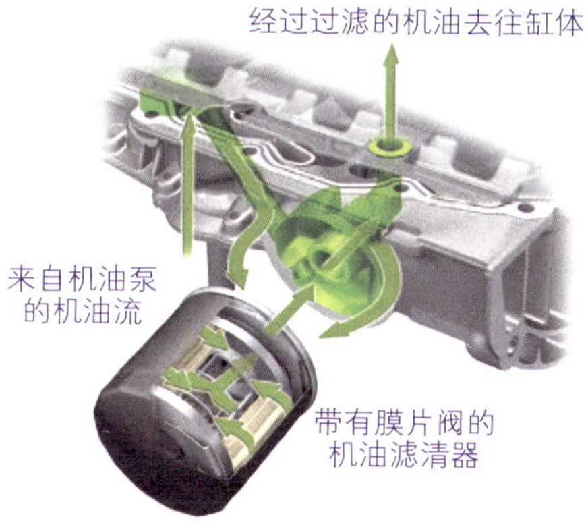

滤芯可更换的机油滤清器（外壳是永久使用的）

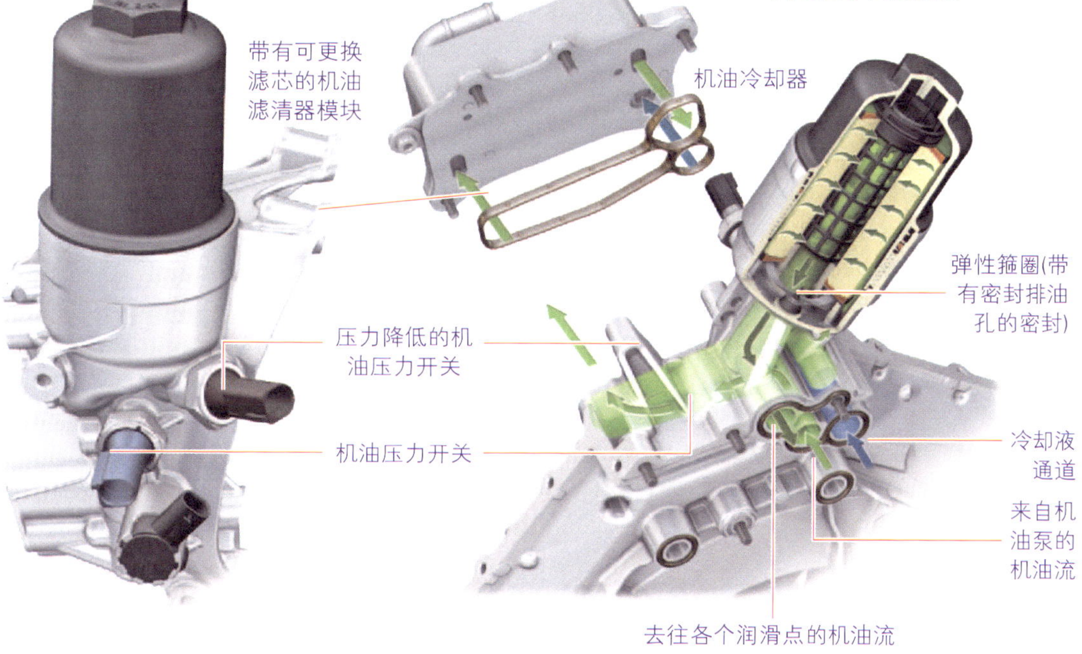

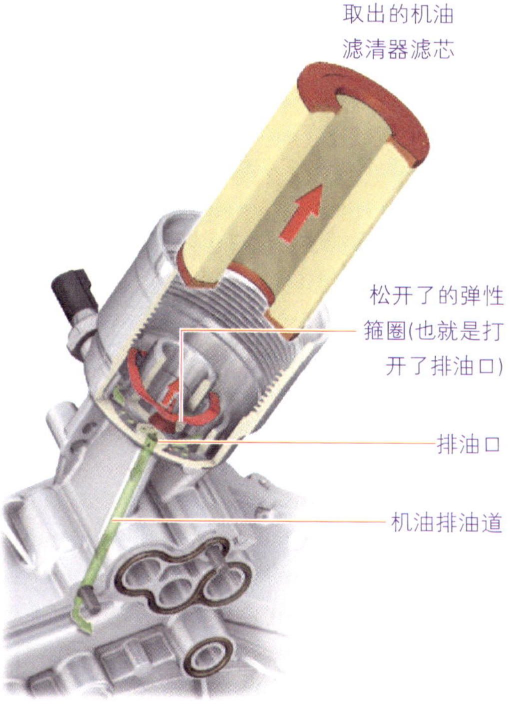

润滑系统—机油泵（双中心泵）

双中心机油泵

双中心机油泵是个定排量泵，就是说它输送出的机油量是固定不变的。机油压力通过机油泵内的一个弹簧加载的调节柱塞来调节。这个压力调节阀在油压为（4±0.5）bar 时会打开，泄出的机油流回油底壳。

机油泵的作用

机油泵的基本任务是按需要的机油量和机油压力，为机油循环系统（实际也就是所有润滑点）供应机油。

可调式双中心泵

工作原理与单纯的双中心机油泵是一样的，只是有个调节功能，可以按发动机的实际需求量来调节机油供油量。

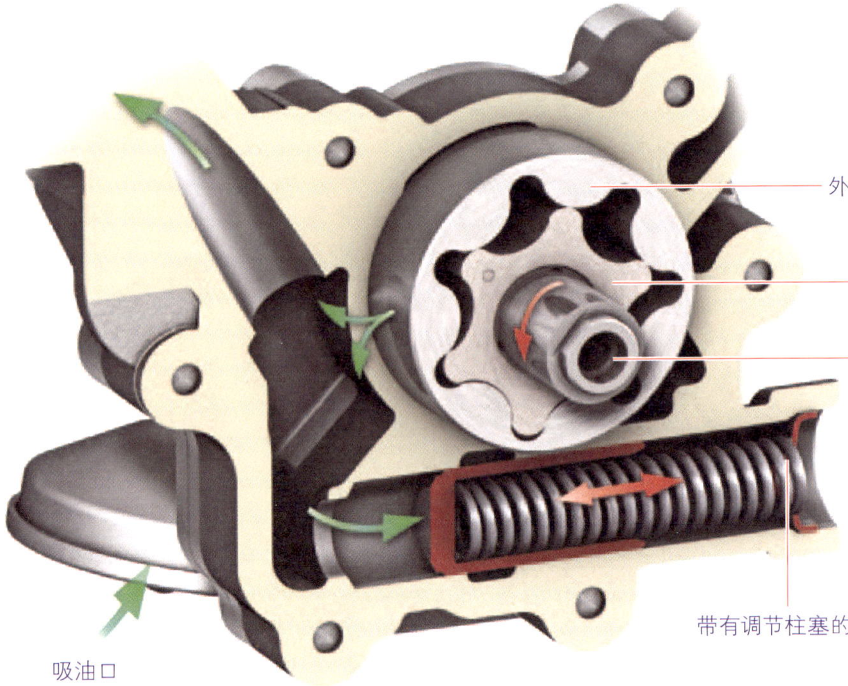

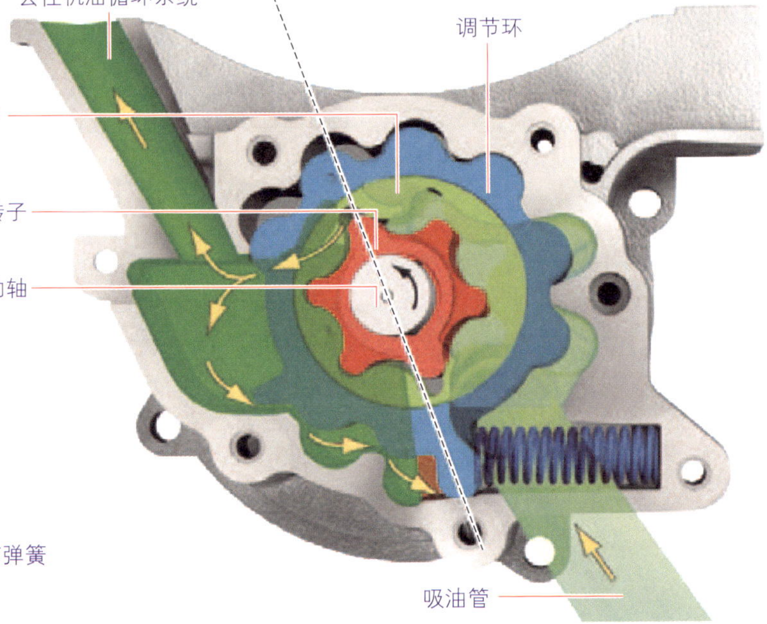

内转子由链轮经驱动轴来驱动，并带动外转子转动。外转子在调节环内转动。内转子和外转子各自绕不同的旋转轴转动，这就使得在转动过程中，吸油一侧的容积就变大了。于是机油泵就抽取机油并送往压力侧，压力侧的容积会变小，从而就将机油压入机油循环系统内。

如果因发动机转速升高而导致机油需求量增大了，那么机油循环系统内的压力就会下降。于是调节弹簧的力就使得调节环发生转动，因此，泵内腔就变大了，泵的机油供油量就提高了。如果因发动机转速下降而导致机油需求量减小了，那么机油循环系统内的压力就会升高，这就推动了调节环，从而将弹簧压缩。调节环发生转动，这使得泵腔变小，泵的机油供油量下降。

润滑系统—机油泵（外齿轮泵）

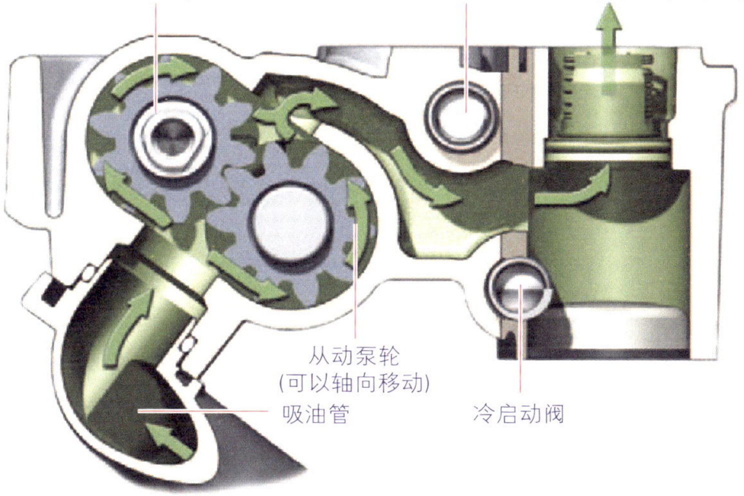

在可调式外啮合齿轮泵中，壳体内的机油在两齿轮的齿槽间输送，其中一个齿轮是从动的。在有些外齿轮泵中，有个泵轮是可以轴向移动的（从动的那个泵轮）。通过这个轴向移动，就可以有针对性地改变机油循环系统内的机油供应量和供油压力。发动机控制单元操控机油压力调节阀去打开或者关闭一个可控的压力通道，压力调节是通过调节泵轮的机油输送量（容积流量）来实现的。这是通过移动单元的轴向移动来实现的。当两个泵轮完全正对着，机油供油量是最大的。当从动泵轮轴向移动得最大时，机油供油量是最小的（只输送出泵轮齿间挤出的机油）。

低压力级

发动机转速提高，机油压力也会增大，压力推动调节柱塞顶着调节弹簧力移动，通向移动单元的前面柱塞面的压力通道就封闭了，与此同时通向油底壳的无压力回流通道打开。这时，作用在移动单元的后面柱塞面的液压力要大于弹簧力，于是移动单元就顶着弹簧力发生移动，那么从动泵轮相对于主动泵轮在轴向就发生了移动（就是错开了，不是正对着）。这时机油的容积流量减少，与发动机所需的机油量相适应。通过改变这个容积流量，就将机油压力保持在一个相对恒定的水平。

高压力级

发动机转速超过约 3500r/min 时，就会切换到高压力级。这时机油压力调节阀就断电了，这使得可控式机油通道关闭，与此同时打开了通向油底壳的无压力腔。由于现在调节柱塞的一个作用面上没有压力，因此调节弹簧的弹力占上风，调节柱塞一直会移动到通向移动单元的前面柱塞面的通道打开为止。这时作用在移动单元的前面柱塞面的机油压力和压力弹簧会将移动单元向回压，两个泵轮立即又变成几乎是正对着的了，这时泵处于供油量最大的状态。

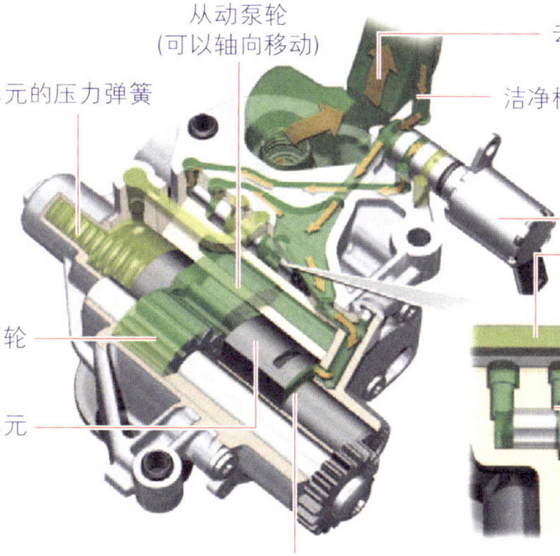

润滑系统—机油泵（叶片泵）

叶片泵的设计，使之能以两个压力级来工作。另外，通过对泵的容积流量调节（在两个压力级），来不断地针对发动机机油需求做相应变化。该泵配备了偏心调节环，它是泵内腔的一部分。调节环的转动会改变泵内腔的大小，因此就改变了泵的供油能力或者在切换后改变系统内的压力。

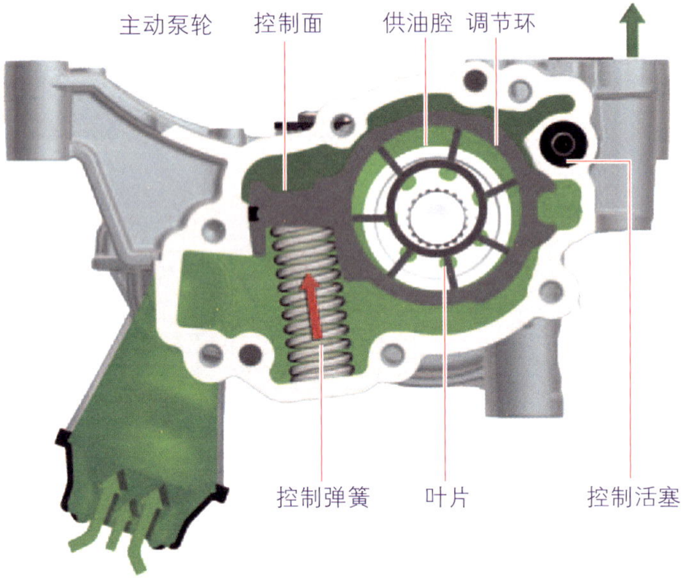

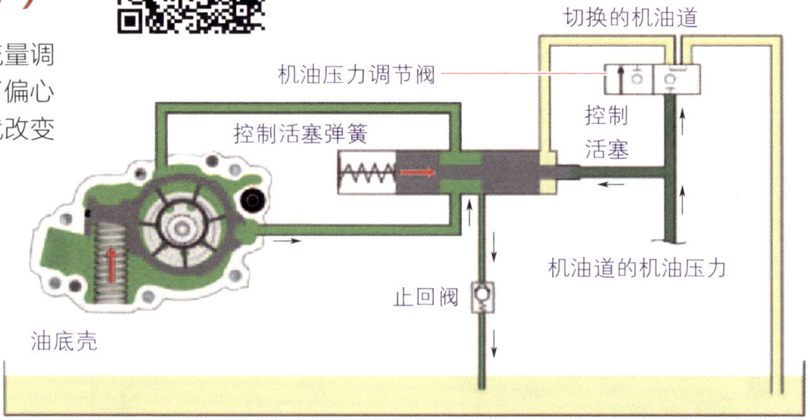

低压力级（供油量小）

在发动机转速较低时，发动机控制单元将已加电的机油压力调节阀接地，这就打开了通向控制活塞的可控式机油通道。这时机油压力作用到控制活塞的两个面上，顶着控制活塞弹簧力推动活塞移动，并打开调节环控制面的机油通道。此时机油压力作用到了控制面上，所产生的力要大于控制弹簧的力，这使得调节环发生逆时针转动（转至叶片泵中央），于是叶片间的供油腔就变小了。低压力级是根据下述参数来选用的（也就降低了机油泵驱动功率）：发动机负荷、发动机转速、机油温度、其他工作参数。

高压力级（供油量大）

在发动机转速较高或者负荷较大时（全负荷加速），发动机控制单元将机油压力调节阀的接地断开，于是可控式机油通道就排掉了机油。还作用有机油压力的其余面上的力，要大于控制活塞弹簧的力，因此就关闭了通向调节环控制面的机油通道。没有了机油压力的作用，控制弹簧就使得调节环绕支座顺时针转动，于是调节环偏离中央位置，叶片间的供油腔就变大了。叶片间的供油腔变大，机油供油量就增大。机油供油量增大，会在机油孔和曲轴轴承间隙处遭遇阻力，这使得机油压力升高。因此，可调式机油泵就实现了两个压力级的容积流量调节功能。

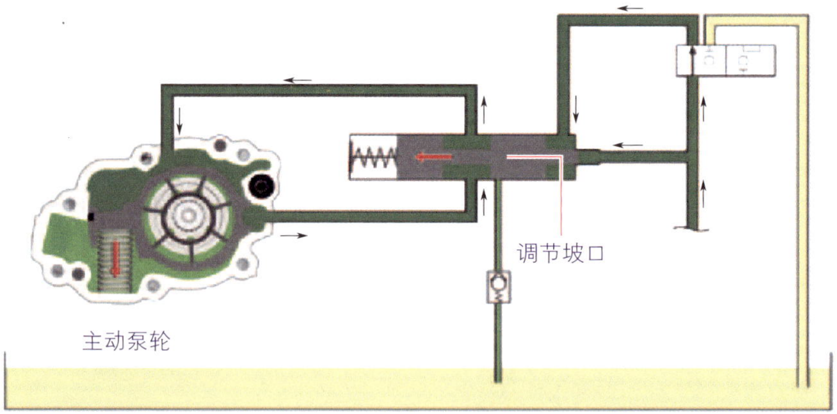

润滑系统—机油泵（摆动阀泵）

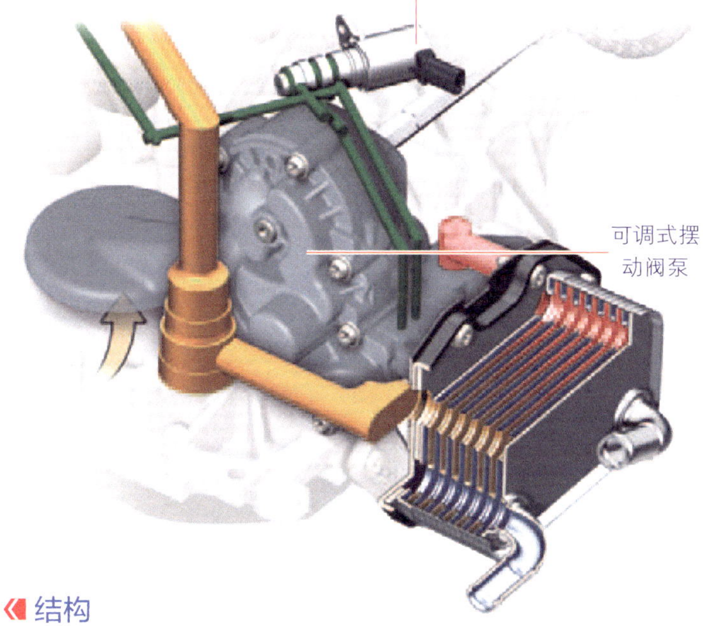

特点

可调式摆动阀泵所需要的驱动功率比以前所使用的泵要小得多。该泵的供油容积减少了 30%，它是容积流量可调式的，因此可以按机油实际需求情况来工作。这非常节省燃油。电控阀（即机油压力调节阀 N428）位于机油泵上面的缸盖上。

功能

泵在转动时，吸油侧的小室变大，这就产生了真空吸力，机油经滤网被抽入到泵内。旋转运动使得这些机油被输送到压力侧，这一侧的小室变小，于是就把机油压出机油泵（机油是有压力的）。可以根据机油需求量来供应机油。

该机油泵由主机油道内的机油压力调节控制，因此就通过一个支路从主机油道引来一部分机油，这些机油通过控制管和机油压力控制阀 N428 到达机油泵。

结构

该泵由链条机构通过轴来驱动，该轴与转子是刚性连接在一起的。转子通过 7 个摆动叶片以形状配合的方式与保持架相连。摆动叶片在转子上可以摆动入径向槽内，转子、摆动叶片和保持架可一起在滑套内转动，滑套同时也是保持架的轴套。转子相对于滑套和保持架来说是处于偏心支承状态的，这就像叶片泵那样了，各个小室的空间大小就不同了。特点在于：滑套在泵壳体内顶着一个辅助弹簧的力可以摆动。每个小室是由 2 个摆动叶片、保持架、转子和泵的侧盖形成的。

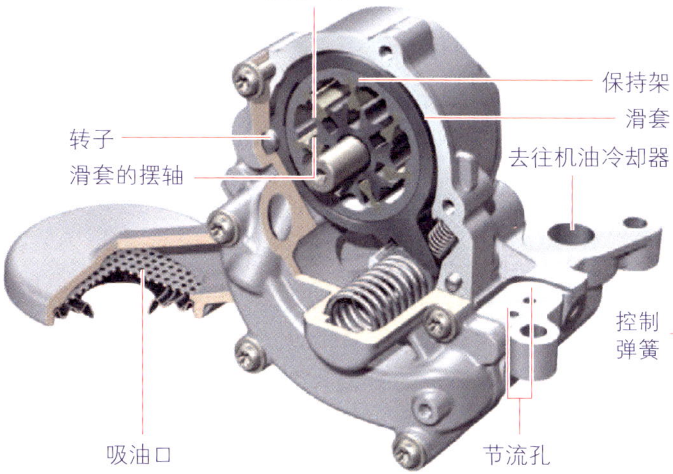

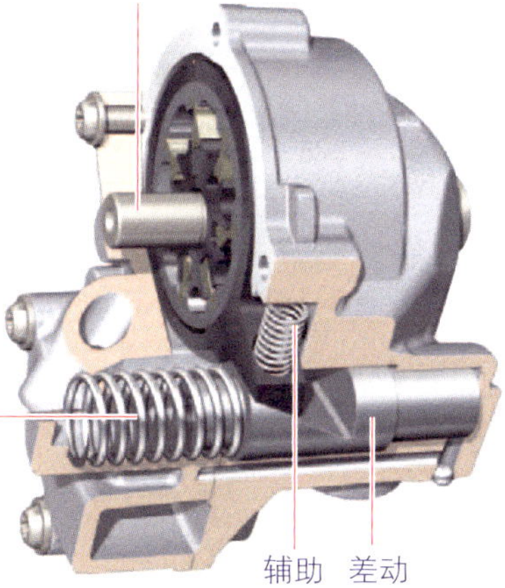

润滑系统—机油

现代的润滑油由基础油（占主要部分）和添加剂构成。基础油可划分为三个主要类别。

矿物油：矿物油是多种碳氢化合物（烃）构成的一种混合体组合，是用原油作为原材料蒸馏而产生的。矿物油的典型特点就是其碳氢化合物（烃）分子的不规则结构。

半合成油：第 2 个类别称之为半合成油，简单说，就是改良了的矿物油，其相应特性得到了改进。

合成油：合成油是用未提纯的汽油生产出来的，与矿物油不同的是，合成油的分子排列是规则的。

为了改善工作性能，基础油内加入了可溶于机油的添加物和活性物质，比如：清洁剂，用于去除污物；分散剂，保持微粒悬浮；黏度指数改进剂；抗磨剂，防磨损；抗氧剂，防老化；抗腐剂，防腐蚀。

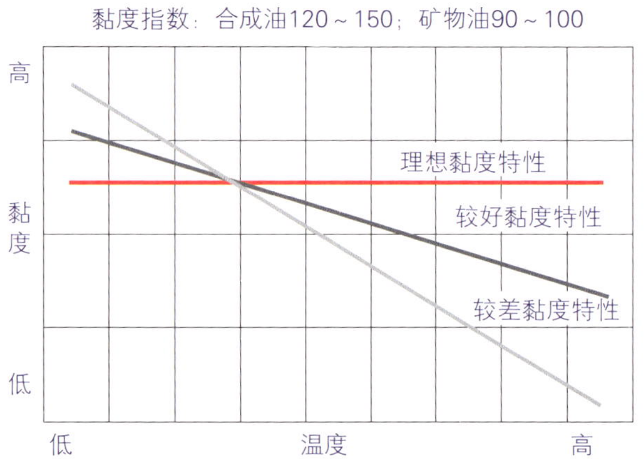

黏度特性较差（浅灰线）的机油，在低温时很黏，在高温时很稀。黏度特性较好（深灰线）的机油，相对于黏度特性较差（浅灰线）的机油来说，在温度低时能更快地到达润滑点，且在高温时也能形成可靠的润滑油膜。

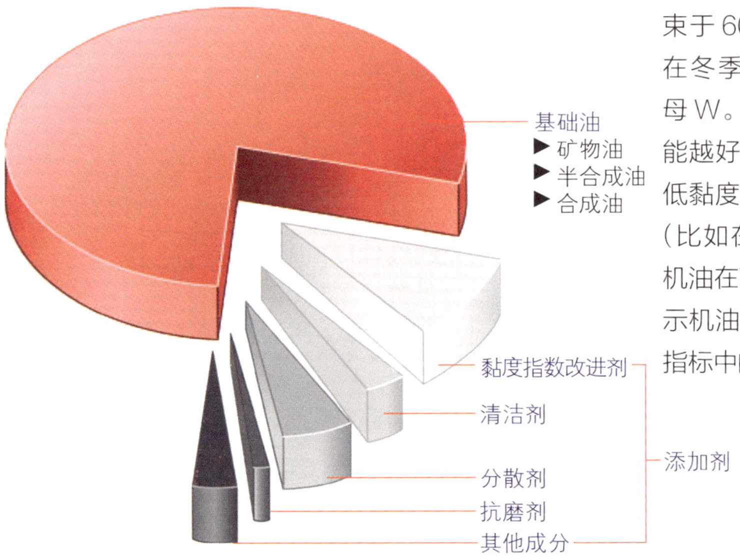

SAE 黏度等级划分，起始于 0W，结束于 60。代号第一部分的数字代表机油在冬季的低温流动性，因此带有一个字母 W。这个数字越小，表示机油的低温性能越好。另一个数字表示在 100℃时的最低黏度，就是在很高的机械负荷下的情况（比如在高转速范围时）。这个数字越大，机油在高温时就越黏。SAE 标准基本不表示机油质量好坏，因为黏度只是众多质量指标中的一个而已。

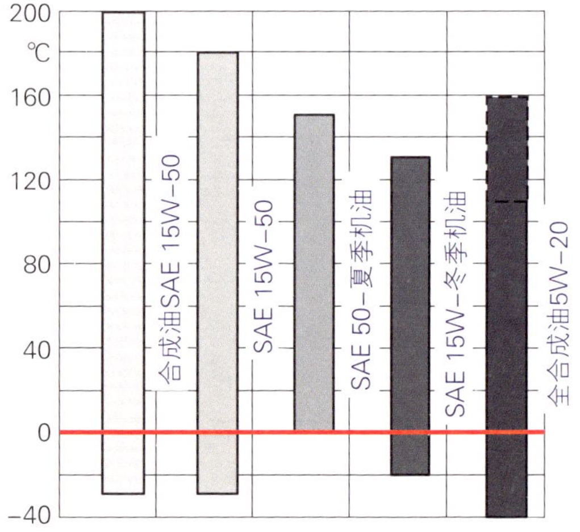

润滑系统—曲轴箱通风系统

发动机工作时，因活塞环处有漏气，所以活塞和缸壁间少量的窜气会进入到缸体内。这个窜气气流经活塞环向下运动，因此必须要把窜气从缸体内抽出并送回燃烧。曲轴箱通风装置就是承担这个任务的。

基本原理

窜气是通过一根管子被从缸体内抽出的，因此就利用了进气歧管内的真空。该管的路径上集成有一个机油粗分离器，它将窜气中的液态成分分离出来。经过这样分离过的机油被收集后经回流管直接流回油底壳。经过这种预处理后的气体被引向机油细分离器，在这里将残存的非常小的机油滴去掉并送回油底壳。气体成分就经进气歧管直接送入燃烧室燃烧了。所需要的新鲜空气通过曲轴箱强制通风（PCV）来提供。

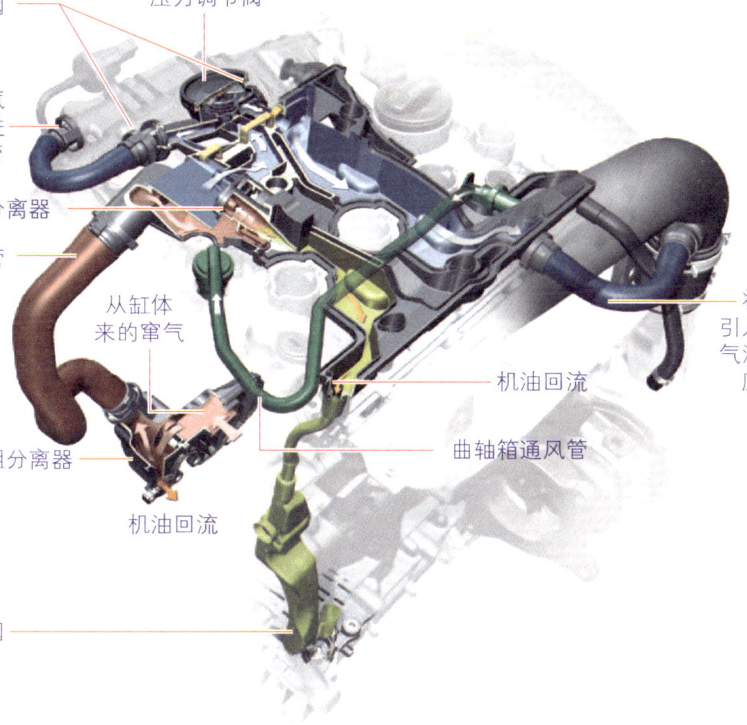

气缸盖罩是用聚酰胺制成的，其功用是密封缸盖并集成真空罐。此外还集成一些其他功能，比如窜气中机油的粗分离和细分离，以及气缸体曲轴箱的压力调节。窜气从曲轴箱经一个小孔进入机油粗分离器，以便在这里进入旋风分离器。机油在旋风分离器内进行细分离，随后窜气去往压力调节阀，最后经进气歧管送往燃烧室。

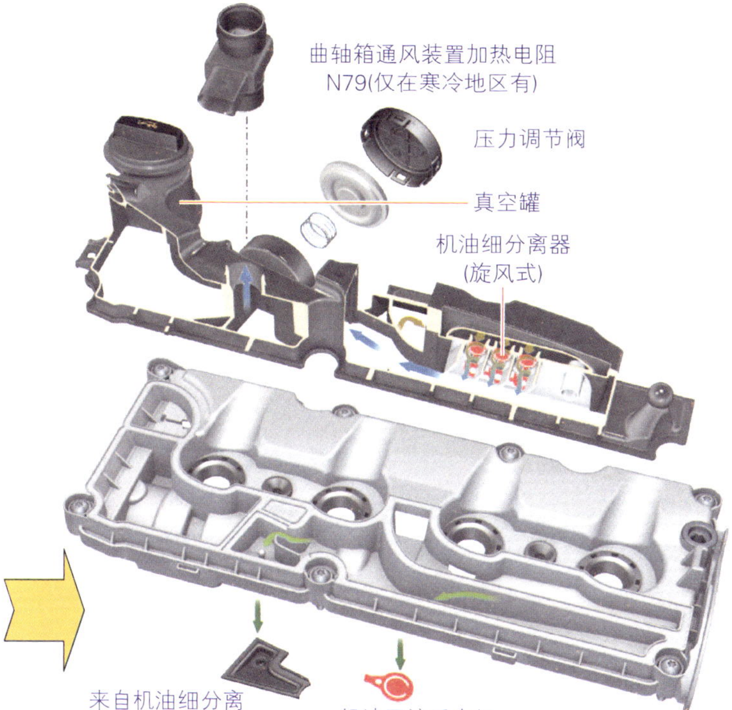

润滑系统—机油分离模块

该模块连同底部的机油粗分离器一同在缸盖内。窜气在此处流入，在挡板上完成粗分离后，窜气就流经旋风式分离器去进行细分离。净化后的窜气这时经压力调节阀进入通风模块，窜气在此处以受控方式经膜片阀被排向废气涡轮增压器方向或者进气道方向。

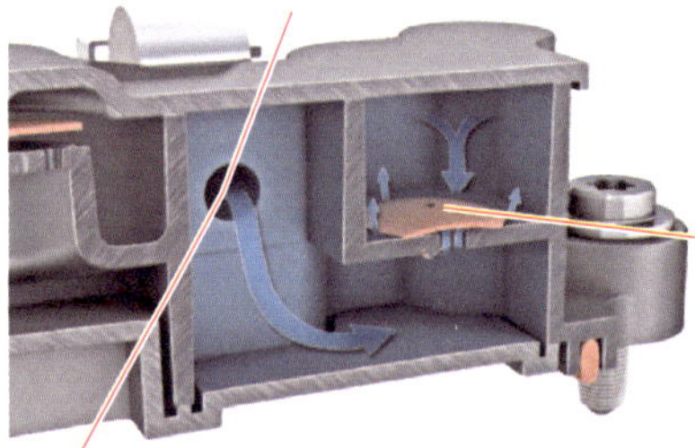

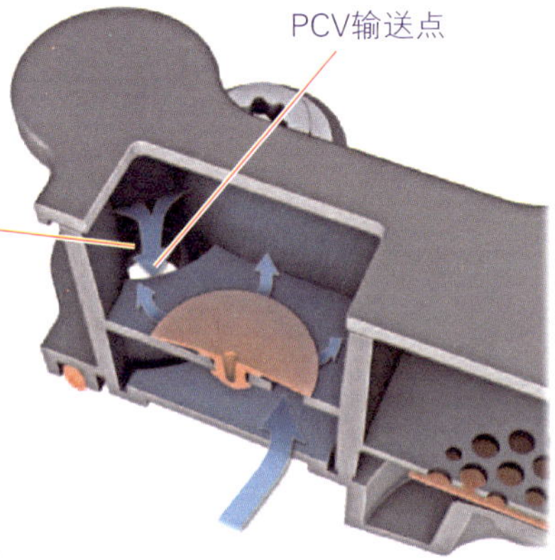

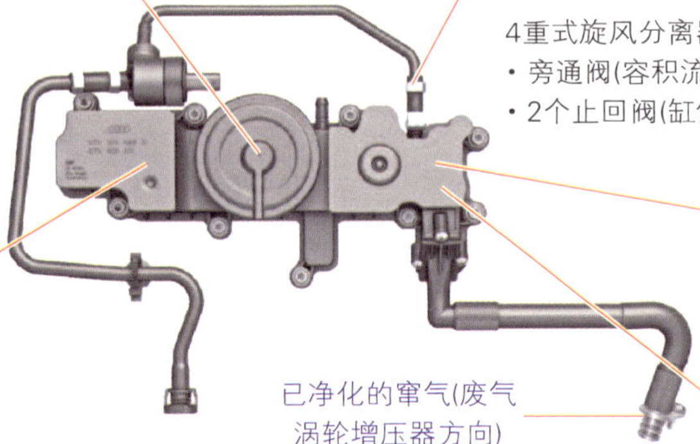

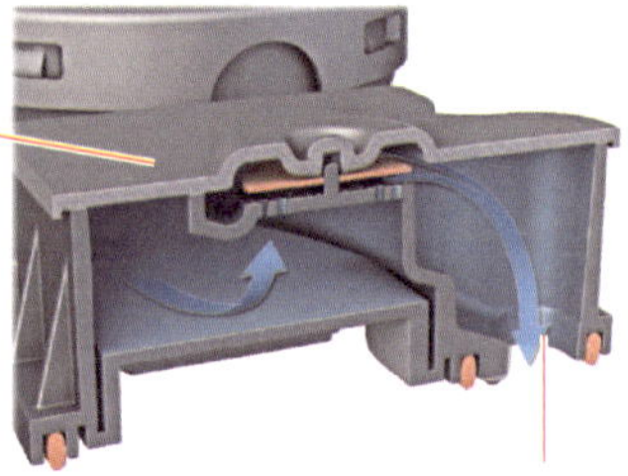

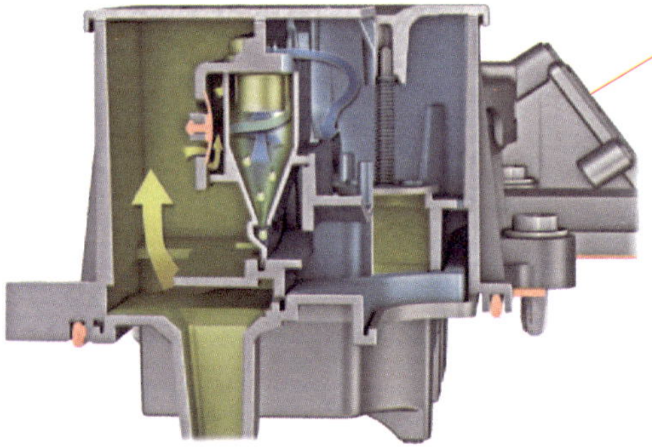

窜气流入旋风式分离器的腔内。如果在发动机强力工作时通气量很大，旁通阀就会打开。于是一部分窜气就流过旋风式分离器，这是必须的，只有这样才能使得曲轴箱内不产生压力。在窜气流入旋风式分离器前，窜气必须还要穿过上游的粗分离器，窜气在这里流经两个膜片阀，这里收集的机油随后进入旋风式分离器自己的机油回流管中。

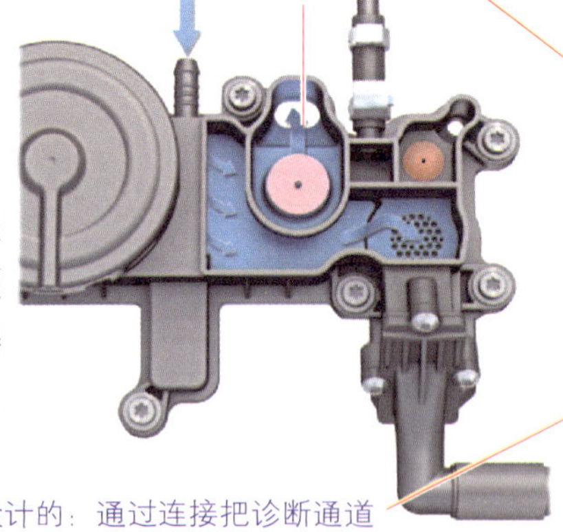

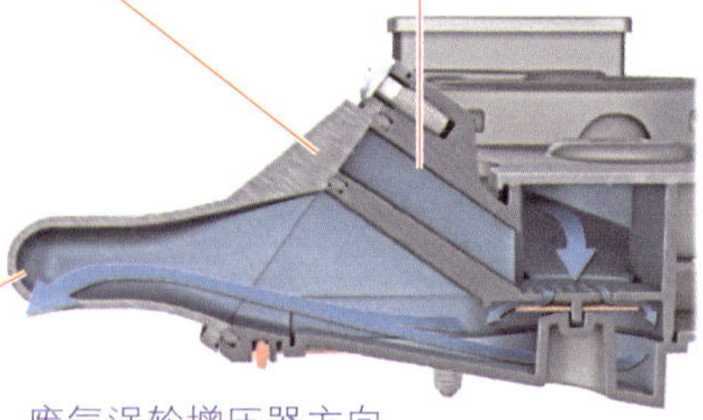

点火系统—火花塞

汽油发动机的火花塞负责在做功冲程时将气缸内的燃油和空气混合气点燃。为此，需要在接线端子上加载 30 ～ 40kV 的电压并使该电压流经火花塞。在中央电极和侧电极之间就会产生电弧，就是点火火花。

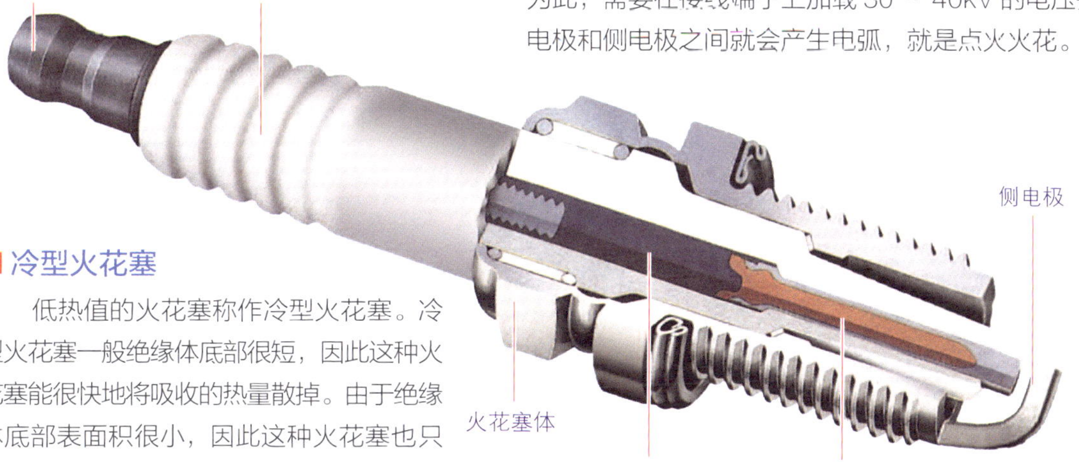

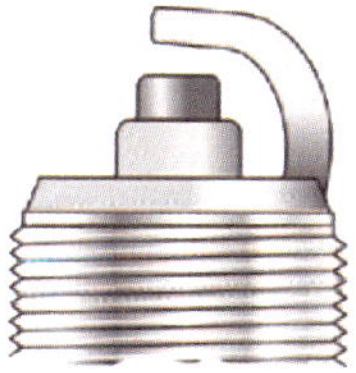

顶极型结构

并非所有火花塞都在用顶极型结构，越来越多的火花塞采用的是多侧极型结构。也有将顶极型结构与侧极结构结合在一起使用的，这就被称作混合型结构。

如今，火花塞带有 3、4 个电极是很普遍的，这样的好处是可将热负荷分摊在多个侧电极上，从而明显提高耐用度。

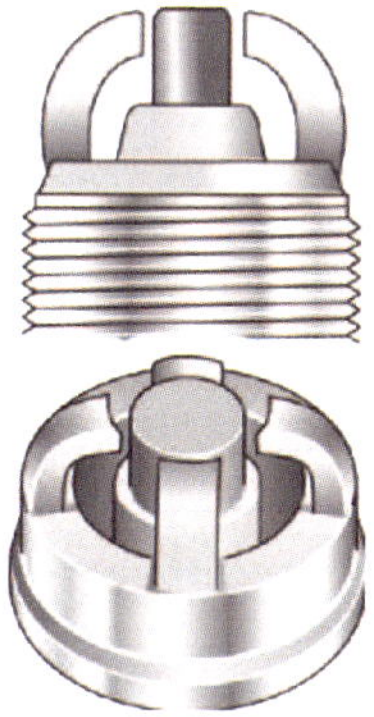

多侧极结构

冷型火花塞

低热值的火花塞称作冷型火花塞。冷型火花塞一般绝缘体底部很短，因此这种火花塞能很快地将吸收的热量散掉。由于绝缘体底部表面积很小，因此这种火花塞也只能吸收很少的热量，它保持着冷态，因此热值就较低。这种火花塞主要用于大功率发动机上，比如在跑车上。

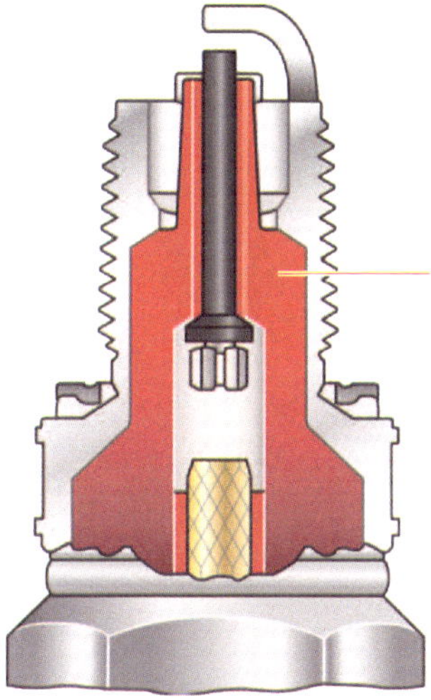

低热值(冷型火花塞)

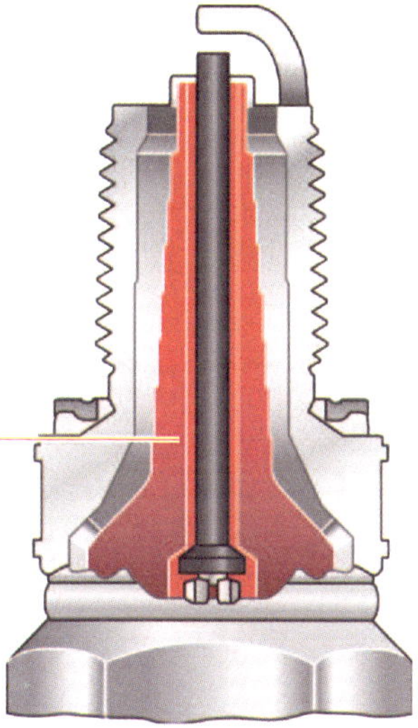

高热值(热型火花塞)

热型火花塞

高热值的火花塞称作热型火花塞，这种火花塞的绝缘体底部很长，因此散热就明显慢多了。由于绝缘体底部表面积很大，因此这种火花塞吸热也明显多了。这种火花塞较热，因此热值较高。这种火花塞主要用于转速较低的发动机。现代的火花塞都有较宽的热值范围，就是说火花塞可迅速达到其正常工作温度。这对于短途行驶尤其重要，且可避免在高负荷时出现炽热引火（也叫热面引火）。

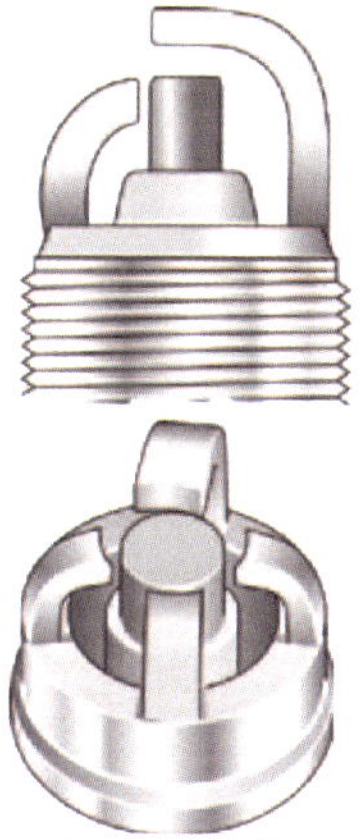

混合型结构

点火系统—传统点火系统

在汽油发动机上，燃油和空气混合气是需要“外部”来点火的，因此就需要有点火系统。点火系统开发的进展是非常快的，废气排放相关规定以及与此相关的降低有害物质排放等，都需要更精细的点火系统。

点火分电器
分电器同时承担多个功能。它将点火电压分配给各缸，分电器中还有断电器触点、电容器和点火提前角真空调节器以及点火提前角离心调节器。

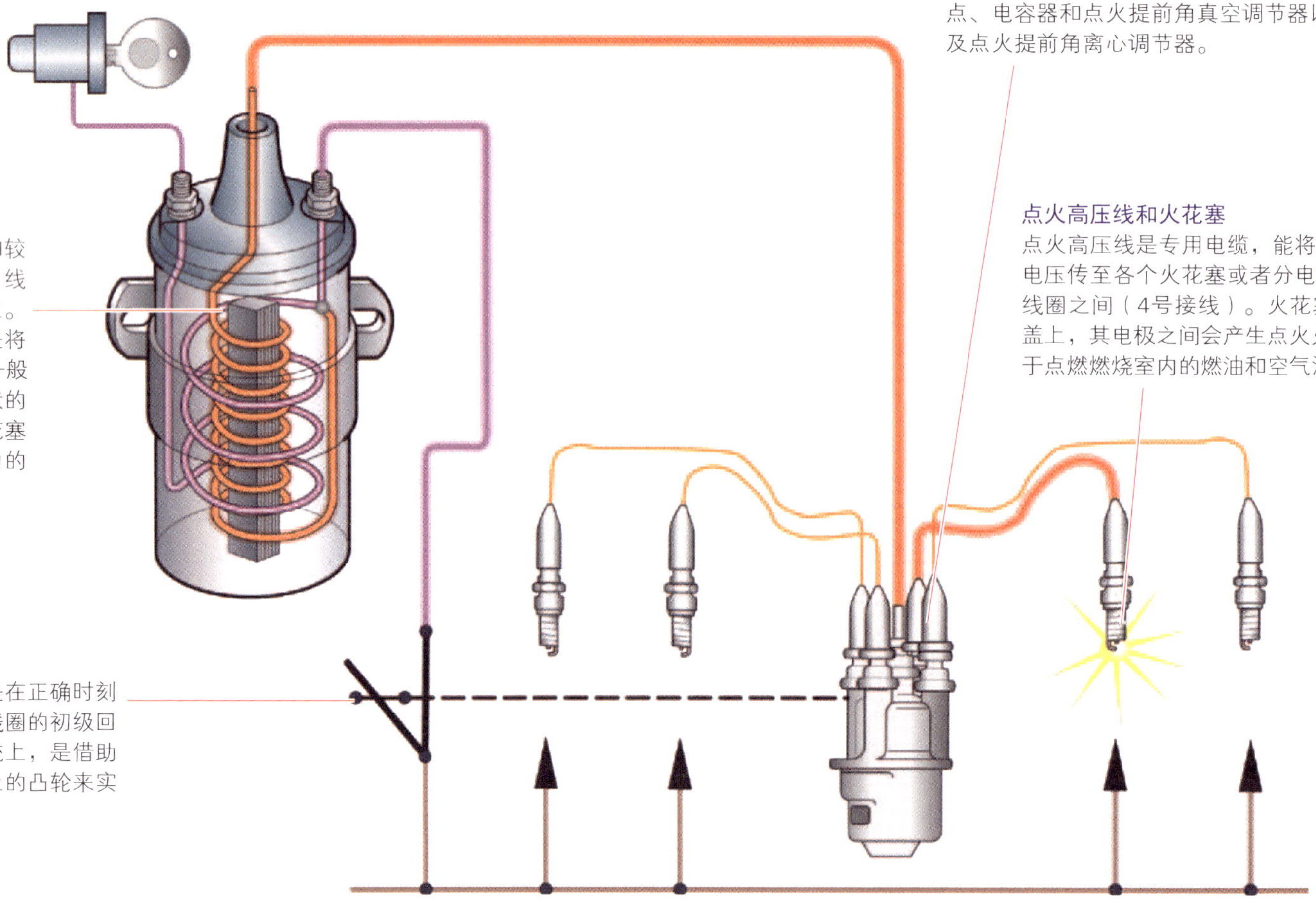

点火线圈
由较粗的初级线圈和较细的次级线圈组成，线圈缠绕在片状铁芯上。点火线圈的任务，是将较低的蓄电池电压(一般为12V)转换成数千伏的高电压，以便在火花塞的电极间产生强有力的点火火花。

点火高压线和火花塞
点火高压线是专用电缆，能将数千伏的电压传至各个火花塞或者分电器和点火线圈之间（4号接线）。火花塞拧在缸盖上，其电极之间会产生点火火花，用于点燃燃烧室内的燃油和空气混合气。

断电器触点
断电器触点的任务是在正确时刻接通或者断开点火线圈的初级回路。在比较老的系统上，是借助于安装在分电器轴上的凸轮来实现的。

点火系统—电控点火系统

现代汽车上，使用的是纯电子点火系统，这种系统上不再有任何活动部件，也就是没有用于分配点火电压的分电器了，因此也被称作“静止式点火系统”。

发动机控制单元（一般还负责控制喷油阀）根据存储的 3D 特性曲线，按下述传感器信号来计算出理想的点火点：发动机转速、发动机负荷、发动机温度、爆震传感器信号（如果有的话）。

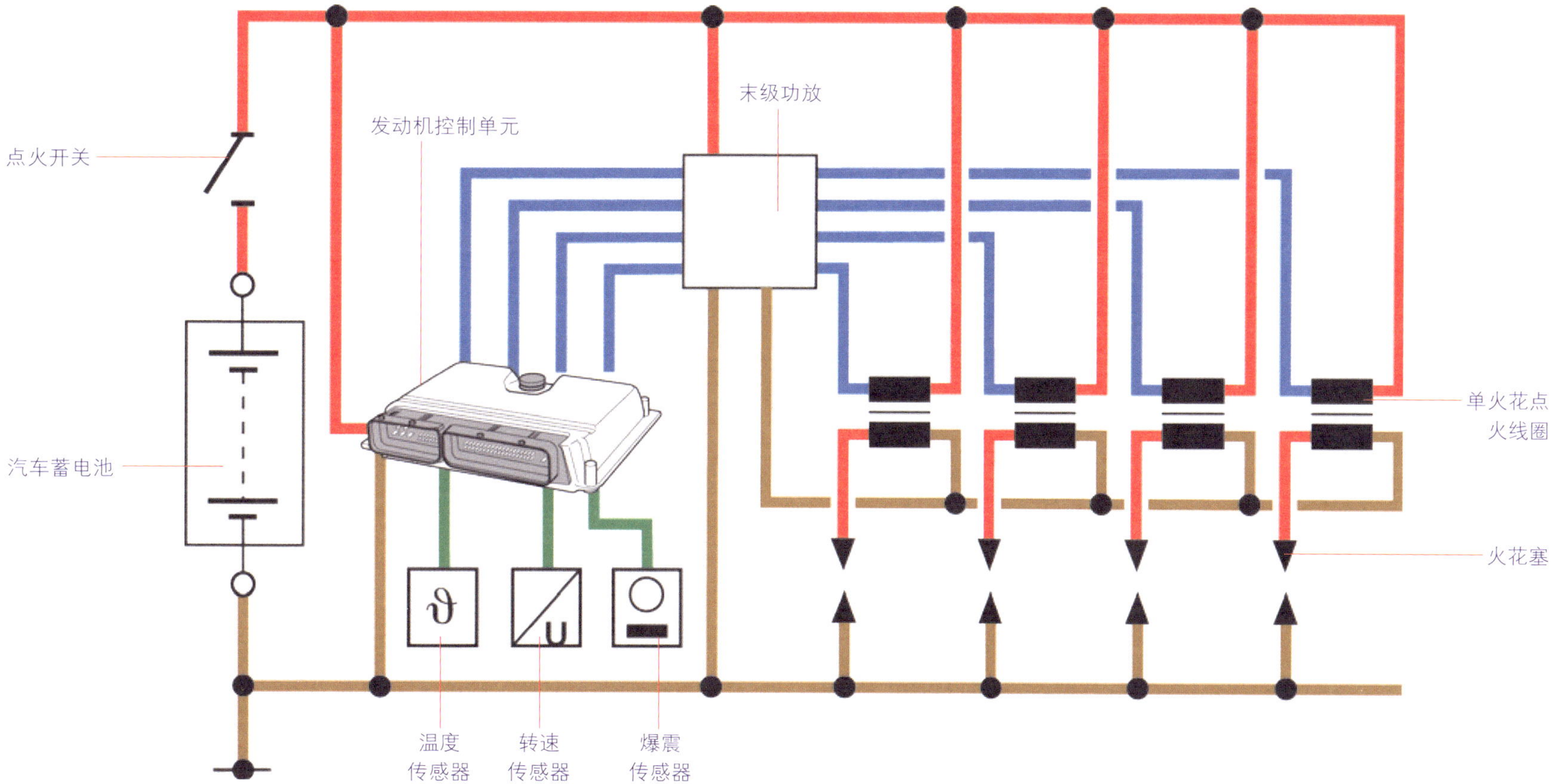

预热系统—预热塞

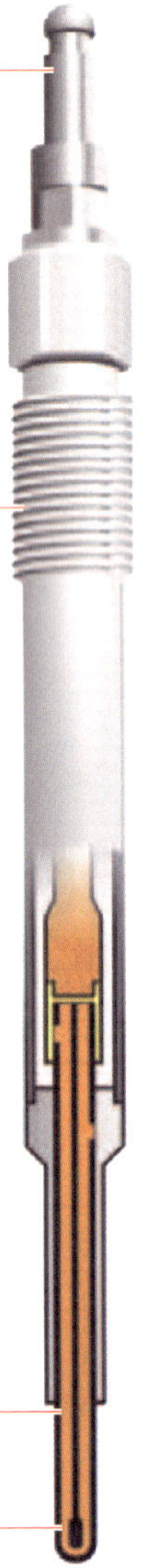

陶瓷预热塞不易老化，因此使用寿命长，别的优点还有冷启动性能好、改善废气排放值。陶瓷预热塞由塞体、接线端子、陶瓷加热棒组成。加热棒由绝缘的陶瓷保护层和内部的导电加热陶瓷芯构成。这个加热陶瓷芯就替代了金属预热塞中的调节和加热丝。

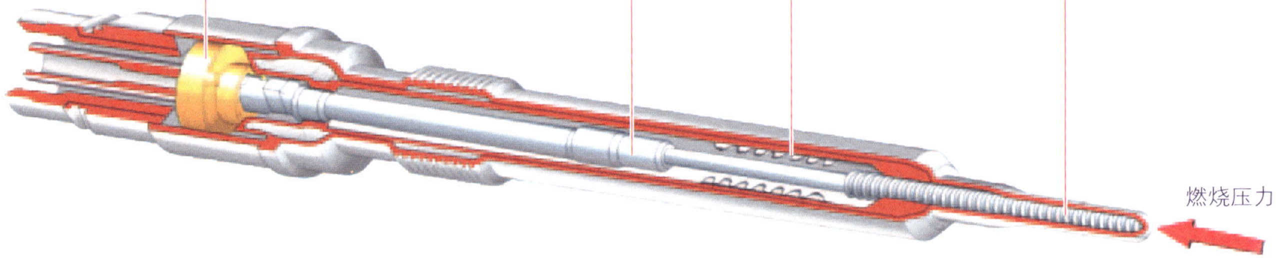

为了能对燃油喷射系统和空气进气系统实施精确控制，发动机管理系统在燃烧时需要考虑气缸内的压力变化情况。发动机控制单元是通过气缸上的燃烧室压力传感器来获取气缸压力的实时变化信息的，该传感器集成在气缸上的预热塞壳体内。在发动机的使用寿命内，缸压燃烧控制可以根据不同的废气再循环率、燃油质量和部件公差，来调节喷油时刻以及燃烧时的缸压变化。发动机控制单元获取气缸上的燃烧室压力传感器的信号和发动机转速传感器的信号后，根据预存的数据模型就能计算出各缸的压力变化了。从规定值与实际值对比中所得的相应偏差，就被用作喷油时刻和喷油持续时间的校正值。

预热系统—系统原理

柴油发动机上有快速启动预热装置，这使得柴油机能在任何气候条件时都能立即启动，不必长时间预热了，启动过程与汽油发动机相当。

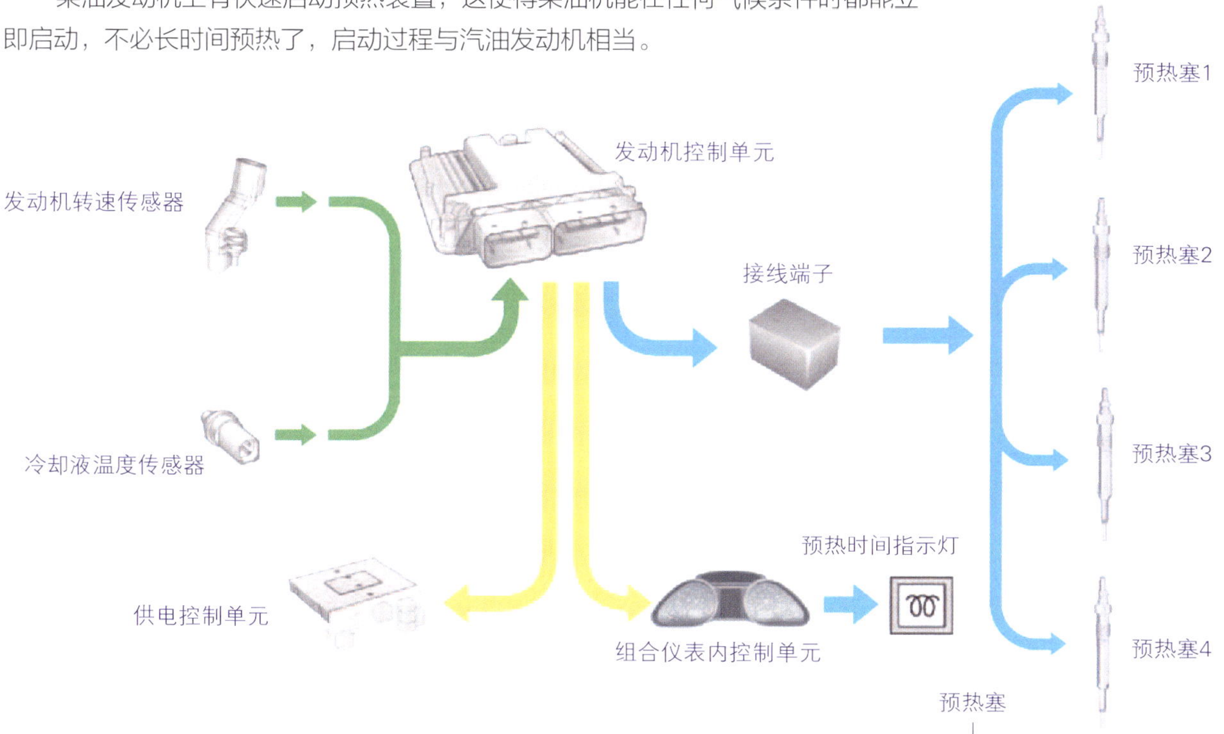

钢质预热塞由发动机控制单元经预热时间自动控制单元 J179 来操控，具体说是用脉冲宽度调制（PWM）信号以移相控制方式来操控。这样的话，就可通过 PWM 脉冲的占空比来调节作用在各个预热塞上的电压了。当外界温度低于 24℃时，最高作用电压为 11.5V，这样可保证预热塞在短时间内（不超过 2s）就被加热到 1000℃，这就缩短了发动机启动所需的预热时间。

要想实现启动后加热，必须在 PWM 脉冲的占空比中调节车载电压的接通时间，以便形成 4.4V 的有效电压。启动后加热在发动机启动后、冷却液温度不高于 24℃时最长可持续 5min。启动后加热的作用体现在：可以降低碳氢化合物排放并降低预热阶段的燃烧噪声。

为了在预热阶段减轻车载电网的负荷，对预热塞采用了移相控制。信号的下降沿总是用来触发下一个预热塞。

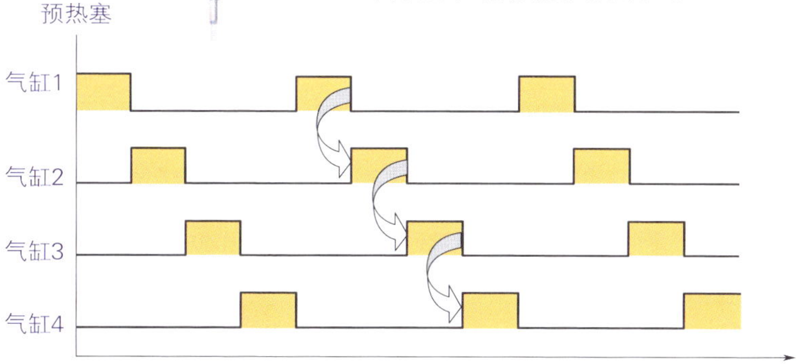

启动系统—起动机

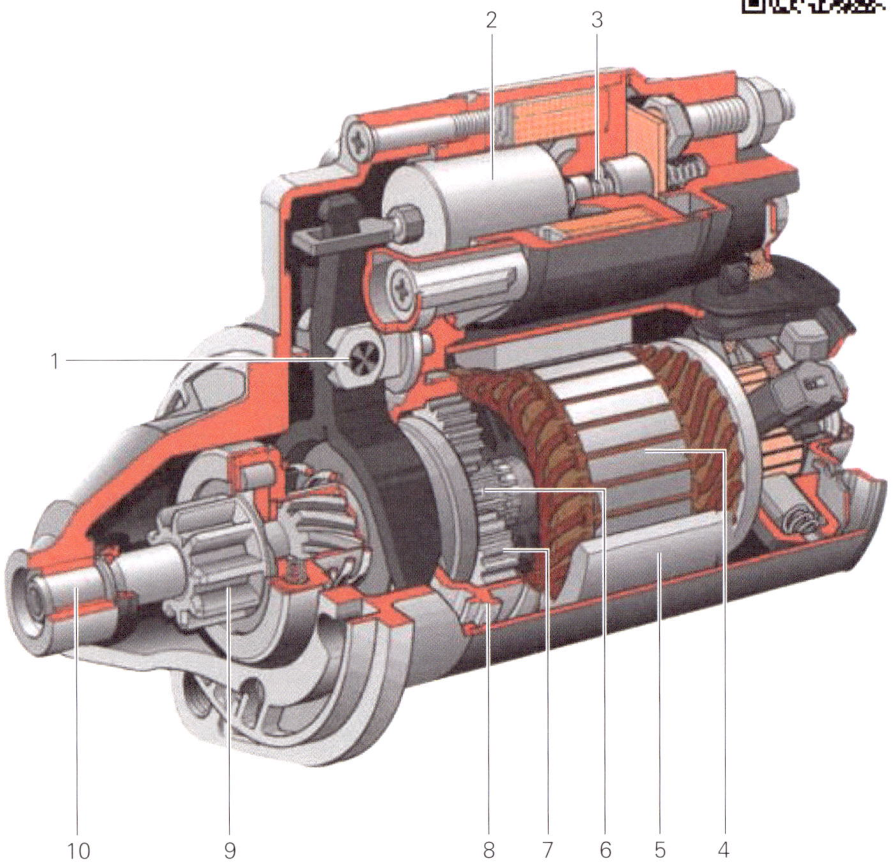

1—叉杆：加强型；

2—继电器电枢：润滑涂层；

3—继电器弹簧：使用寿命延长；

4—启动电机（+车载网络）：结构尺寸增大，功率提高；

5—磁铁：提高了磁通量/抗去磁性（高扭矩）；

6—行星齿轮箱：传动比小；

7—行星齿轮箱：滚针轴承；

8—行星齿轮箱：带有减振装置的烧结内齿轮；

9—小齿轮：齿数增加；

10—传动轴承：滚针轴承

起动机的任务是，使用开始转动所必需的最低转速（启动转速）来旋转发动机的曲轴。各个车型的发动机上所使用的起动机并不一样。根据车型，功率不超过3000W。

通过点击启动/停止按钮可开始车辆启动。便捷进入及启动系统（CAS）或前部电子模块（FEM）通过总线端Kl.50将电压接通到启动继电器（磁力开关）。启动继电器工作后通过一个杠杆机构将启动小齿轮推入飞轮齿圈，同时启动继电器将来自蓄电池的电压接通给启动电机炭刷，为此，通过总线端Kl.30为直流电机供电，起动机开始运转，通过行星齿轮机构减速增扭以后传递给小齿轮，最终带动发动机曲轴旋转。如果发动机已启动，飞轮齿圈转速高于起动机小齿轮，此时小齿轮由飞轮齿圈驱动。基于起动机小齿轮和齿圈之间的大传动比（约15 ：1）可能导致起动机损坏，此时起动机小齿轮处的超越离合器起到抑制作用，防止起动机损坏。

启动系统—起动机发电机

由于起动机发电机在发电机运行模式下表现为被驱动元件，而在起动机运行模式下则作为驱动元件，所以为了张紧多楔带，还需要一个特别的带张紧装置。这个带张紧装置旋接在起动机发电机的外壳上。它通过其两个张紧轮确保在两种运行状态下获得完美的带张紧力。

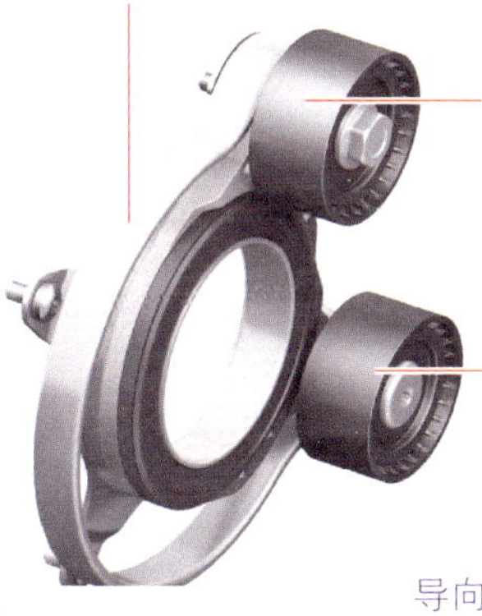

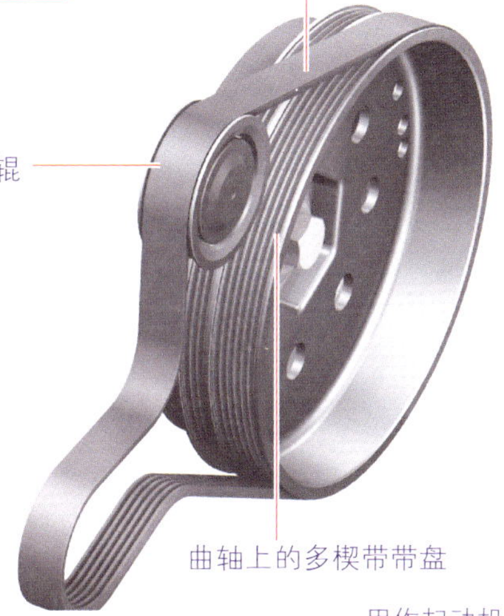

起动机发电机

发电机模式

在发动机运行期间，起动机发电机此时处于发电机模式，输出电流，向12V车载电网供电。在这个运行状态下，发电机制动，多楔带被完全张紧。所以，下部张紧轮被悬摆弓形部分向上推，将多楔带向后引导。

用作发电机

起动机模式

通过起动机发电机启动也被称作12V启动。12V启动时，变速箱内的分离离合器分离。启动时，下部传动带部件承受最大张力，将下部张紧轮向下压。这个压力通过悬摆弓形部分被传递到上部张紧轮上，从而张紧多楔带。发动机启动后，当它以与变速箱输入轴相同的转速运行时，变速箱内的分离离合器接合。

当发动机在自动启停模式下被关闭，则起动机发电机将发动机快速制动到静止，以避免发生“停机抖振”。

用作起动机

自动启停（MSA）与48V轻混系统

48V 轻混技术的主要特性：制动能量回收为电能，可将发动机启动时间缩短约 20%，首次发动机启动由小齿轮起动机完成，如果发动机温度高于 60℃，则由起动机发电机启动。处于“关闭发动机滑行”状态时，驱动系分离，可以利用车辆动能移动车辆，在部分负荷运转状态下，起动机发电机作为电机支持发动机驱动功率输出。满负荷时，则可在某些工作范围内将驱动装置总功率短暂提高 8kW。

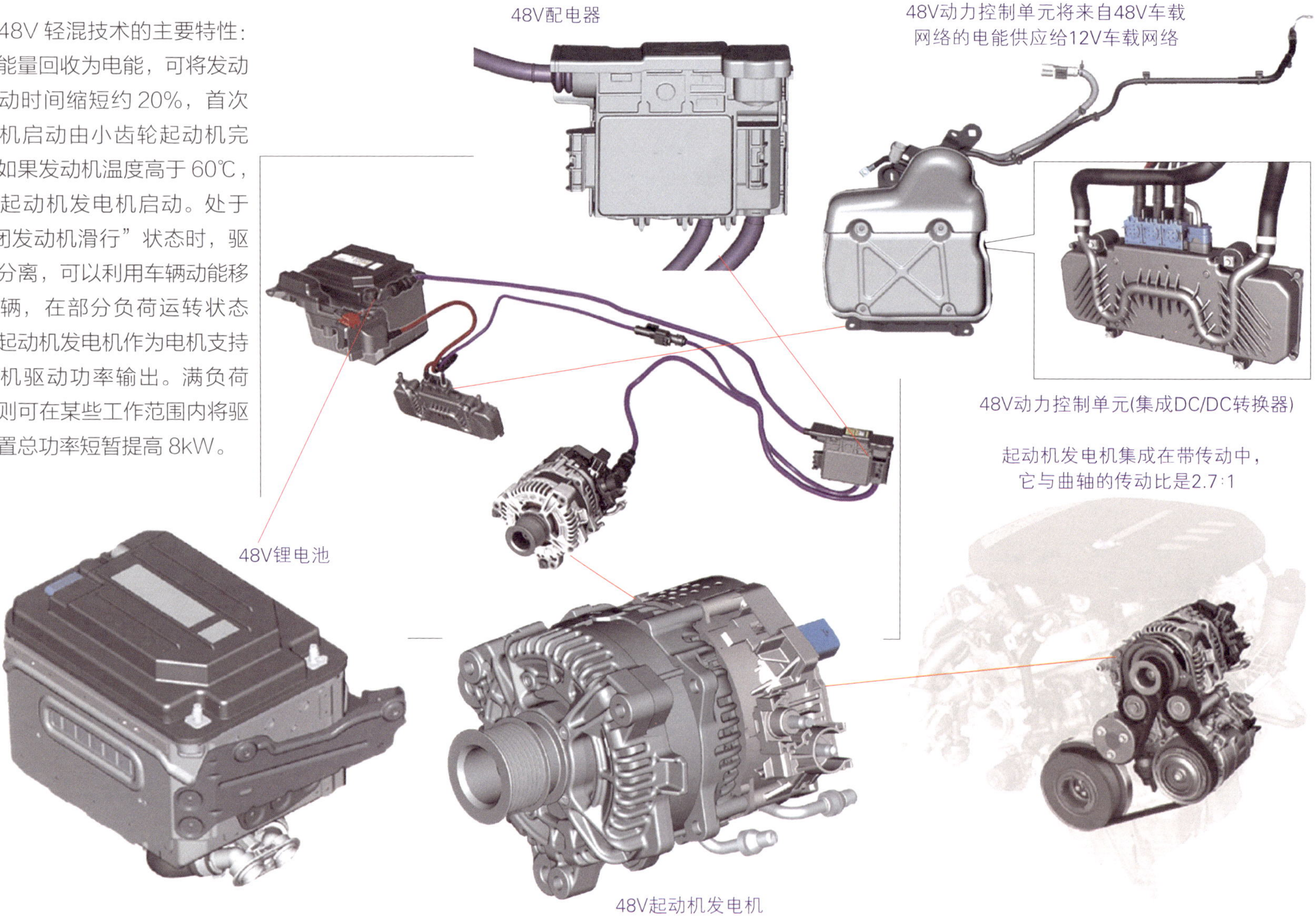

发动机带传动机构

A—单件式带传动机构；
B—两件式带传动机构；
C—带摩擦轮伺服驱动机构的带传动机构；
1—多楔带；
2—发电机带轮；
3—冷却液泵带轮；
4—曲轴带轮；
5—带张紧轮的带张紧器；
6—导向轮；
7—转向助力泵带轮；
8—弹性带；
9—空调压缩机带轮；
10—摩擦轮；
11—摩擦轮伺服驱动机构

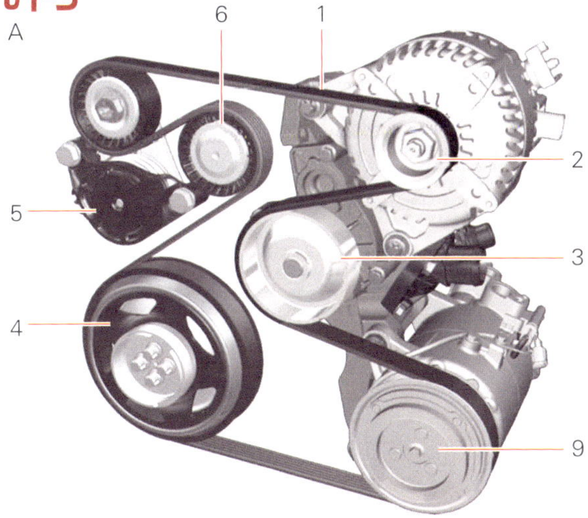

单件式带传动机构(B37发动机)

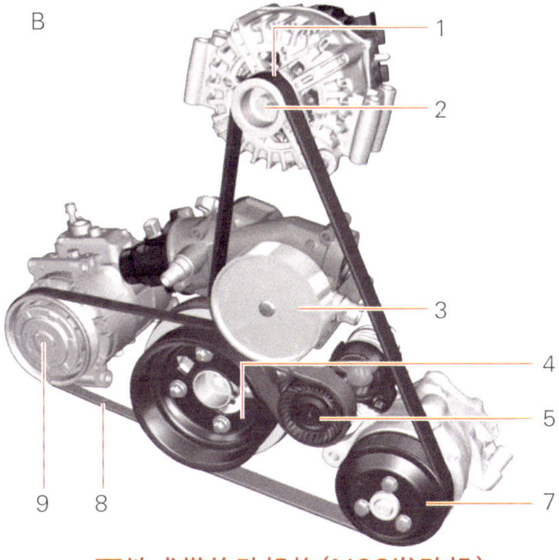

两件式带传动机构(N63发动机)

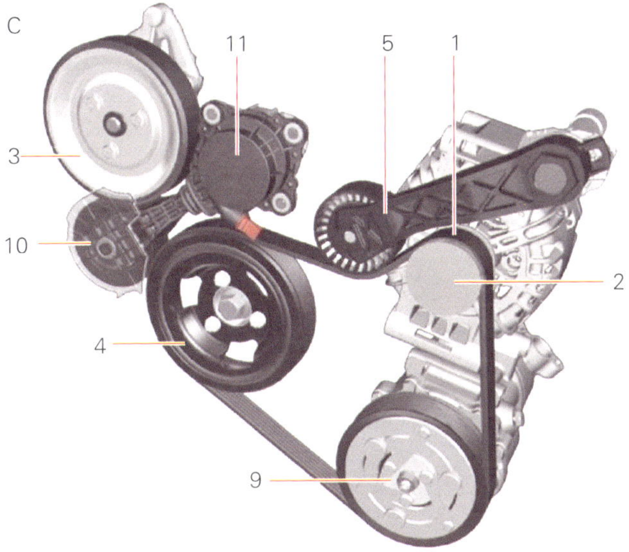

带摩擦轮伺服驱动机构的带传动机构(N18发动机)

带传动机构负责在所有负荷状态下以无打滑方式驱动附属总成。在此根据发动机、转向系统和配置情况，可能通过带传动机构驱动以下部件：发电机、冷却液泵、空调压缩机、转向助力泵。

发动机电控系统—发动机控制器（ECU）

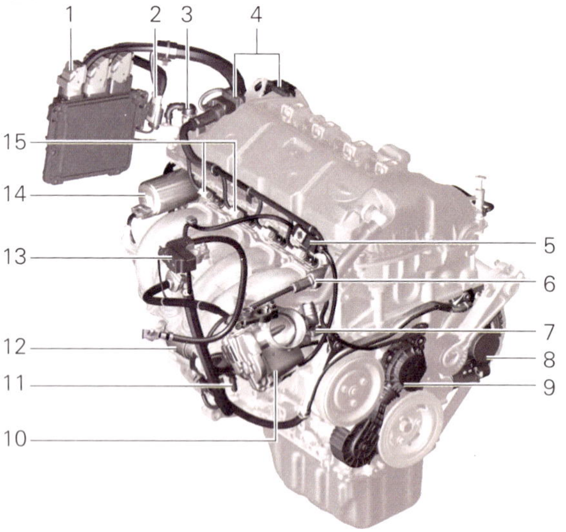

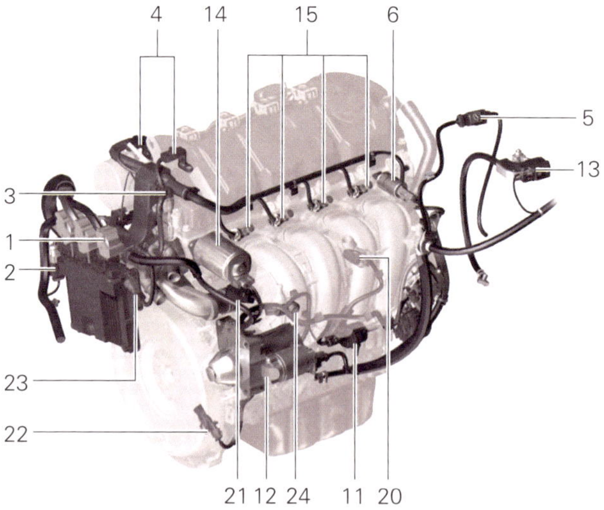

1—发动机控制器接头；2—总导线束接头；3—偏心轴传感器；4—凸轮轴传感器；5—总导线束接头；6—VANOS 电磁阀；7—发动机通风加热装置；8—发电机；9—摩擦轮执行机构；10—节气门；11—燃油箱通风阀；12—起动机；13—智能型蓄电池传感器；14—VALVETRONIC 电机；15—喷射阀；16—机油压力开关；17—冷却液温度传感器；18—发动机转速传感器；19—点火线圈；20—发动机通风加热装置；21—进气管压力传感器；22—曲轴传感器；23—特性曲线式节温器；24—爆震传感器；25—监控传感器；26—宽带氧传感器插接连接件

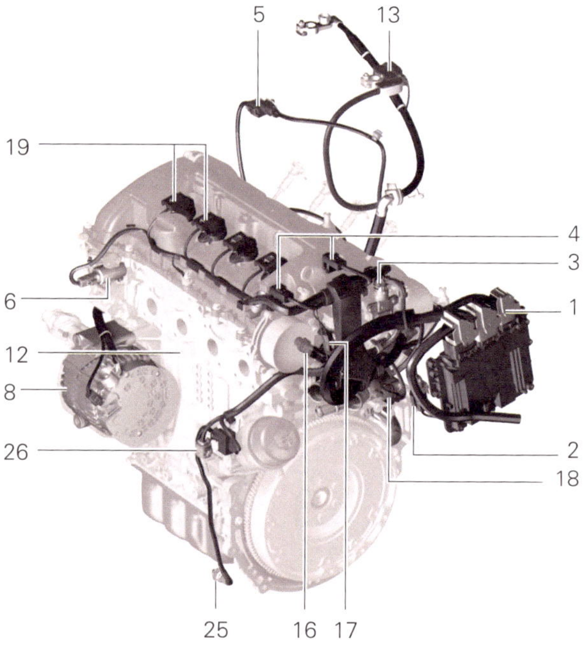

发动机控制单元 MEV17.2 和 MED17.2 具有以下功能：控制火花塞；控制喷射阀；测量运行参数；无级调节气门行程（N12）；控制进气门（N12/N14）和排气门（N12）启用时间；控制增压压力（N14）；调节发动机温度；爆震控制；空气系数调节；监控输入和输出信号的临界状态并转换到替代措施（计算出替代值，应急运行模式）；诊断故障部件；定速巡航控制。

MED17.2

MEV17.2

发动机电控系统—空气流量传感器

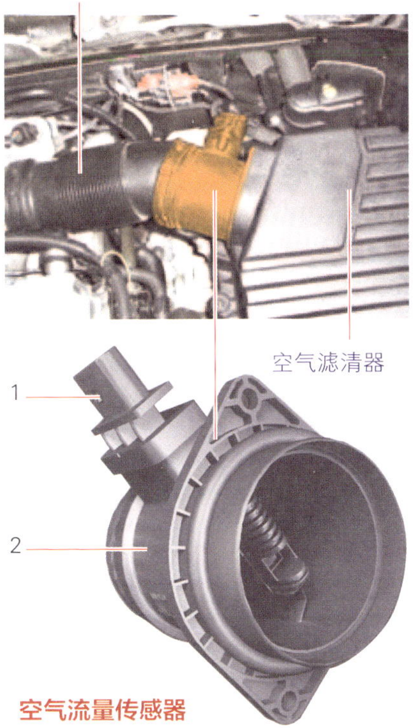

空气流量传感器

迷宫式密封装置 6 确保仅测量实际空气质量。该装置可避免记录回流和脉动情况。因此，HFM 在不计空气压力和回流情况下测定实际空气质量。有一个电动加热式传感器测量元件 7 伸入空气气流 4 内。始终保持传感器测量元件温度恒定。空气气流吸收传感器测量元件的热量。空气质量流量越大，用于保持传感器测量元件温度恒定的能量就越大。电子分析装置 3 将传感器信号转化为数字信号。随后以调频方式将该数字信号发送至 DME。为了能够补偿温度影响，空气质量信号参考变化的温度信号。DME 为 HFM 提供车载网络供电和接地连接。

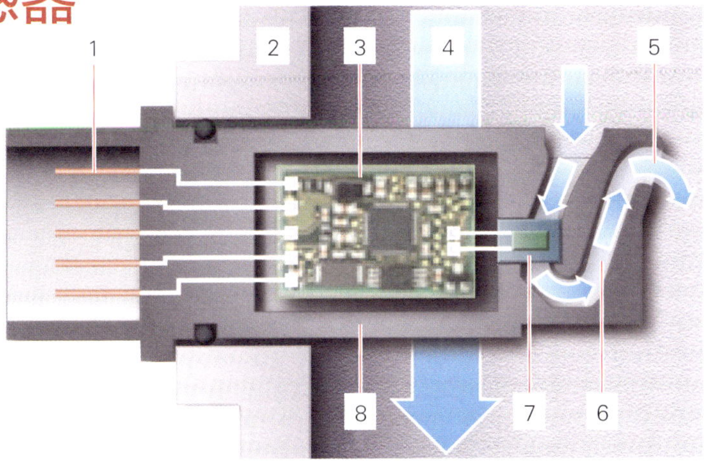

1—电气接头；2—测量管壳体；3—电子分析装置；4—空气质量流量；5—用于测量的排气流量；6—迷宫式密封装置；7—传感器测量元件；8—传感器壳体

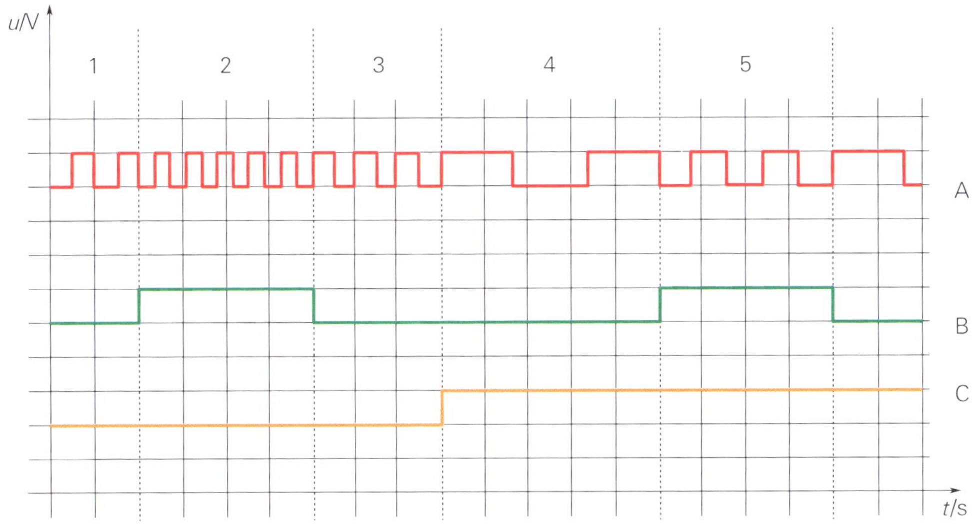

A—空气质量信号；B—空气质量；C—温度信号；1—参考空气质量和温度信号的空气质量信号；2—空气质量增大时，空气质量信号的周期持续时间缩短；3—空气质量减小时，空气质量信号的周期持续时间延长；4—温度升高且空气质量保持不变时，空气质量信号的周期持续时间延长，以补偿温度影响；5—空气质量增大时，在考虑到温度信号的情况下，空气质量信号的周期持续时间缩短

发动机电控系统—曲轴位置传感器

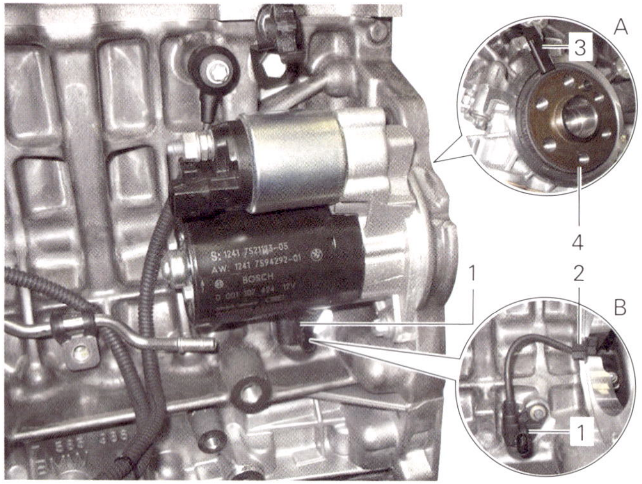

A—视线指向曲轴；B—视线方向相同，无起动机；
1—插头；2—防尘密封件；3—传感器；4—多磁极轮

发动机控制单元将根据读取的信号，计算出曲轴旋转一圈的持续时间以及长度。多极传感轮绕过霍尔传感器所需要的时间将记录为曲轴转动一圈的时间。如果电子A在磁力线2穿过的导体1内移动，电子就会转向垂直于电流和磁场的方向，导致一侧电子过剩，一侧电子不足。因此在电子过剩端和电子不足端就会产生霍尔电压5。使用半导体时这种所谓的霍尔效应更加明显。

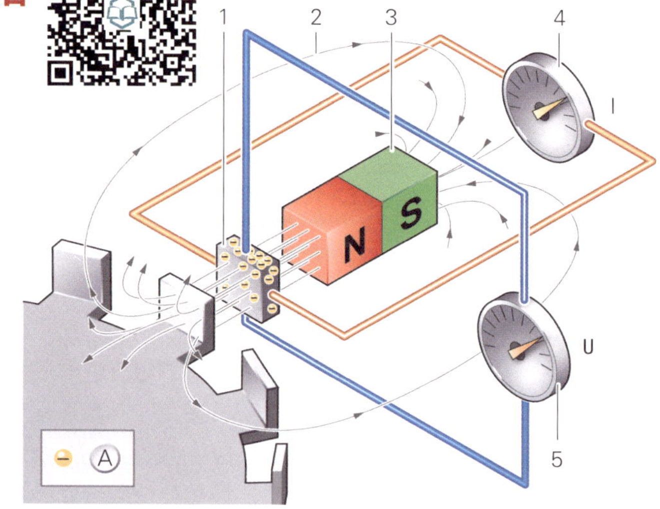

A—电子；1—霍尔模块；2—磁力线；3—永磁铁；
4—供电电流；5—霍尔电压

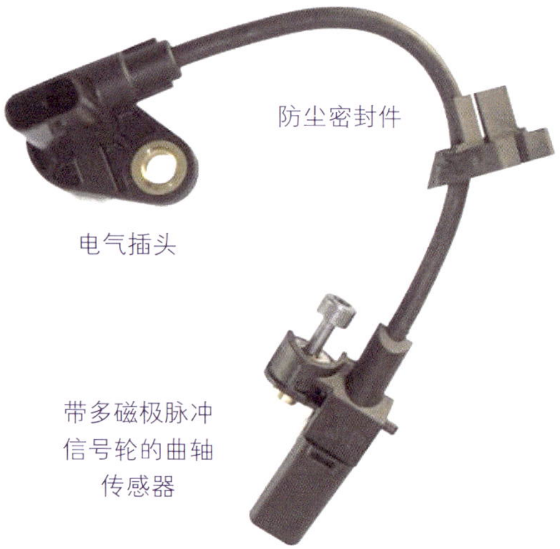

增量轮的齿隙和轮齿经过传感器（霍尔模块）时，永磁铁3磁力线2的通量密度发生相应变化。霍尔模块记录该变化并根据磁场强度通过信号导线向DME发送高电平或低电平信号。由于准确性很高，因此DME接收到一个模拟增量轮形状的方波信号。控制单元无需进行特殊处理即可使用该信号。信号在齿腰/增量轮间隙处发生变化。其原因在于曲轴传感器的结构和内部电路。

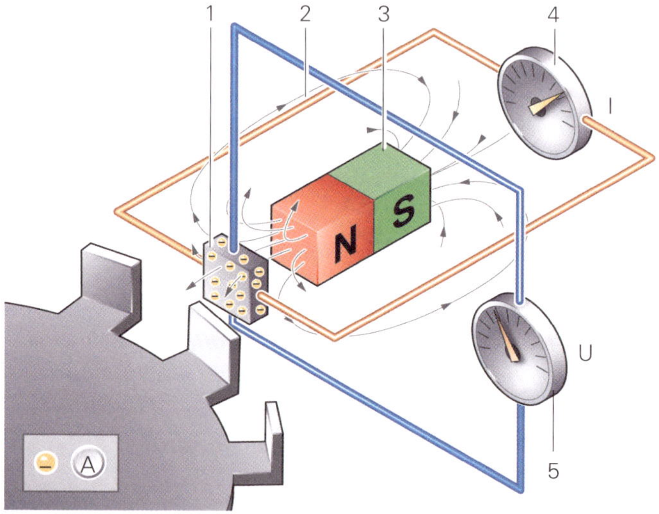

发动机电控系统—电子节气门角度传感器

两个角度传感器都是磁阻效应传感器。节气门位置被作为模拟电压信号发送给发动机控制单元。这两个传感器的特性曲线是相反的。

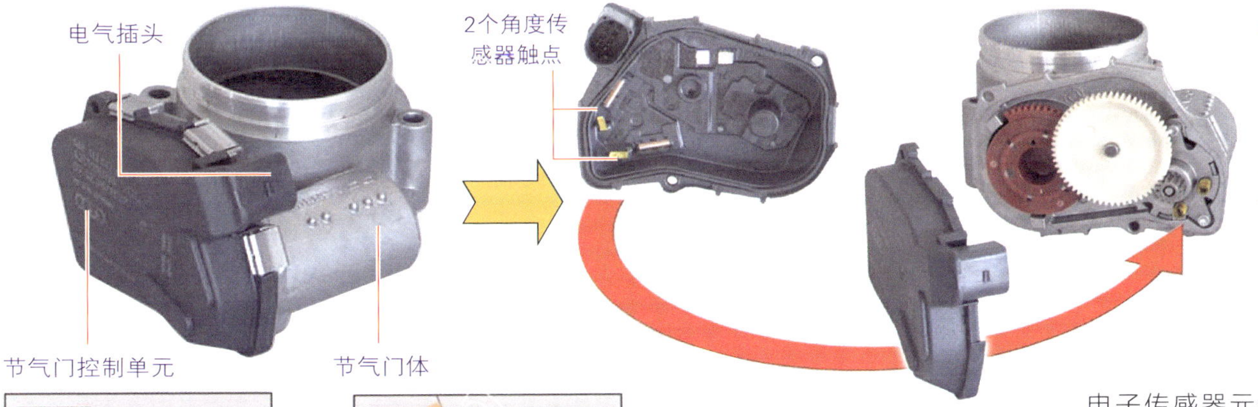

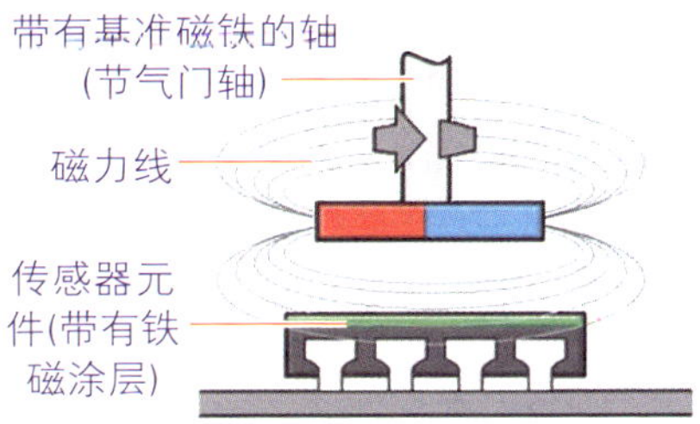

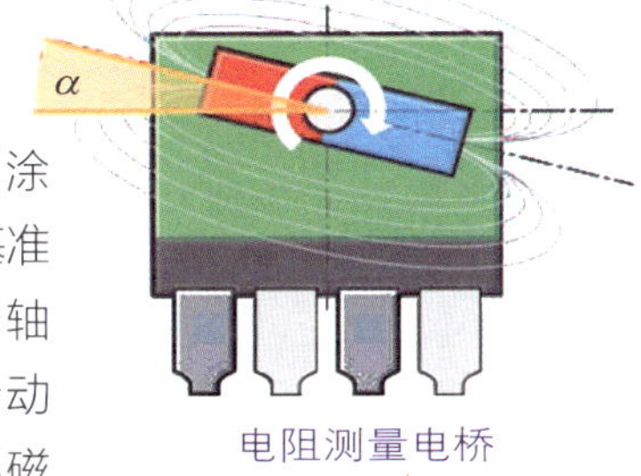

电子传感器元件（涂有铁磁性材料）和一块基准磁铁。这块磁铁与一个轴相连，可以测量出其转动的角度。如果带有条形磁铁的轴发生转动，那么磁铁的磁力线相对于传感器元件就改变了。于是传感器元件的电阻就发生变化。传感器电子装置根据这个值就可以计算出轴相对于传感器的绝对转角了。

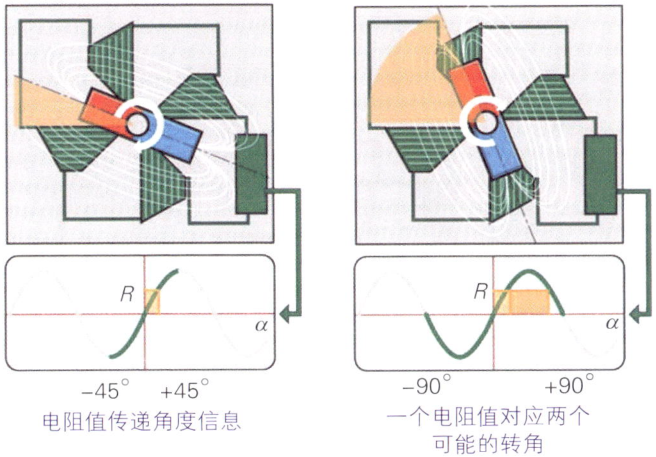

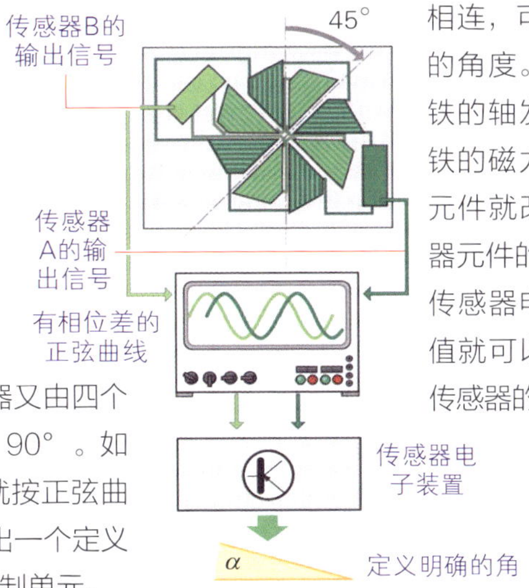

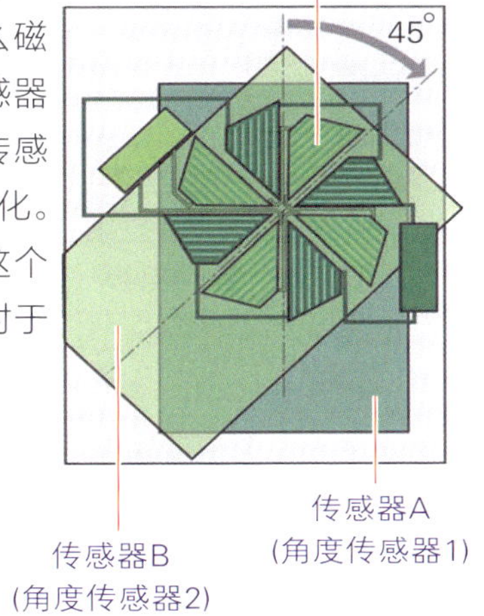

传感器A和传感器B相互可以转动45°。每个传感器又由四个电阻测量电桥构成，这些电桥可以绕一个共同的中点各转90°。如果轴相对于某个传感器转动了，那么该传感器的电阻 *R* 就按正弦曲线变化。传感器电子装置现在就可以从这两条曲线中计算出一个定义明确的角度（0°～180°）值，并把该值发送给相应的控制单元。

发动机电控系统—制动踏板位置传感器

尚未踏下制动踏板时

尚未踏下制动踏板时，带永磁铁的活塞处于原始位置。制动踏板位置传感器内的测量电子机构将一个 0 ~ 2V 的信号电压发送给发动机控制单元和供电控制单元，这样就可识别出此时并未踏下制动踏板。

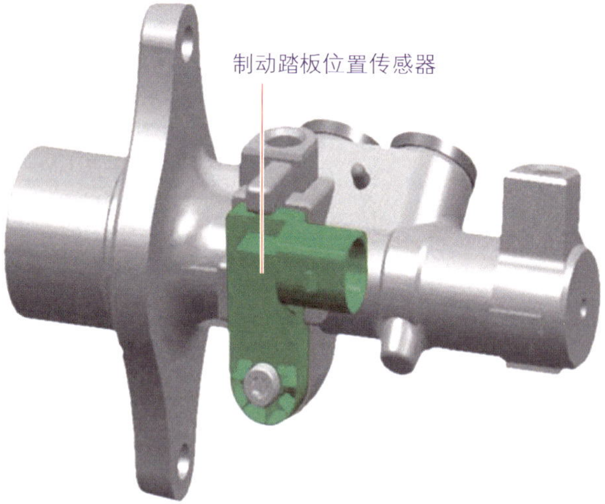

制动踏板位置传感器用螺栓固定在制动总泵上，该传感器用于识别驾驶员是否踏动了制动踏板。该传感器通过供电控制单元来接通制动灯，另外，通过发动机控制单元来阻止在同时踏下制动踏板和油门踏板时的车辆加速，为此要减少喷油量或者改变点火时刻和节气门位置。如果踏下制动踏板，制动总泵内的推杆就会推动带永磁铁的活塞移动。出于安全原因，制动踏板位置传感器内装有两个霍尔传感器。这两个传感器的信号相反。

已踏下制动踏板时

已踏下制动踏板时，活塞就被推到霍尔传感器的上方了。一旦活塞的电磁铁越过了霍尔传感器的切换点，测量电子机构会把一个信号电压（该电压最多会比车载电压低 2V）发送到发动机控制单元。这样就可识别出此时已经踏下制动踏板了。

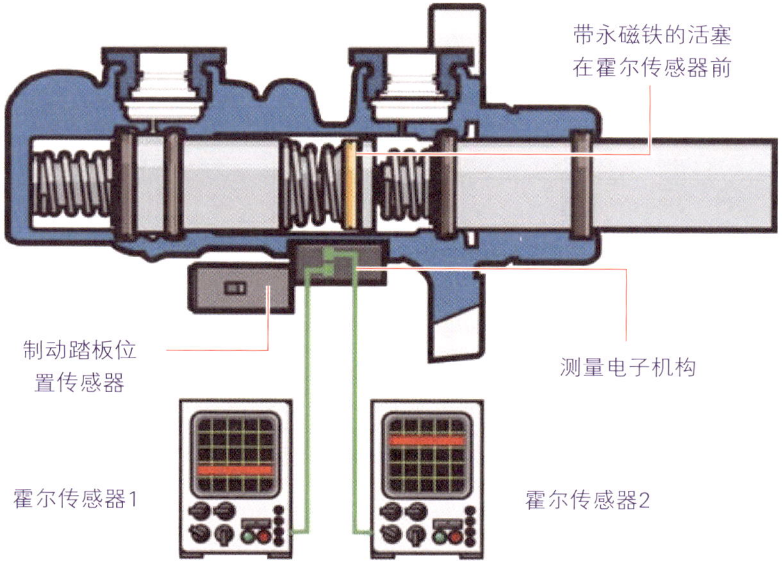

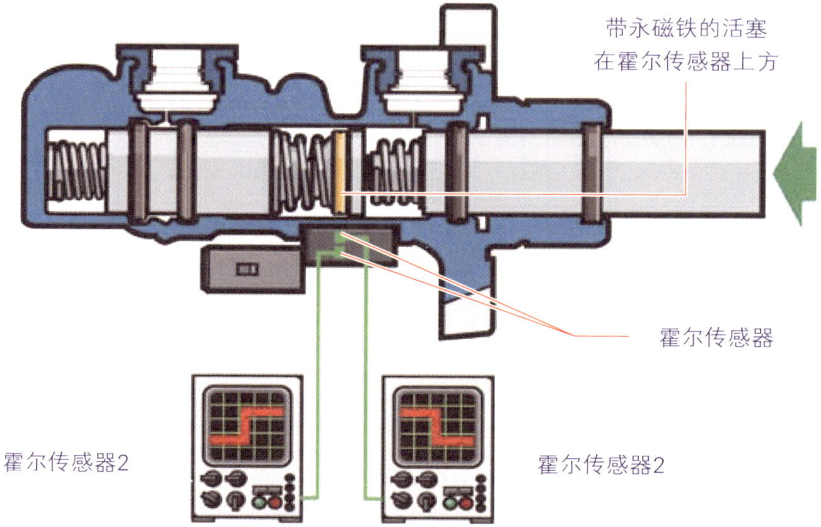

发动机电控系统—宽带型氧传感器

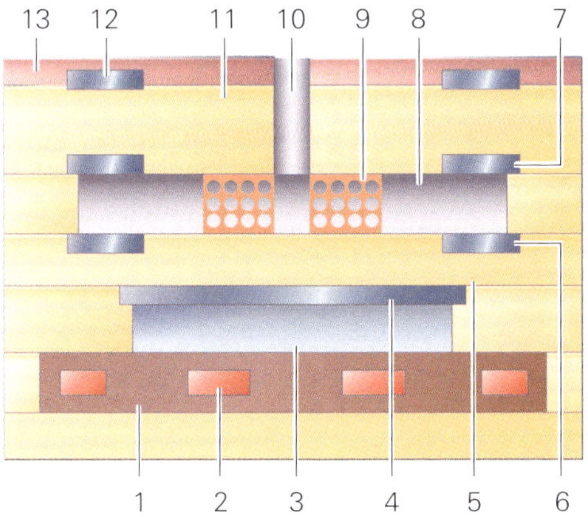

1—绝缘层；2—加热元件；3—基准空气通道；4—基准室的内部电极；5—由ZrO_2制成的陶瓷层；6—基准室的外部电极；7—氧气泵室的内部电极；8—扩散间隙；9—多孔式扩散区；10—废气进气口；11—由ZrO_2制成的陶瓷层；12—氧气泵室的外部电极；13—保护层

宽带型氧传感器的测量室由一种二氧化锆陶瓷ZrO_2材料制成。该测量室由一个Nernst浓差电池（执行阶跃特性曲线式氧传感器功能的传感器室）和一个输送氧离子的氧气泵室构成。氧气泵室与Nernst浓差电池之间留有一个10～50mm的扩散间隙。扩散间隙通过一个多孔式扩散区与废气相通。Nernst浓差电池一侧通过基准空气通道和开口与周围大气相通。在另一侧通过扩散间隙与废气相通。

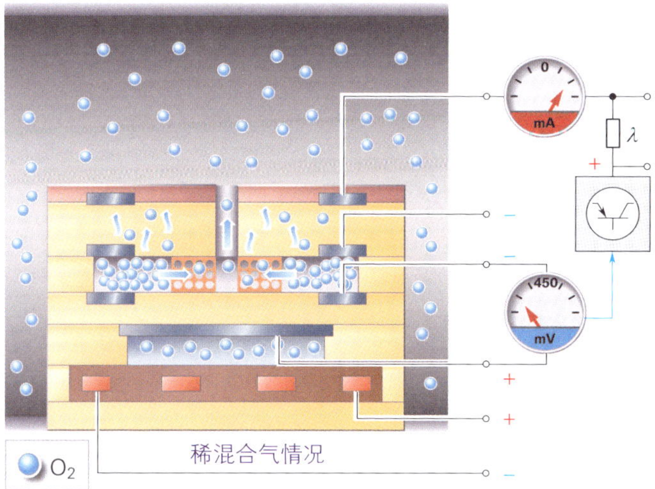

稀混合气情况

通过向氧气泵室外部电极和氧气泵室内部电极施加泵电压，可通过多孔式扩散区从废气向扩散间隙内泵入氧气或从中泵出氧气。DME内的一个分析电路通过Nernst浓差电池对施加在泵室上的电压进行调节，从而使扩散间隙内的气体成分始终保持在λ=1。稀混合气燃烧产生废气时，氧气泵室从扩散间隙向外泵出氧离子。相反，浓混合气燃烧产生废气时，通过在泵室外部电极处对CO_2和H_2O进行催化分解，从周围废气中向扩散间隙内泵入氧离子。λ=1时无需输送氧离子，泵电流为零。

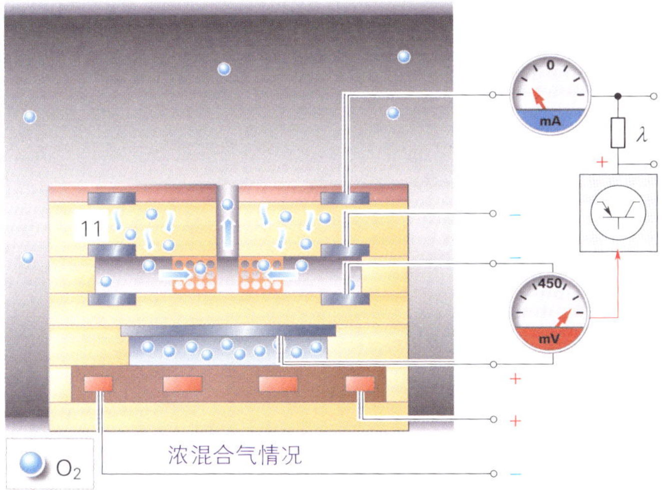

浓混合气情况

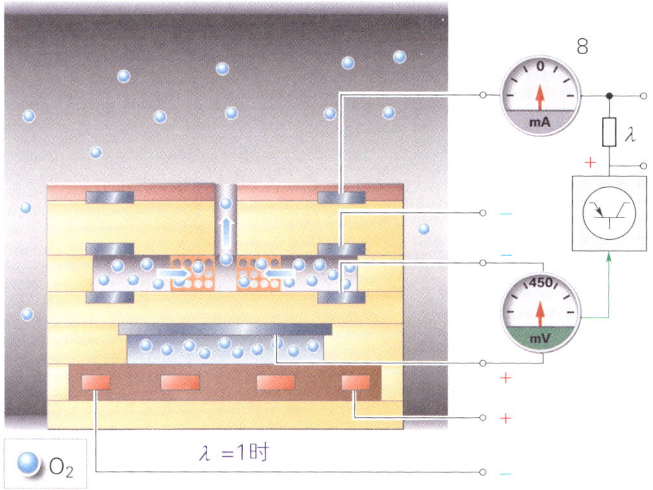

λ =1时

发动机电控系统—阶跃式氧传感器

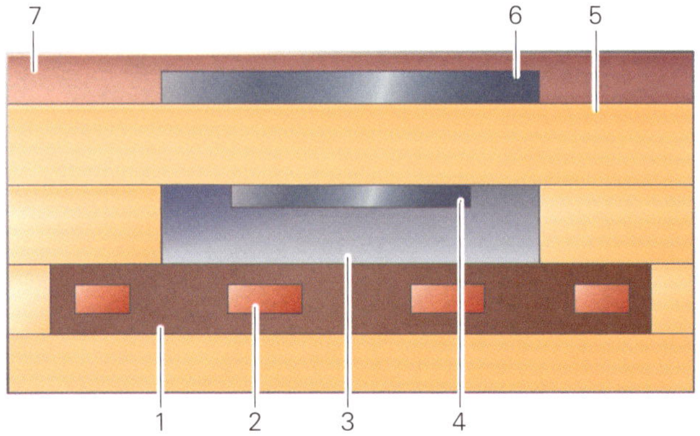

1—绝缘层；2—加热元件；3—基准空气通道；4—内部电极；5—由二氧化锆ZrO_2制成的陶瓷层；6—外部电极；7—保护层

保护层可防止因废气残余物造成外部电极腐蚀性损坏。温度超过大约350℃时，由二氧化锆ZrO_2制成的陶瓷层可传导氧离子。为了使氧传感器尽快达到运行温度，集成有一个加热元件。由于在浓混合气情况下废气中仍含有剩余氧气，因此在外部电极与内部电极之间产生电压。为了始终确保基准参数不变，将基准空气通道与环境空气相通。因此基准参数表示的就是环境空气的氧气含量。外部电极、由ZrO_2制成的陶瓷层和内部电极又称为Nernst浓差电池。

由于稀混合气情况下的剩余氧气含量较高，因此Nernst浓差电池处的电压测量值较低。由于浓混合气情况下的剩余氧气含量较低，因此Nernst浓差电池处的电压测量值较高。由于$\lambda=1$时的剩余氧气含量达到了最佳混合气成分要求，因此Nernst浓差电池处的电压测量值为450mV。

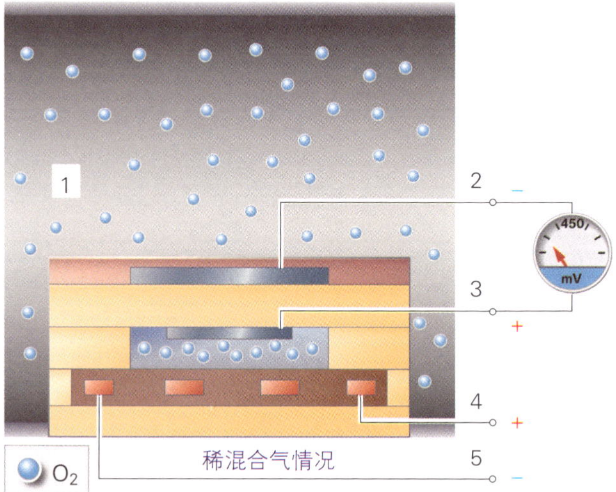

1—排气管；2—外部电极负极连接装置；3—内部电极正极连接装置O_2氧离子；4—氧传感器加热装置正极连接装置；5—氧传感器加热装置负极连接装置

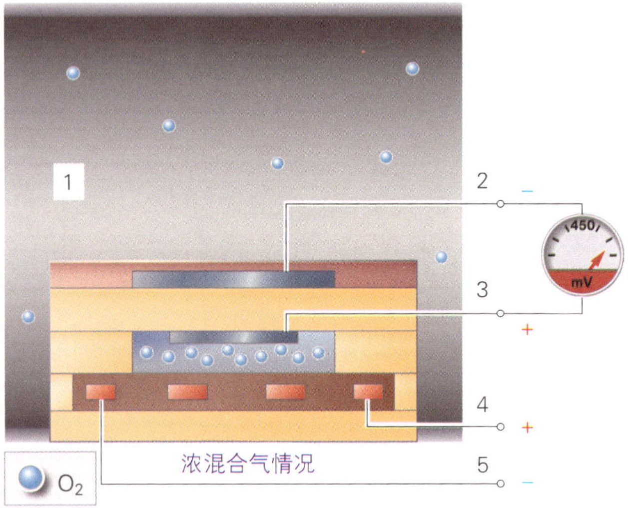

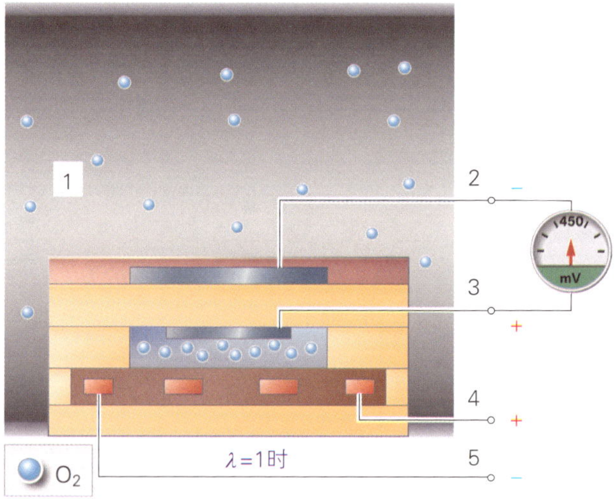

发动机电控系统—废气压力传感器

《 安装位置： 传感器从上方拧入凸轮轴箱中。它用于测量涡轮增压器前端的废气压力，从而测量微粒滤清器前端的废气压力。它通过气缸盖和凸轮轴箱中的通道与集成式排气歧管相连。

《 结构： 传感器由一个陶瓷测量元件组成。测量元件内部有一个涂有贵金属的薄膜将其分为两个腔室。其中一个腔室与外部气压密封隔离，为真空态（以下简称“真空腔室”）。另一个腔室连接外部气压。

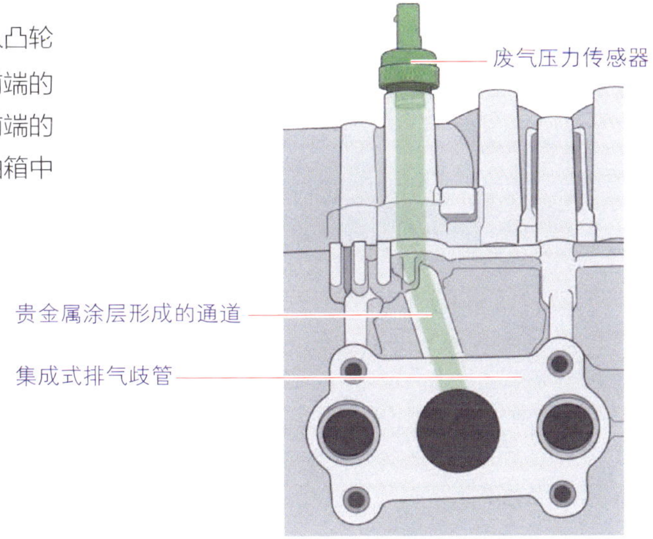

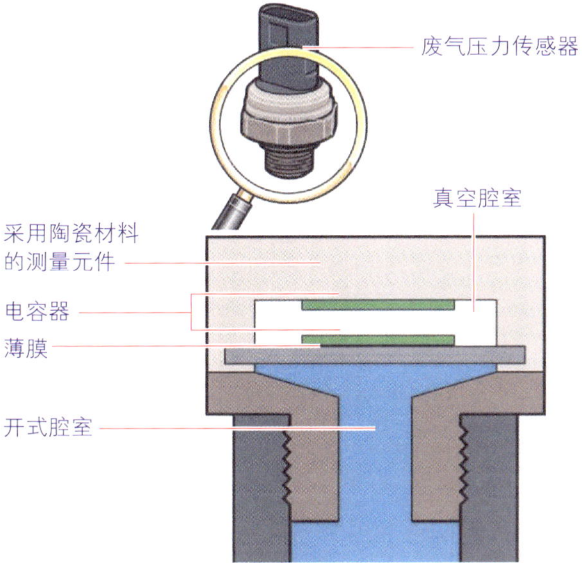

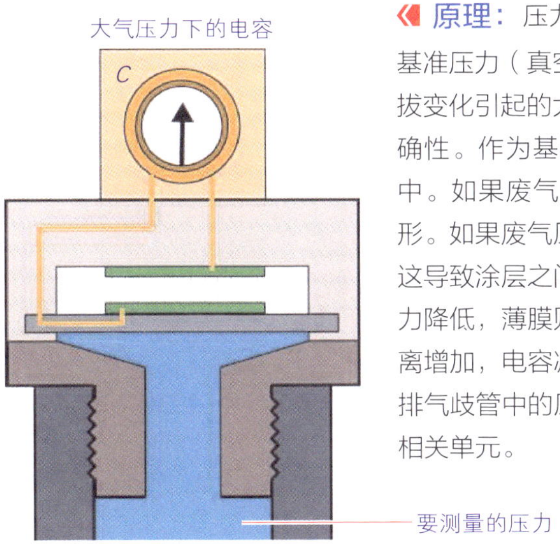

《 原理： 压力传感器用于测量废气压力，并将其与基准压力（真空）对比。这个方法排除了由天气或海拔变化引起的大气压力的波动，从而确保了测量的准确性。作为基准的真空压力“内置”于压力传感器中。如果废气压力改变，陶瓷元件中的薄膜就会变形。如果废气压力升高，薄膜将被压向对面的涂层。这导致涂层之间的距离减小，电容增加。如果废气压力降低，薄膜则会反方向变形。这导致涂层之间的距离增加，电容减少。通过这种方式，可以精确地确定排气歧管中的压力，并将其作为模拟电压信号传输给相关单元。

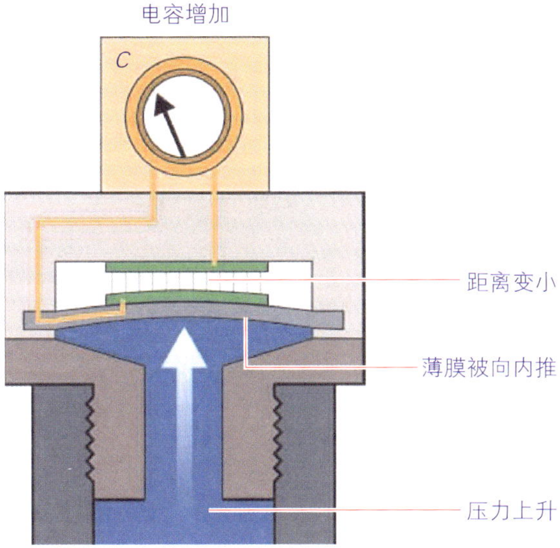

发动机电控系统—电子机油传感器

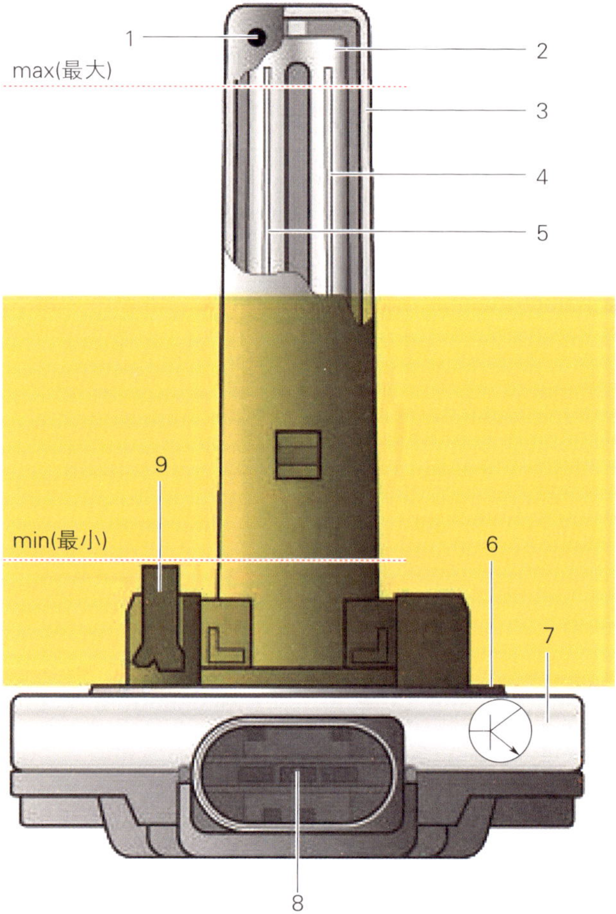

1—通风孔；2—传感器印刷电路板；3—减振器；4—电阻元件测量值；5—电阻元件基准值；6—密封垫；7—法兰；8—连接插头；9—温度传感器

热敏机油油位传感器

包括安装在传感器印刷电路板上的两个受温度控制的电阻元件（测量值和基准值）。该测量元件在电子装置的控制下短时间内稍稍加热，随后根据油位情况自行冷却，因为机油比空气的导热性能更好。加热传感器所需要的时间用于表示油位。为了测量机油温度，在热敏机油油位传感器底座上装有一个温度传感器。热敏机油油位传感器通过一个取决于频率的脉冲宽度调制信号将油位和机油温度信息传输给 DME。

机油状态传感器

由两个叠加布置在一起的柱状电容器构成。机油质量通过底部较小的电容器来测量。彼此布置在一起的两个金属套管用作电容器电极。电介质是两个电极之间的机油。机油的电气特性随着损耗的增加和添加剂的分解而发生变化。在上部柱状电容器内，根据油位情况只有部分表面与机油接触。因此，柱状电容器的电容随油位变化而变化。DME 可以根据上下柱状电容器的数值计算出油位。电介质：电场中的绝缘物质。电场穿过绝缘体（机油），绝缘体（机油）影响电容器板的充电程度。电容器（机油状态传感器）电容随机油（电介质）电气特性的变化而变化。这个电容值经过传感器内集成的电子分析装置处理后转化为一个数字信号。

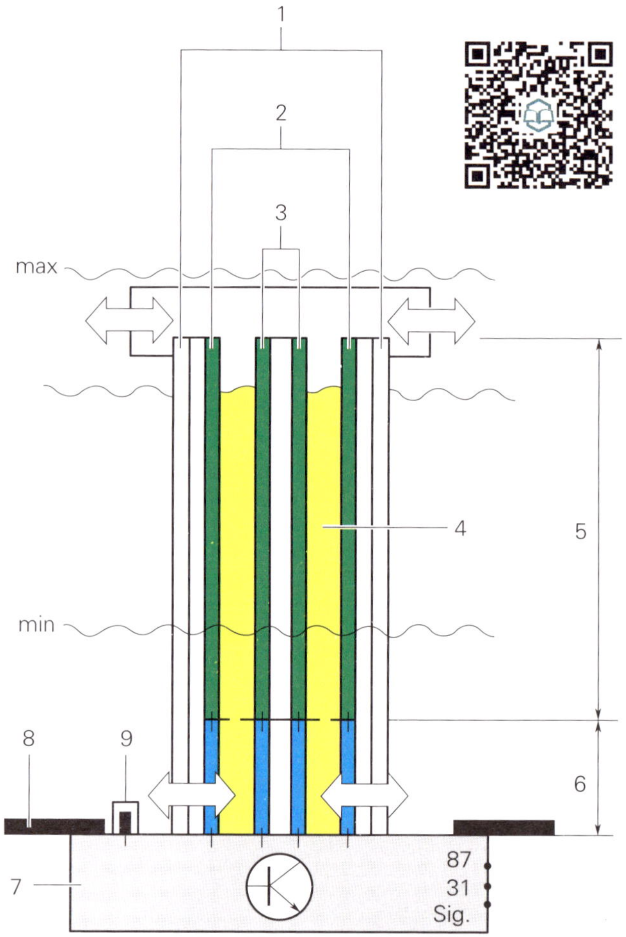

1—壳体；2—外部金属套管；3—内部金属套管；4—机油；5—机油油位传感器；6—机油状态传感器；7—传感器电子装置；8—油底壳；9—温度传感器

发动机电控系统—凸轮轴正时调节阀

以进气凸轮轴的调节为例，在整个发动机转速范围内，进气凸轮轴都由发动机控制单元调节，最大调节值为 52° 曲轴转角。调节值取决于存储在发动机控制单元中的调节曲线图。

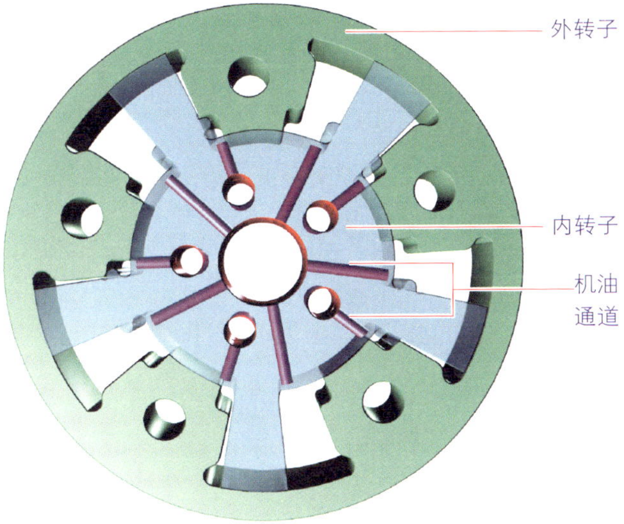

当被发动机控制单元驱动时，例如需要正时提前时，进气凸轮轴正时调节阀就将控制活塞沿正时“提前”方向推。机油压力经控制外壳作用于凸轮轴调节器上，然后将凸轮轴压向“提前”位置。将控制活塞压向“提前”方向会自动打开正时“滞后”方向的机油回油通道。当调节至达到的角度时，进气凸轮轴正时调节阀就将控制活塞推至一个能使调节器的两个储油室压力保持恒定的位置。如果要将正时向“滞后”方向调节，则流程与之相反。

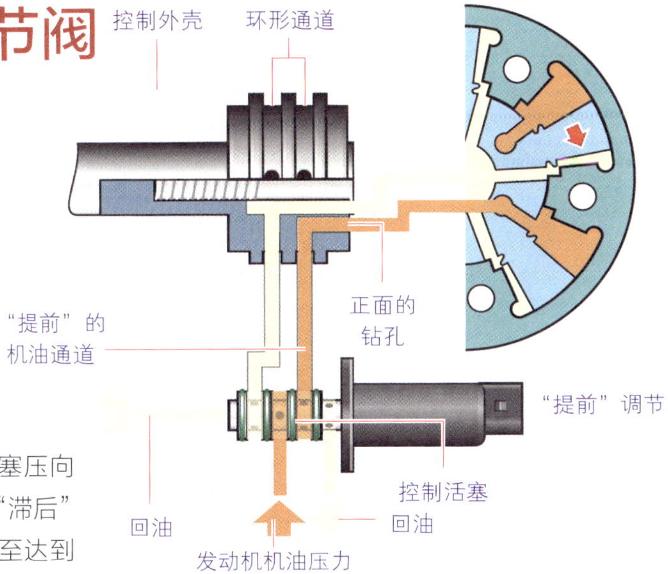

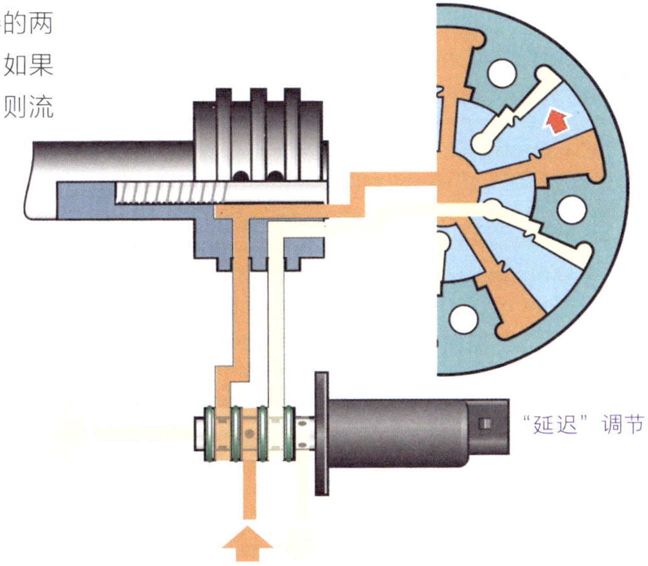

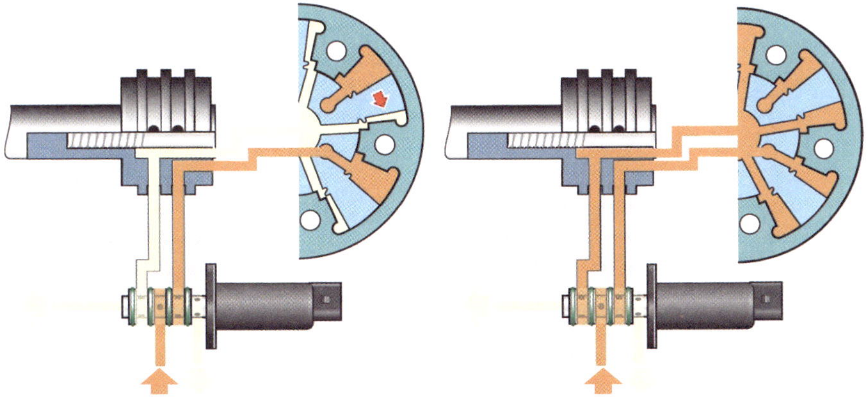

进气凸轮轴正时调节阀工作原理

发动机电控系统—电子气门升程控制阀

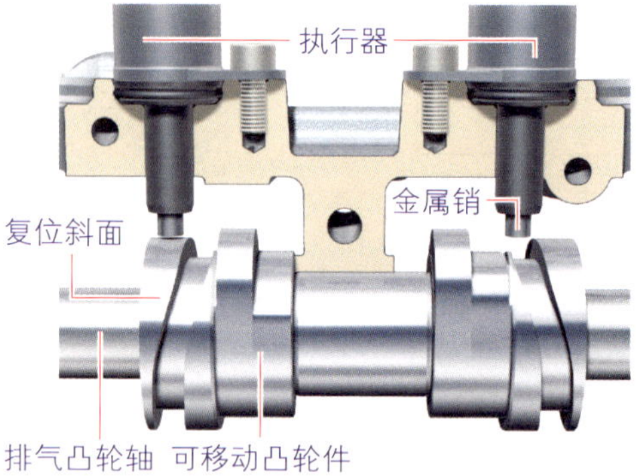

在两个电磁执行器（气缸 1 ~ 4 的排气凸轮执行器 A/B）的辅助下，每个凸轮件在凸轮轴上两个切换位置之间被来回推动。每个气缸的一个执行器切换到更大的气门升程，另一个执行器切换到更小的气门升程，每个执行器都包含一个电磁线圈。金属销通过导管被向下移，在收缩位置和伸展位置，金属销通过一个永磁铁被固定在执行器壳体中的相应位置。

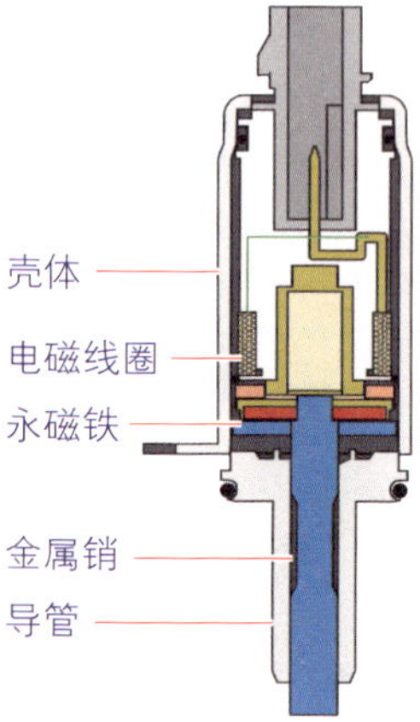

低转速范围调整

为了使这个负载范围内的气体交换性能更佳，发动机管理系统通过凸轮轴调节器将进气凸轮轴提前、将排气凸轮轴延迟。气门升程切换至更小的排气凸轮轮廓，而且右侧执行器移动金属销。它接合滑动槽，并将凸轮件移至小凸轮轮廓。气门现在沿着较小的气门轮廓上下移动。两个小凸轮的位置在某种程度上是交错的，确保气缸两个排气门的开启时间是错开的。这两项措施会导致在废气被从活塞中排到涡轮增压器中时，废气气流的脉动减小，从而可在低转速范围达到较高的增压压力。

高转速范围调整

驾驶员加速，并从部分负载改变为全负载。气缸内的气体交换必须适应更高的性能需求。发动机管理系统通过凸轮轴调节器将进气凸轮轴提前、将排气凸轮轴延迟。为达到最佳的气缸填充性能，排气门需要最大的气门升程。为了实现此目的，左执行器被启动，由左执行器移动其金属销。金属销通过滑动槽将凸轮件移向大凸轮。排气门现在以最大的升程打开和关闭。凸轮件也通过凸轮轴中的弹簧加载式球体被固定在此位置。

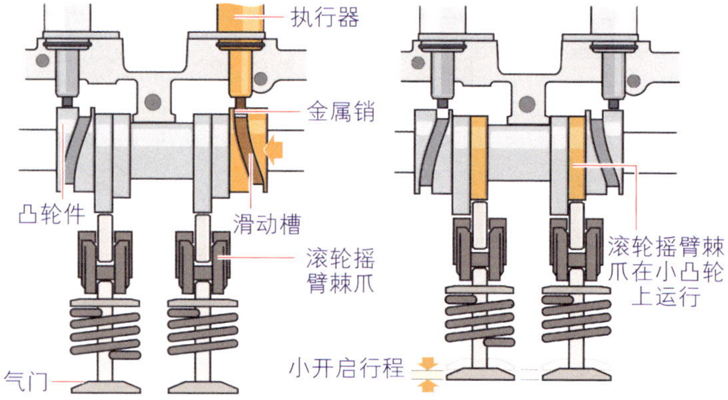

在较低发动机转速范围下的凸轮轴位置

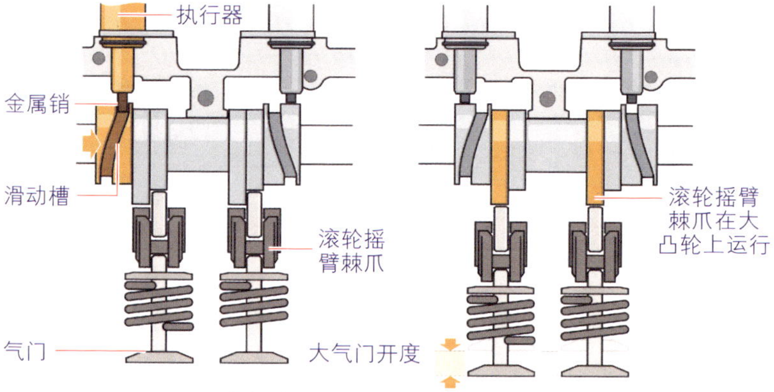

全负载下的凸轮轴位置

发动机电控系统—奥迪气门升程系统（AVS）

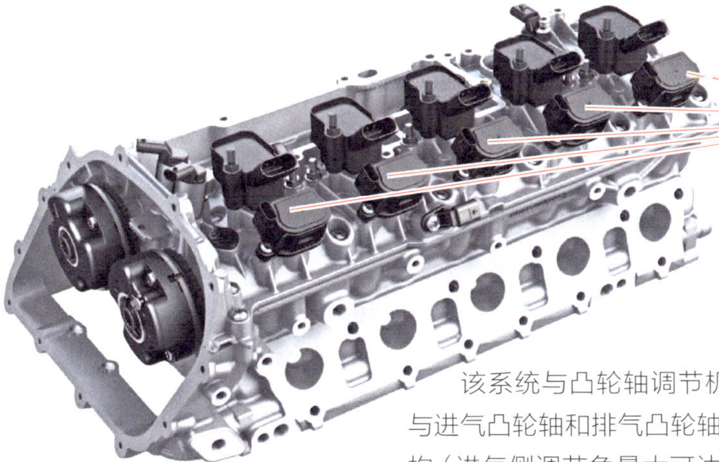

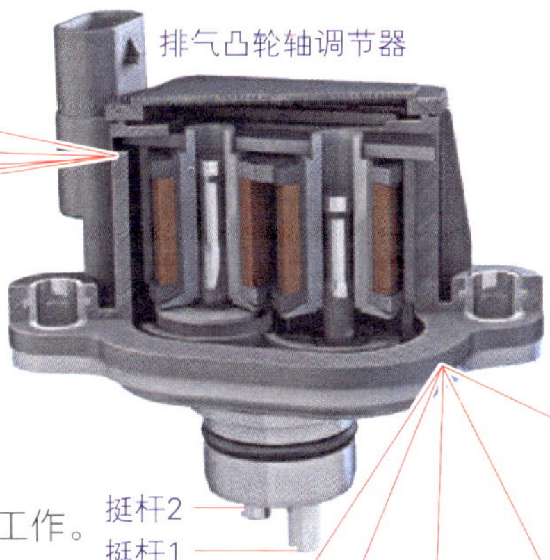

使用气门升程系统能实现如下幅度之间的切换：200° 曲轴角的气门开启持续时长（用于低负荷和部分负荷的节油工况）和 270° 曲轴角的气门开启持续时长（用于全负荷时的快速响应和高功率）。

该系统与凸轮轴调节机构一同工作。与进气凸轮轴和排气凸轮轴的相位调节机构（进气侧调节角最大可达 50° 曲轴角；排气侧调节角最大可达 42° 曲轴角）以及排气侧改变气门开启的持续时长（就是打开的持续时间）一起，可以有效将气缸内残余废气减至非常少。

凸轮块是推到带花键的轴基体上的，用钢球和弹簧来定位。每个凸轮块使用一个双执行器来实施调节，执行器可在两个方向上移动凸轮块。凸轮块中间部分有 Y 形轮廓。

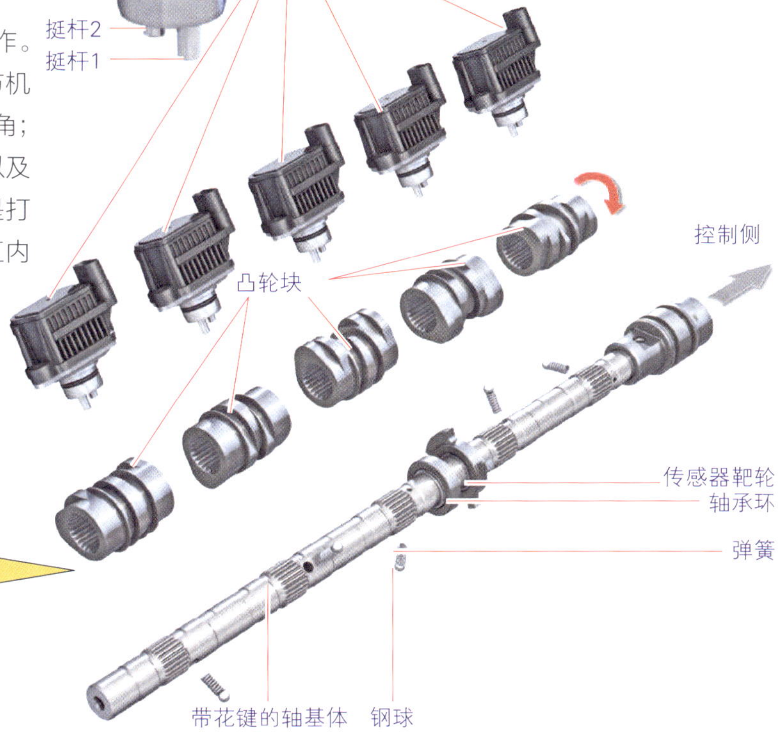

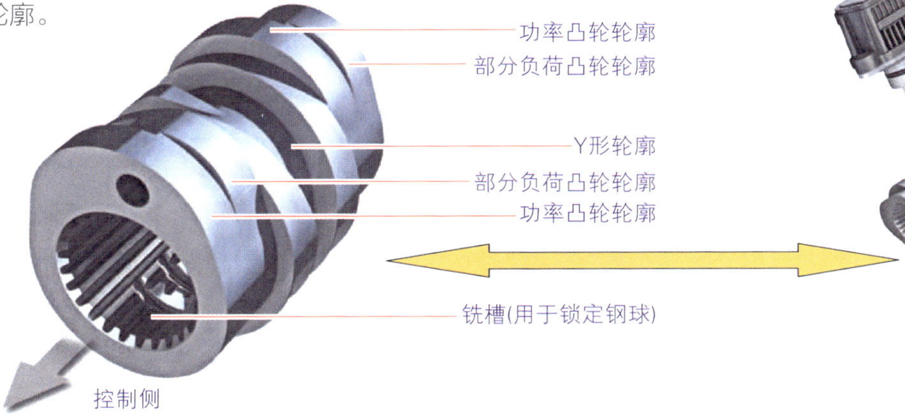

发动机电控系统—奥迪按需停缸技术（COD）

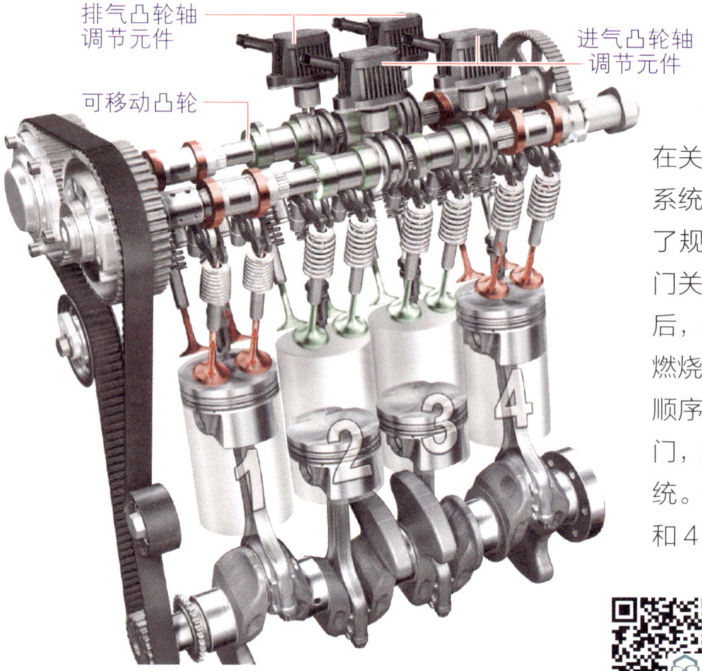

按照点火顺序，总是 2 缸和 3 缸被关闭。在关闭气缸时，其换气阀保持关闭状态，喷射系统和点火系统也一直保持关闭状态。在达到了规定充气程度时，首先是 2 缸和 3 缸排气门关闭，然后是其进气门关闭。完成最后换气后，不会再喷油了，于是新鲜空气就被保留在燃烧室内了。激活 2 缸和 3 缸是与关闭相同的顺序进行的。首先打开排气门，然后打开进气门，这样的话可使困住的新鲜空气进入排气系统。这样导致的废气变稀，会由喷射系统向 1 和 4 缸内喷油来进行补偿。

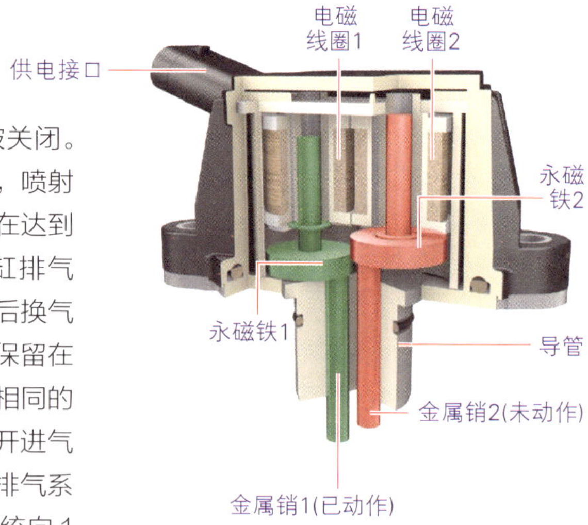

2缸模式

接通相应的凸轮调节元件，其金属销就会沉入可移动凸轮的槽内。于是在凸轮轴继续运转过程中，该凸轮就会在花键上轴向移动并锁定。滚子摇臂这时就在所谓的“零凸轮”上运行了。这个凸轮没有凸起部位（无升程），于是相应的气门也就没有往复直线运动了。被关闭气缸上的所有气门都静止不动。

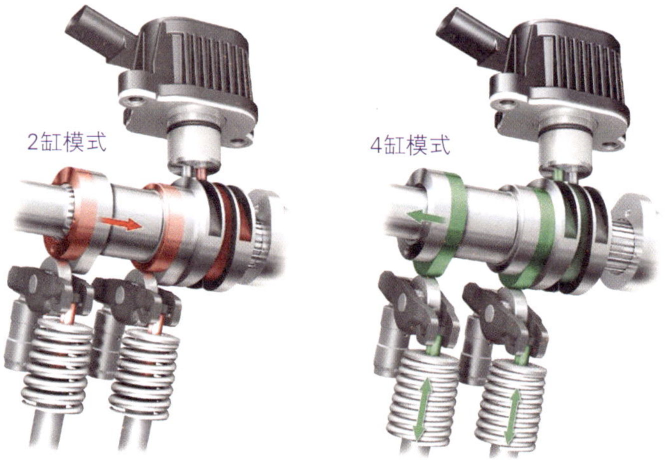

凸轮块被推至零凸轮状态　凸轮块被推回到正常工作状态

发动机电控系统—机油冷却器冷却液切断阀

关闭状态

真空的控制是借助于发动机机油冷却器电磁阀来实现的。发动机控制单元要是给发动机机油冷却器电磁阀通上电，那么冷却液流动就停止了，这时真空就作用到冷却液切断阀的膜片上了。带有拉杆的膜片被向上拉（逆着弹簧力），拉杆的机械运动就使得旋转滑阀关闭，于是去往发动机机油冷却器的液流就中断了。

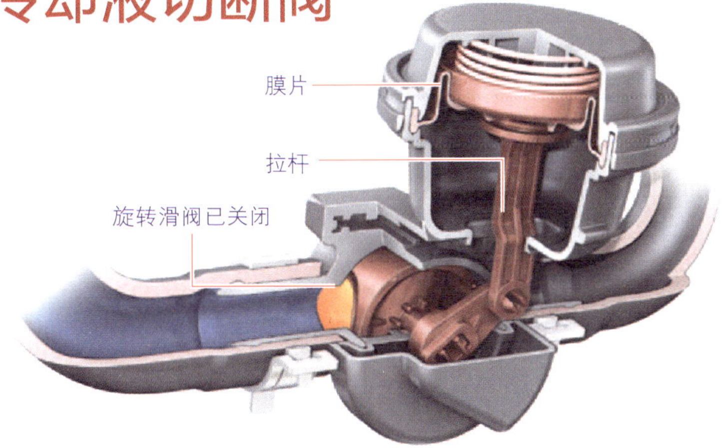

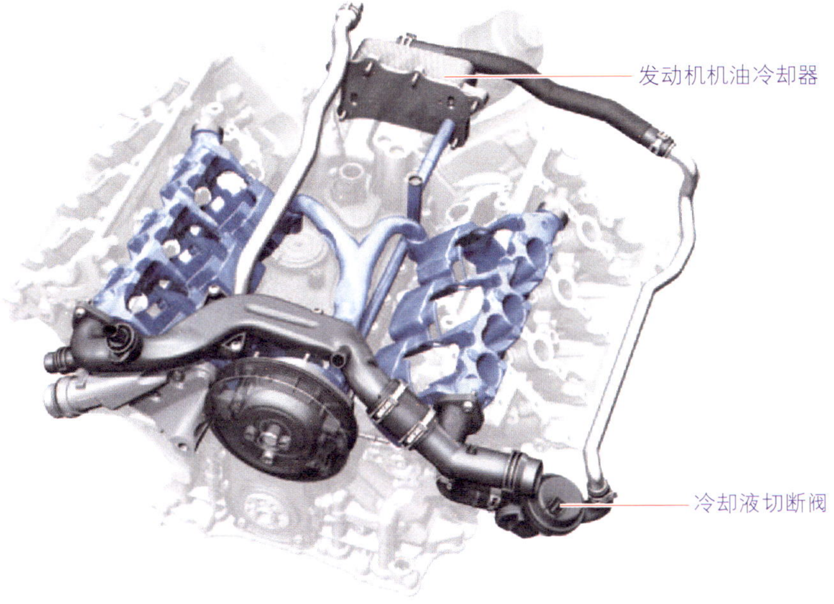

打开状态

要想让这个液流流动起来，必须切断真空供给。发动机机油冷却器电磁阀不再通电了，这时冷却液切断阀就敞开了，冷却液就能向发动机机油冷却器流动了。

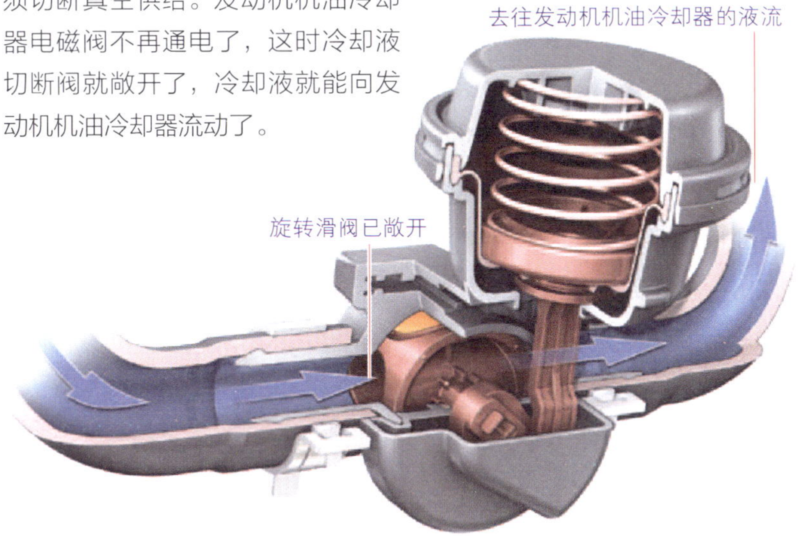

发动机机油冷却器可以根据需要来让冷却液流过。流过机油冷却器的冷却液可以通过冷却液切断阀来控制，该阀的敞开和关闭是借助于弹簧力和真空来实现的。

发动机电控系统—特性曲线节温器

冷却液温度会影响耗油量、功率、混合气形成质量、污染物排放量以及部件的机械负荷。优化这些参数时不允许在不同转速和负荷条件下温度值固定不变，而是要求针对不同运行情况达到相应的温度范围。通过采用特性曲线式节温器有助于达到最佳温度。

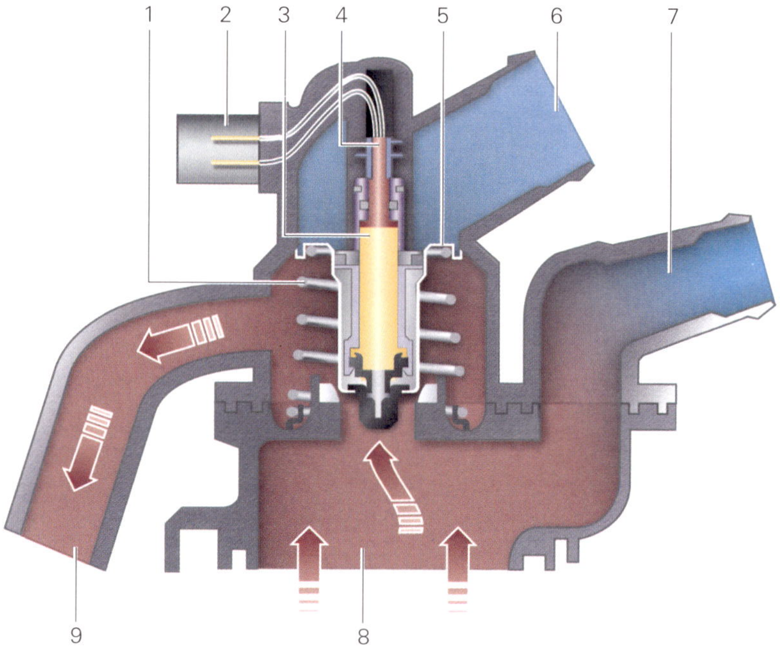

1—弹簧；2—插头；3—蜡制元件；4—加热电阻；5—节温器板；6—散热器回流管路；7—散热器供给管路；8—气缸盖供给管路；9—冷却液泵回流管路

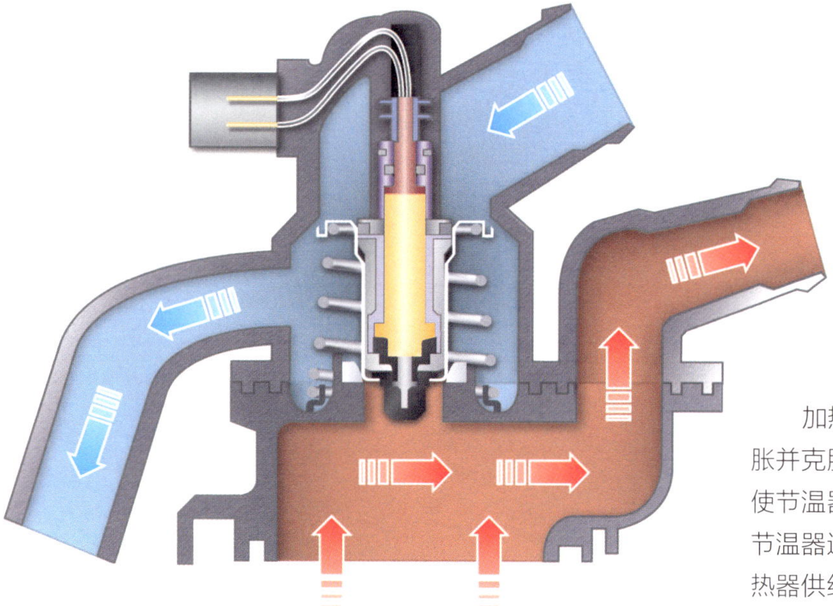

加热电阻安装在节温器的蜡制元件内。DME 为加热电阻供电时，蜡制元件膨胀并克服弹簧的弹簧力封住气缸盖供给管路的入口。弹簧负责在蜡制元件冷却后使节温器返回静止位置。发动机处于冷态时，冷却循环回路由气缸盖供给管路经节温器连至冷却液泵。发动机处于热态时，冷却循环回路由气缸盖供给管路经散热器供给管路通过散热器，再经散热器回流管路，通过节温器板的开启横截面连接冷却液泵回流管路。

发动机电控系统—进气控制阀

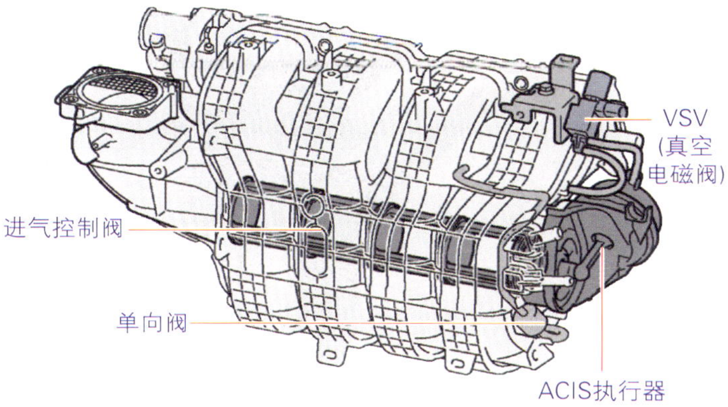

采用由 ACIS 执行器、进气控制阀、ACIS 的 VSV 和真空罐组成的 ACIS（声控进气系统），以提高发动机性能。

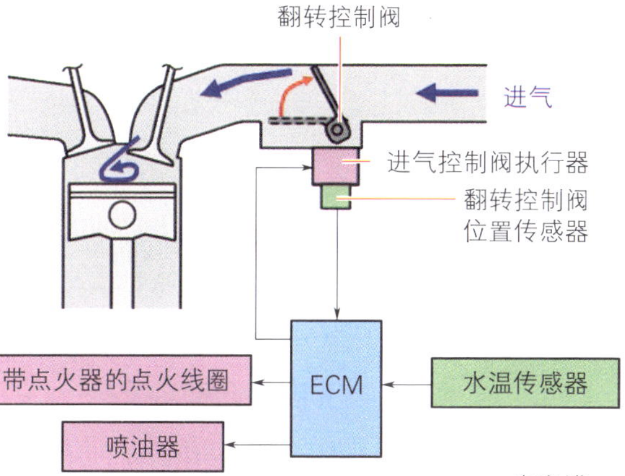

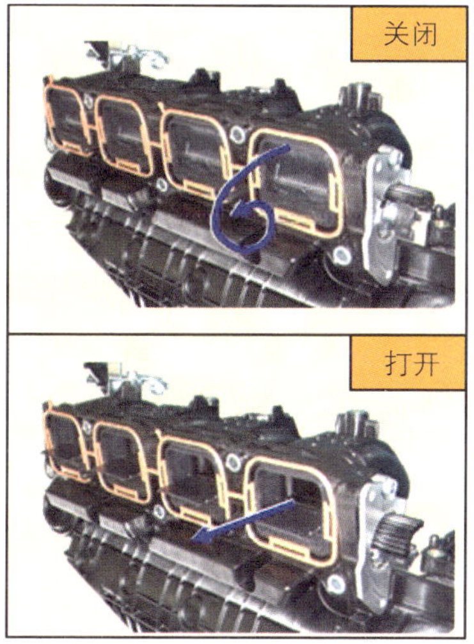

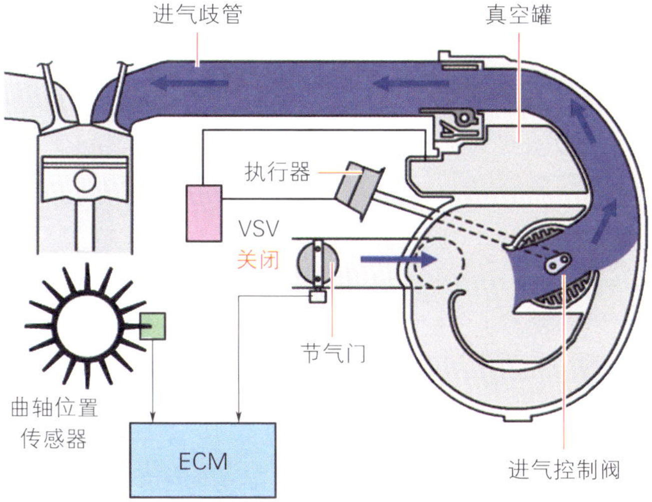

进气控制阀打开时，进气歧管的有效长度变短，以增大低速至高速范围时的输出功率。

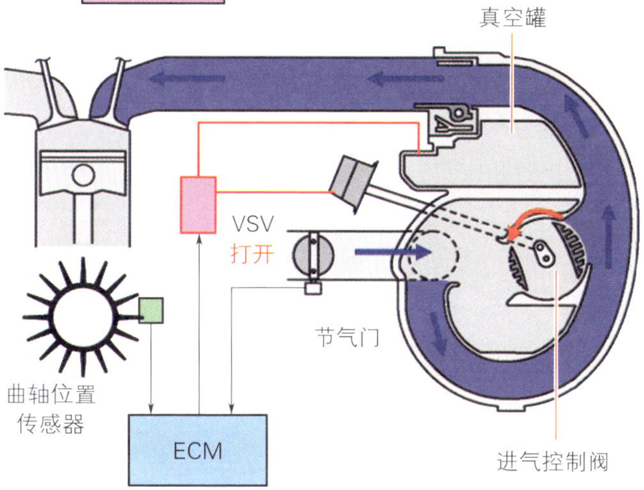

进气控制阀关闭时，进气歧管的有效长度变长，以增大中速范围时的输出功率。

内置于进气歧管的翻转控制阀（TCV）用于改善发动机冷机运行时的废气排放。使用霍尔集成电路的翻转控制阀位置传感器内置于翻转控制阀的进气控制阀执行器。非接触型翻转控制阀位置传感器将磁通量密度变化转变为电信号。当发动机冷态时，ECM 控制进气控制阀执行器关闭翻转控制阀，从而形成强烈的翻滚气流。

发动机电控系统—高压喷射阀

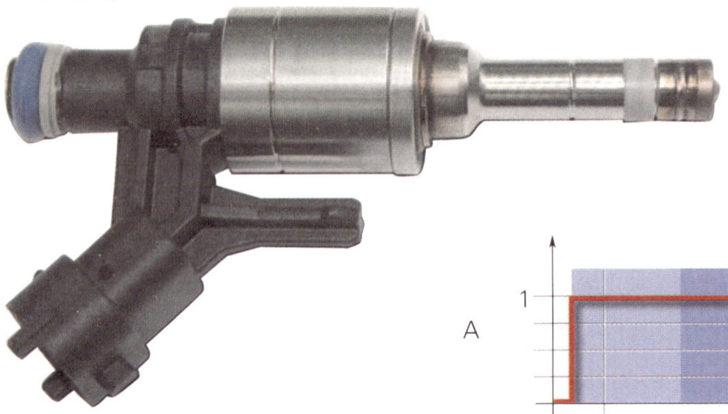

A—数字信号；B—电流；C—喷嘴针行程；D—喷射量；E—喷射持续时间；1—预磁化阶段；2—启动电流阶段；3—保持电流阶段；4—喷射阀打开阶段；5—喷射阀关闭阶段

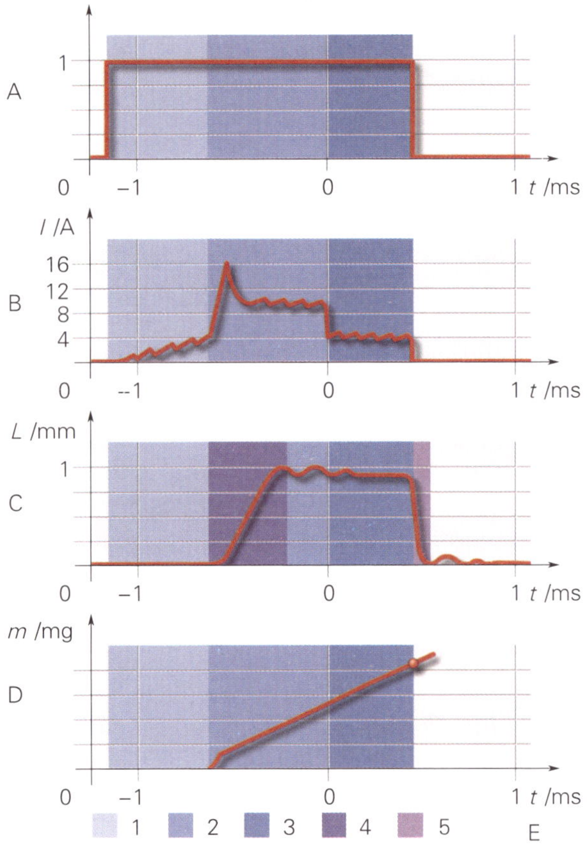

高压喷射阀固定在气缸侧面并伸入燃烧室内。每个高压喷射阀都通过各自的输出级由 DME 进行控制，同时根据运行状况（发动机转速、负荷和温度）调节相应气缸的点火时刻。由于必须在极短时间内喷射燃烧所需的燃油量，因此需要达到较高压力。当电流经过线圈时，线圈产生磁场。因此带有衔铁的喷嘴针克服弹簧的弹簧力向阀座内升起，形成喷射阀喷油孔。由于共轨压力与燃烧室压力存在压力差，因此此时将燃油压入燃烧室内。切断电流时，喷嘴针在弹簧力的作用下压入阀座内，切断燃油。喷射阀迅速打开，确保在开启期间开启横截面保持不变并克服共轨压力关闭。喷射的燃油量取决于共轨压力、燃烧室内的背压以及喷射阀开启时间。

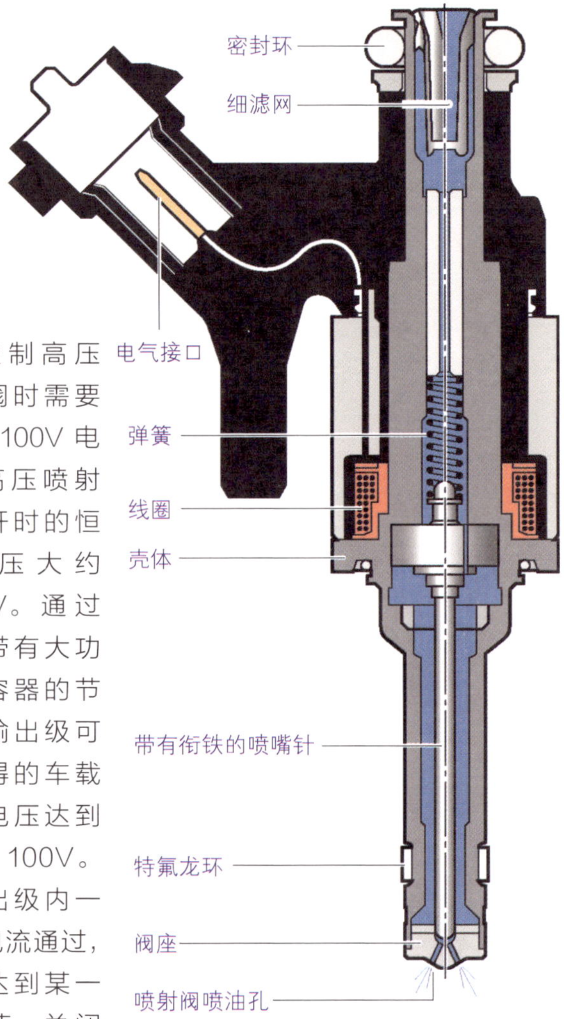

控制高压喷射阀时需要大约 100V 电压。高压喷射阀打开时的恒定电压大约为 80V。通过采用带有大功率电容器的节拍式输出级可使获得的车载网络电压达到 85 ~ 100V。在输出级内一直有电流通过，直至达到某一关闭值。关闭后会产生一个感应电压，例如 85V。随后这个电压施加在大功率电容器（升压器）上。电容器电流为高压喷射阀提供 2.8 ~ 16A 的供电。

发动机电控系统—主动控制机座（ACM）

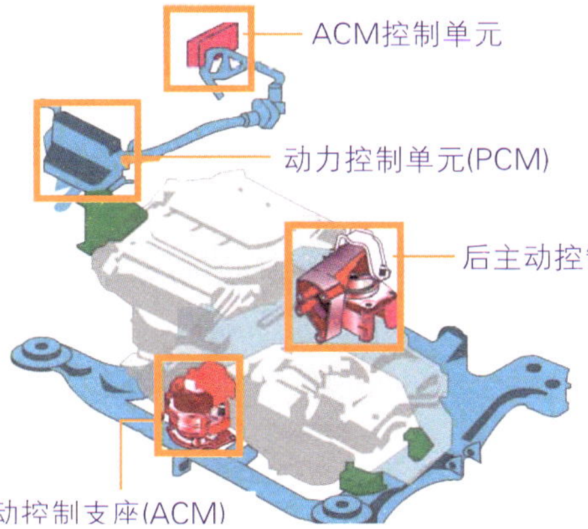

主动控制支座是一个充液式发动机支座，由一个上密封液体室和一个下线性电磁阀驱动室组成。它由 ACM 单元控制，驱动电磁阀能使向密封液体加压和减压的柱塞移动。通过向与发动机振动相反的相位执行该程序，以最小化被传送到车身的发动机振动。

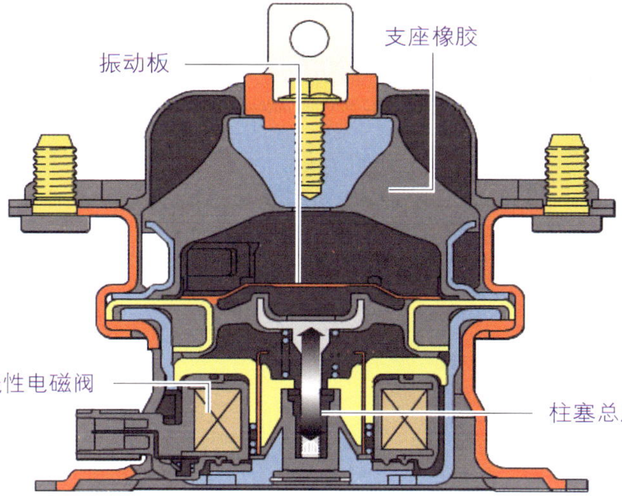

作动步骤1

ACM 单元使用曲轴和凸轮轴位置传感器来消除气缸怠速时的发动机振动。

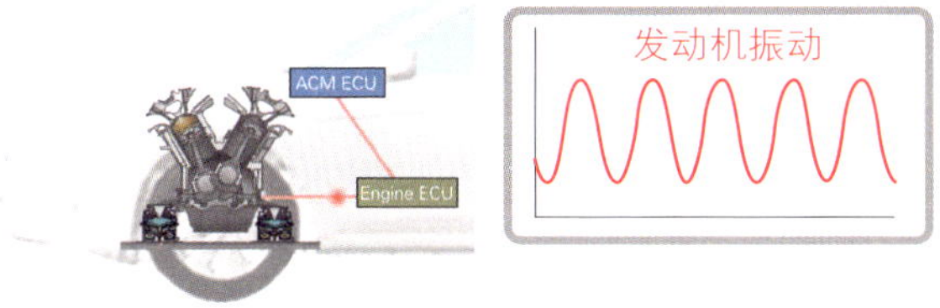

作动步骤2

ACM 单元发送一个信号至主动控制支座。

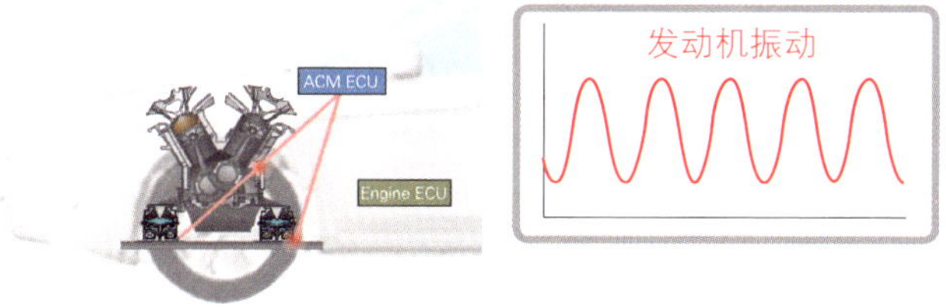

作动步骤3

该信号指令支座推拉发动机，以消除振动。

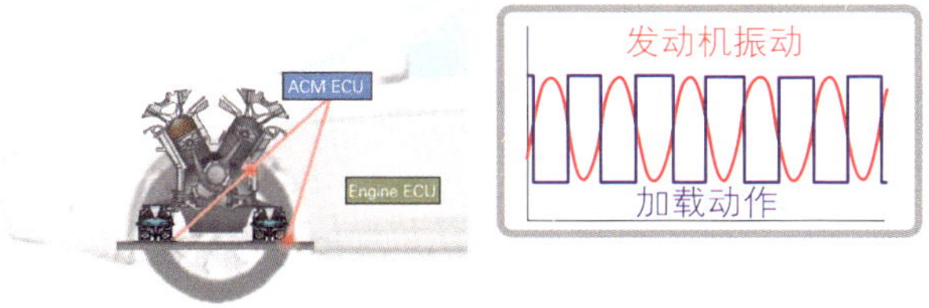

主动控制发动机支座（ACM）通过上推和下拉发动机来消除发动机振动。ACM 系统包括前、后主动控制支座和一个乘客厢内的 ACM 控制单元。在正常情况和气缸怠速模式下，ACM 都运行，以减少发动机振动。当气缸怠速启动时，ACM 的工作情况改变，以补偿增加的发动机振动。主动控制支座由以下部件组成：一个控制支座内油液流动的柱塞总成；一个阻碍油液流动的振动板；一个操作柱塞总成的线性电磁阀。

商用车用发动机—发动机本体

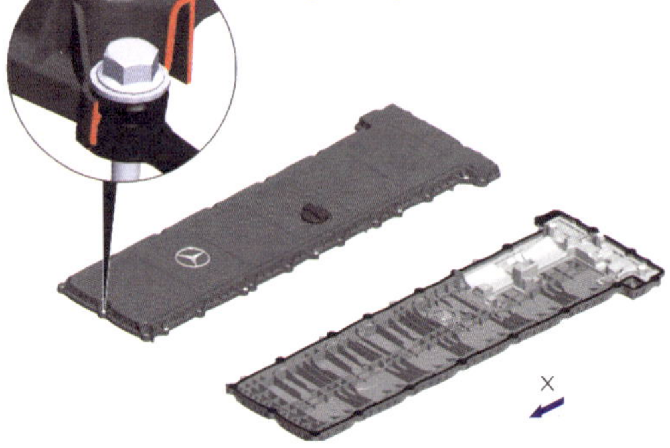

气缸盖罩

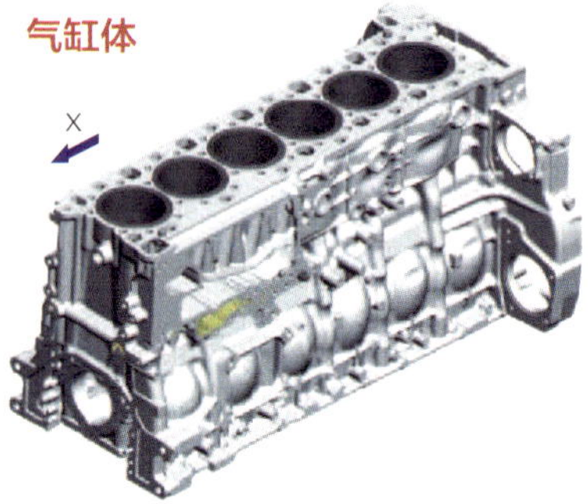

气缸体

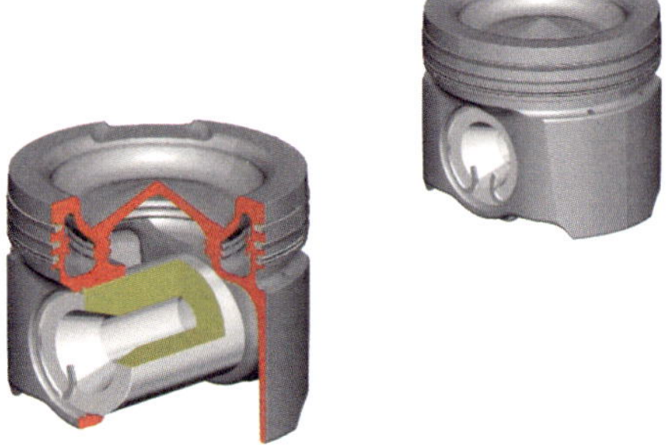

活塞

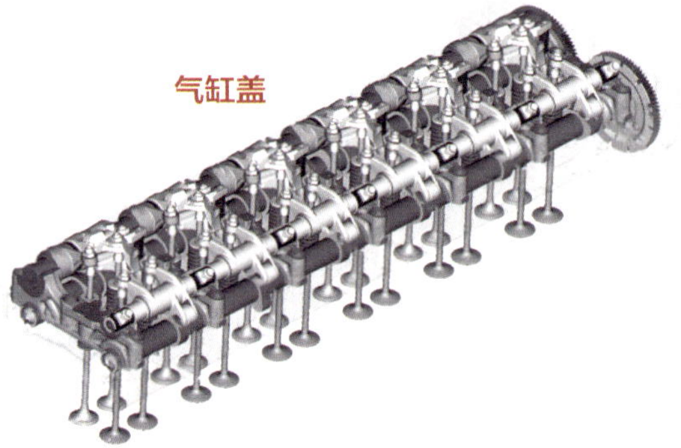

气缸盖

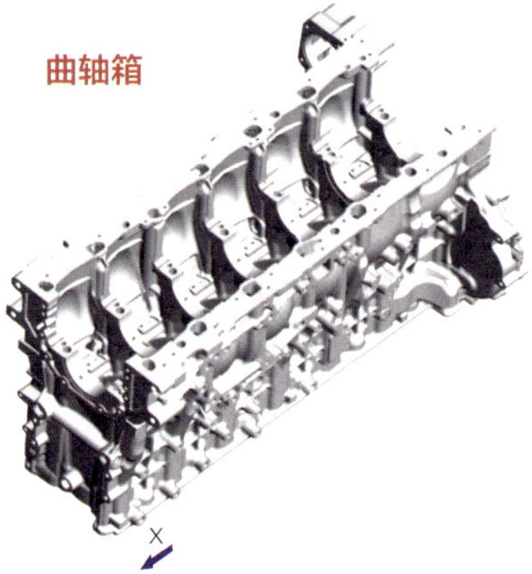

曲轴箱

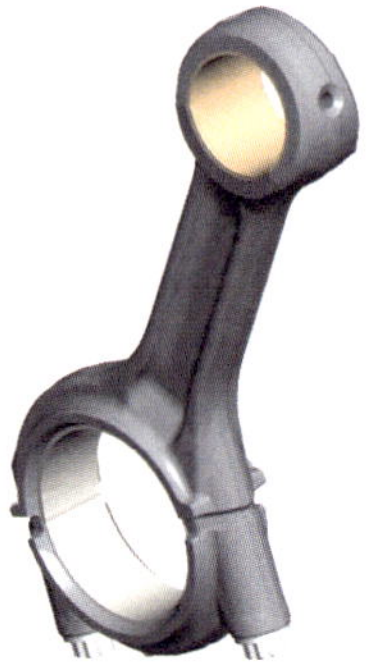

连杆

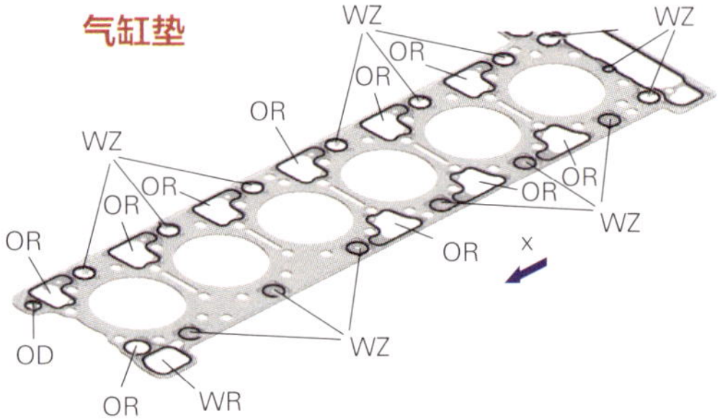

气缸垫

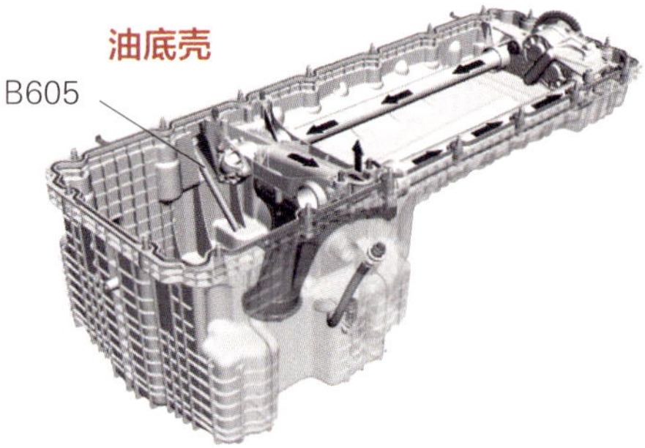

油底壳

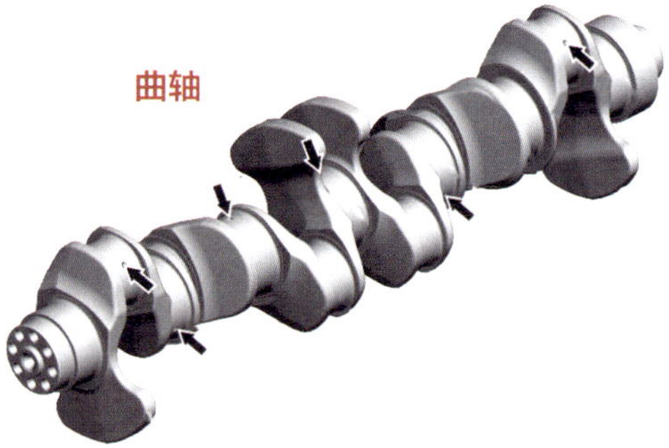

曲轴

商用车用发动机—发动机正时机构

单个主总成和部件的驱动力在空间上传递至以下平面：平面 A，平面 B，平面 C。第 1 个平面 A 包含曲轴 1 的齿轮，机油泵 2 的齿轮和双重中间齿轮 3。平面 A 的齿轮是倾斜传动的。第 2 个平面 B 包含中间齿轮 5，压缩机 4 的齿轮以及高压燃油泵 7 和双重中间齿轮 8。平面 B 的齿轮是直线传动的。第 3 个平面 C 包含中间齿轮 9、排气凸轮轴 10 的齿轮和进气凸轮轴 11 的齿轮。平面 C 的齿轮是直线传动的。通过曲轴 1 的齿轮驱动平面 A 的齿轮，即机油泵 2 的齿轮和双重中间齿轮 3。通过双重中间齿轮 3，驱动平面 B 的齿轮，即压缩机 4 的齿轮和中间齿轮 5。通过中间齿轮 5 驱动高压燃油泵 7 的齿轮和双重中间齿轮 8。双重中间齿轮 8 驱动平面 C，即中间齿轮 9，并通过中间齿轮 9 驱动排气凸轮轴 10 的齿轮和进气凸轮轴 11 的齿轮。通过高压燃油泵 7 的驱动器驱动动力转向泵 6。

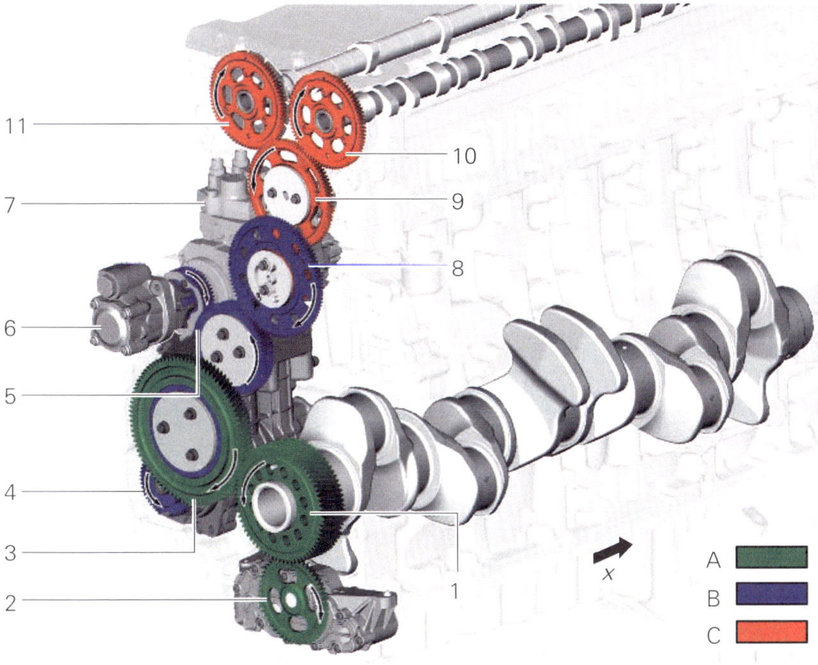

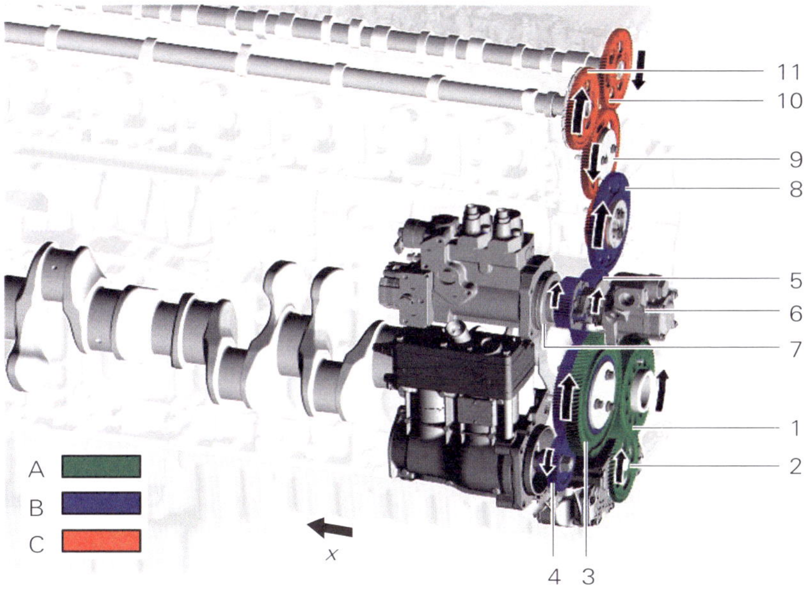

1—曲轴；2—机油泵；3—双重中间齿轮；4—压缩机；5—中间齿轮；6—动力转向泵；7—燃油系统高压泵；8—双重中间齿轮；9—中间齿轮；10—排气凸轮轴；11—进气凸轮轴；A—第 1 个平面；B—第 2 个平面；C—第 3 个平面；x—与动力输出端侧相反

商用车用发动机—发动机传动机构

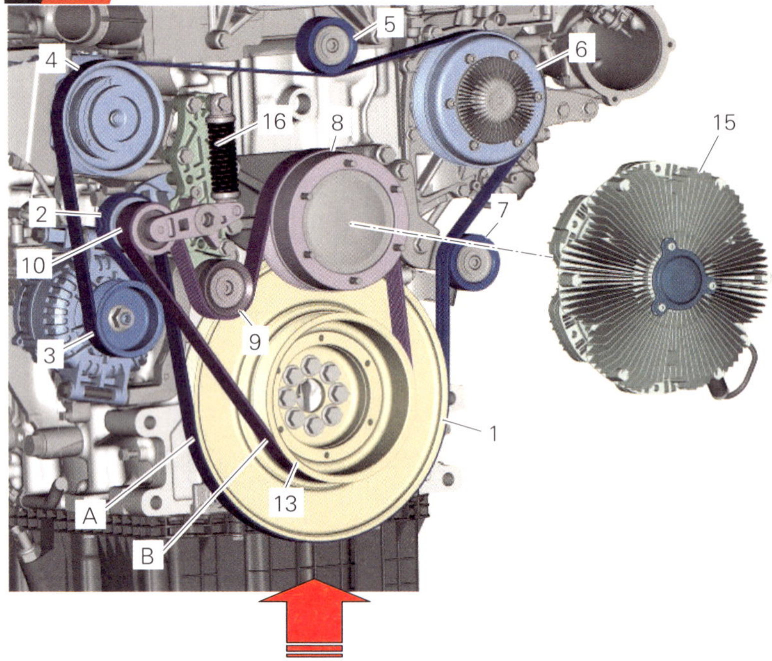

双带驱动（风扇升高）

1—带轮（减振器上）；2—V型带（A）的张紧轮（串联夹紧装置上）；3—带轮（发电机）；4—带轮（空调压缩机）；5—导轮；6—带轮（冷却液泵）；7—导轮；8—导轮；9—导轮（串联夹紧装置上）；10—V型带（B）的张紧轮（串联夹紧装置上）；13—带轮（风扇）；15—风扇离合器；16—串联夹紧装置；A—V型带（基本带驱动）；B—V型带（风扇）

如果未安装制冷剂压缩机，会安装用于替代带轮4的带轮。对于双带驱动的情况，风扇离合器15安装在导轮8上。该导轮位于曲轴轴线上方的支架上，在此情况下，为升高的风扇。V型带A促动制冷剂压缩机，冷却液泵和发电机。V型带B促动风扇，风扇离合器刚性接合时，曲轴转速和风扇转速的传动比为 i=1.2。

三带驱动（风扇位于曲轴上）

1—带轮（减振器上）；2—V型带（A）的张紧轮（串联夹紧装置上）；3—带轮（发电机）；4—带轮（空调压缩机）；5—导轮；6—带轮（冷却液泵）；7—导轮；8—导轮；9—导轮（串联夹紧装置上）；10—V型带（B）的张紧轮（串联夹紧装置上）；11—驱动盘（风扇）；12—V型带C的夹紧装置（风扇）；13—带轮（风扇）；14—驱动盘（风扇）；15—风扇离合器；16—串联夹紧装置；A—V型带（基本带驱动）；B—V型带（风扇）；C—V型带（风扇）

如果未安装制冷剂压缩机，会安装用于替代带轮4的带轮。对于三带驱动的情况，风扇离合器15安装在驱动盘14上。该驱动盘位于带轮1的枢轴上，而风扇位于曲轴轴线上。V型带A促动制冷剂压缩机，冷却液泵和发电机。V型带B和C一起促动风扇。V型带B促动导轮8，该导轮位于带驱动盘11的轴上。因此，V型带C通过驱动盘11促动，由此又促动曲轴轴线上的驱动盘14。风扇离合器刚性接合时，此处曲轴转速和风扇转速的传动比也为 i=1.2。

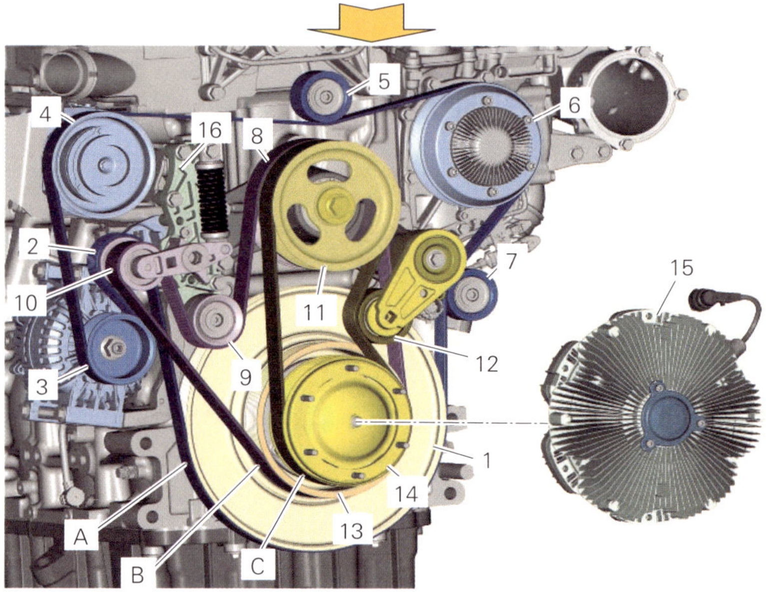

商用车用发动机—发动机排气制动

发动机制动系统就是所谓的减压制动器系统。压缩冲程开始后不久，随着活塞按上止点方向向上移动，相应气缸的两个排气门之一开启很短的时间。因此，废气由于上部压力从排气歧管流回气缸中，结果压缩压力增加，使向上移动的活塞在压缩冲程中被制动。在压缩冲程结束前不久，排气门开启很短的时间。此时降低了部分压缩压力。因此，在下一个工作周期中，在下止点方向上活塞的加速度会慢一些。

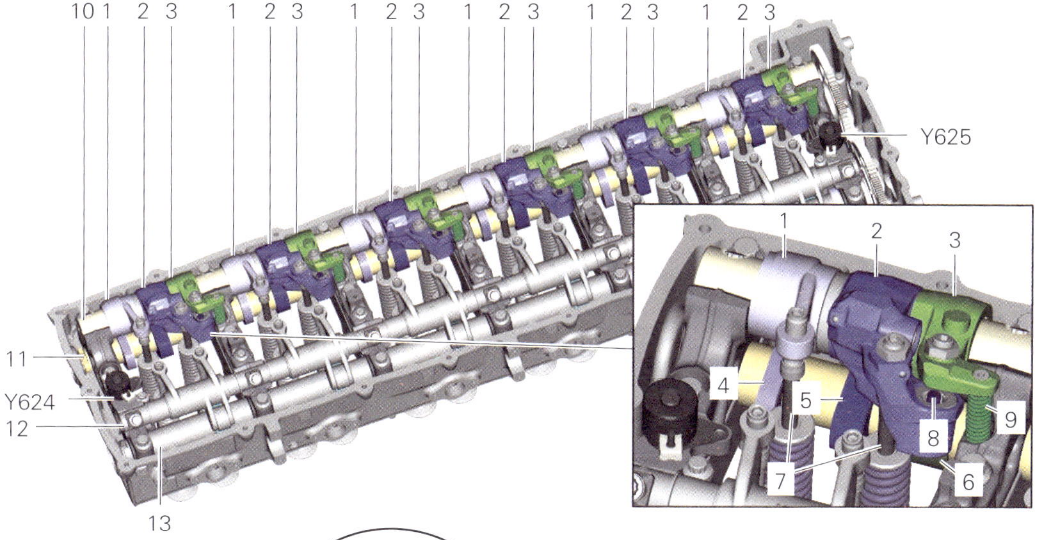

1—排气摇臂；2—带液压元件的排气气门摇臂；3—制动器气门摇臂；4—排气凸轮；5—排气凸轮；6—制动凸轮；7—排气门；8—活塞；9—弹簧；10—排气摇臂轴；11—排气凸轮轴；12—进气摇臂轴；13—进气凸轮轴；14—气缸1至3的油槽；15—4号至6号气缸的油槽；16—止回阀；Y624—第1级发动机制动器电磁阀；Y625—第2级发动机制动器电磁阀

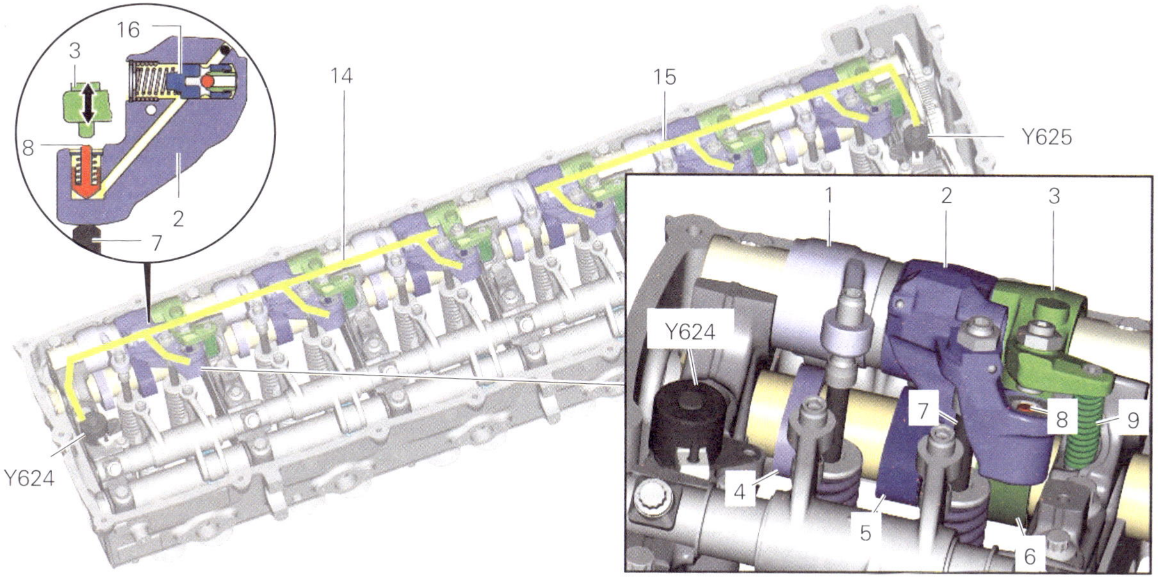

在正常驾驶模式下，如果发动机制动器未启用，则不促动第1级发动机制动器电磁阀（Y624）和第2级发动机制动器电磁阀（Y625）。在这种情况下，发动机机油回路中的油压无法经排气摇臂轴的油槽传递至带液压元件的排气气门摇臂。出现的油压导致弹簧将该处的活塞压入至其下部止动位。相应的制动器气门摇臂确实移到了相应的制动凸轮上，但是由于与活塞之间缺少摩擦连接而不起作用。因此两个排气门根据工作循环的循环数，均如常开启或关闭。

商用车用发动机—高压共轨部件图

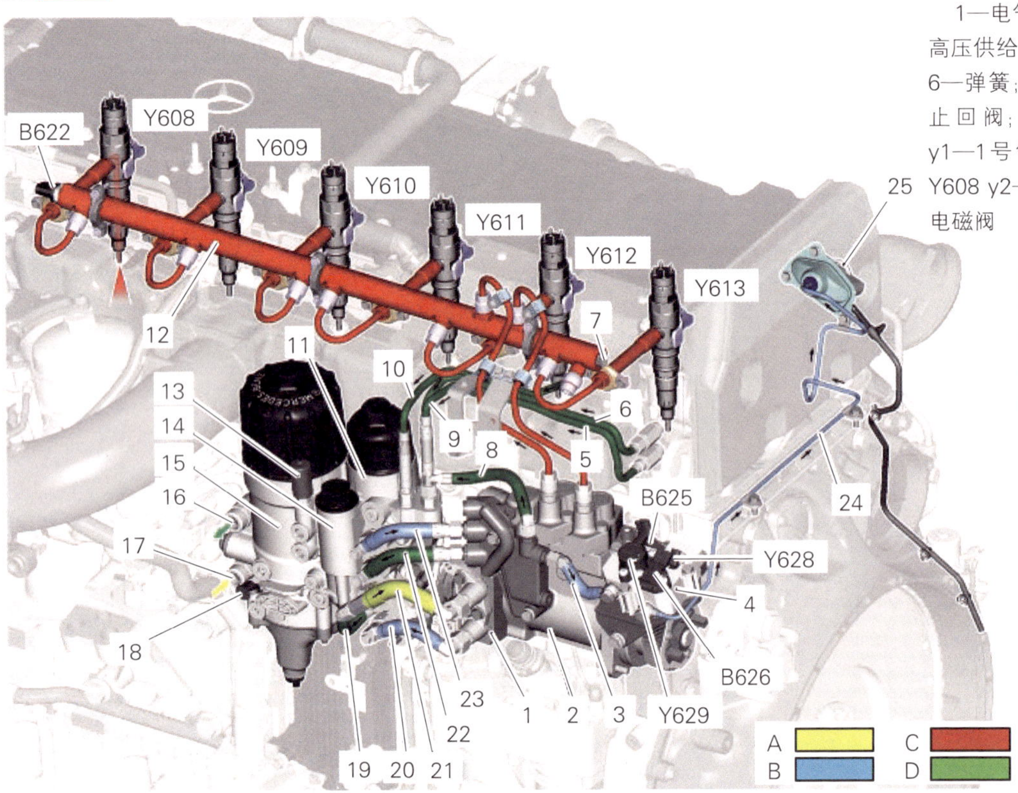

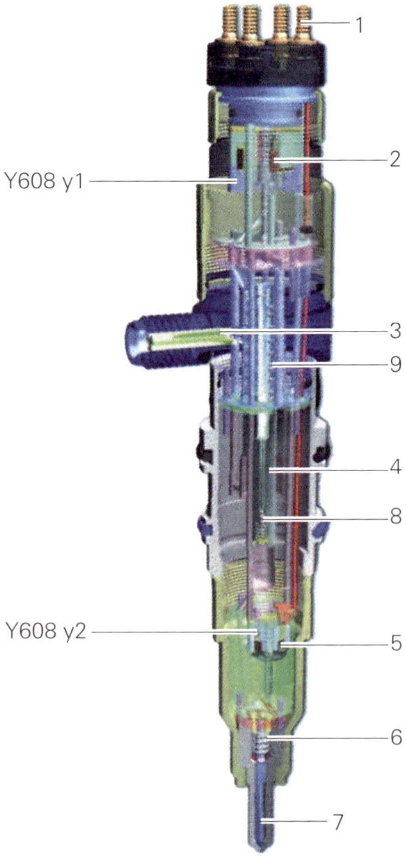

1—电气连接器；2—线圈；3—高压供给；4—增压器；5—线圈；6—弹簧；7—喷油嘴针阀；8—止回阀；9—回缩弹簧；Y608 y1—1号气缸的增压器电磁阀；Y608 y2—1号气缸喷油嘴针阀电磁阀

1—燃油泵（FP）；2—燃油系统高压泵；3—从燃油系统高压泵到柴油燃料计量装置的燃油供油管路；4—柴油燃料计量装置［用于柴油微粒滤清器（DPF）的再生］；5—喷油嘴针阀的燃油回油管路；6—增压器的燃油回油管路；7—限压阀；8—来自柴油燃料计量装置燃料供给压力准备凸缘的燃油回油管路；9，10—来自限压阀的燃油回油管；11—燃油滤清器；12—油轨；13—手动供给泵；14—燃油粗滤器；15—油水分离器；16—燃油回油中的切断阀（锁止在打开位置）；17—燃油供油中的切断阀（锁止在打开位置）；18—加注阀；19—从燃油冷却器到燃油滤清器模块的燃油回油管路；20—从燃油泵到燃油滤清器模块的燃油供油管路；21—从燃油滤清器模块到燃油泵的燃油供油管路；22—来自2级阀的燃油回油管；23—从燃油滤清器模块到高压燃油泵的燃油供油管；24—从柴油燃料计量装置到柴油微粒滤清器（DPF）再生喷嘴装置中喷油嘴的燃油供油管；25—喷油嘴［用于柴油微粒滤清器（DPF）的再生］；B622—油轨压力传感器；B625—燃油压力传感器（出口）；B626—燃油压力传感器（入口）；Y608—1号气缸喷油器；Y609—2号气缸喷油器；Y610—3号气缸喷油器；Y611—4号气缸喷油器；Y612—5号气缸喷油器；Y613—6号气缸喷油器；Y628—燃油计量阀；Y629—燃油切断阀；A—燃油供油（进油侧）；B—燃油供油（推力侧）；C—燃油高压；D—回油

商用车用发动机—高压共轨信号图

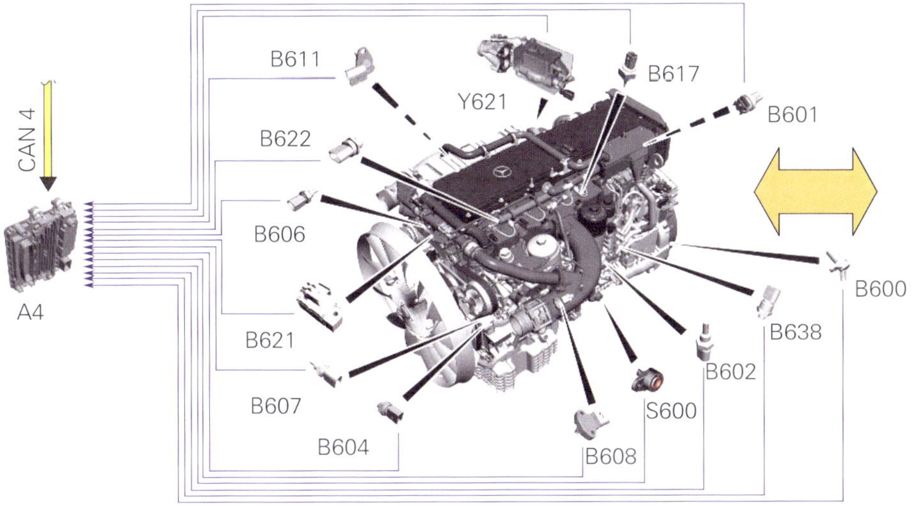

输入信号

A4—发动机管理系统（MCM）控制单元；B600—曲轴位置传感器；B601—凸轮轴位置传感器；B602—燃油温度传感器；B604—机油压力传感器；B606—废气冷却液温度传感器；B607—冷却液进口温度传感器；B608—增压空气管中的增压空气压力和温度传感器；B611—空气滤清器下游的温度传感器B［仅适用于欧VI版发动机/代码（M5Z）］；B617—连接增压空气温度传感器到增压空气外壳；B621—废气再循环（AGR）压差传感器；B622—油轨压力传感器；B638—燃油滤清器模块压力传感器；CAN 4—传动系统控制器区域网络（CAN）；S600—发动机启动和发动机停止按钮；Y621—废气再循环调节器

输出信号

A4—发动机管理系统（MCM）控制单元；CAN4—传动系统控制器区域网络（CAN）；Y608—1号气缸的喷油器；Y609—2号气缸的喷油器；Y610—3号气缸的喷油器；Y611—4号气缸的喷油器；Y612—5号气缸的喷油器；Y613—6号气缸的喷油器；Y621—废气再循环调节器；Y624—第1级发动机制动器电磁阀；Y625—第2级发动机制动器电磁阀；Y642—油量控制阀

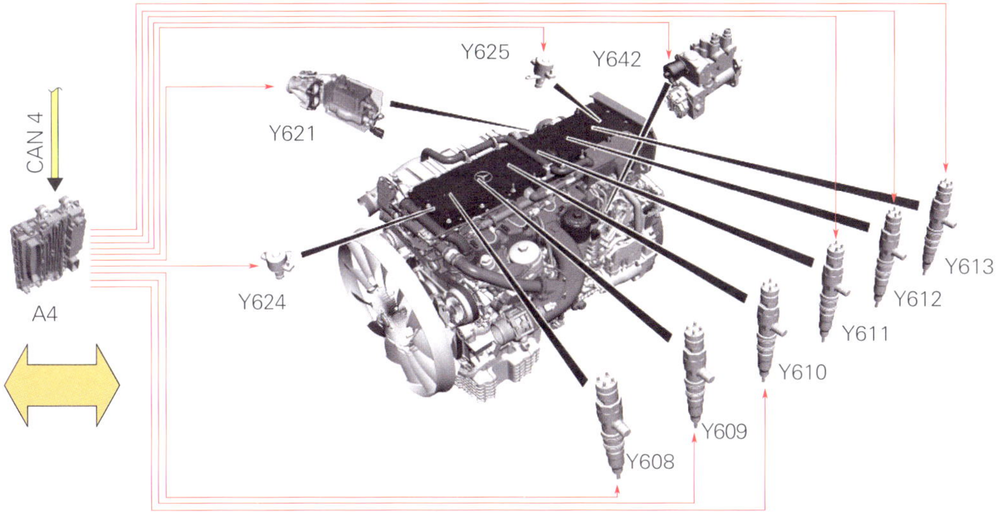

商用车用发动机—高压共轨原理图

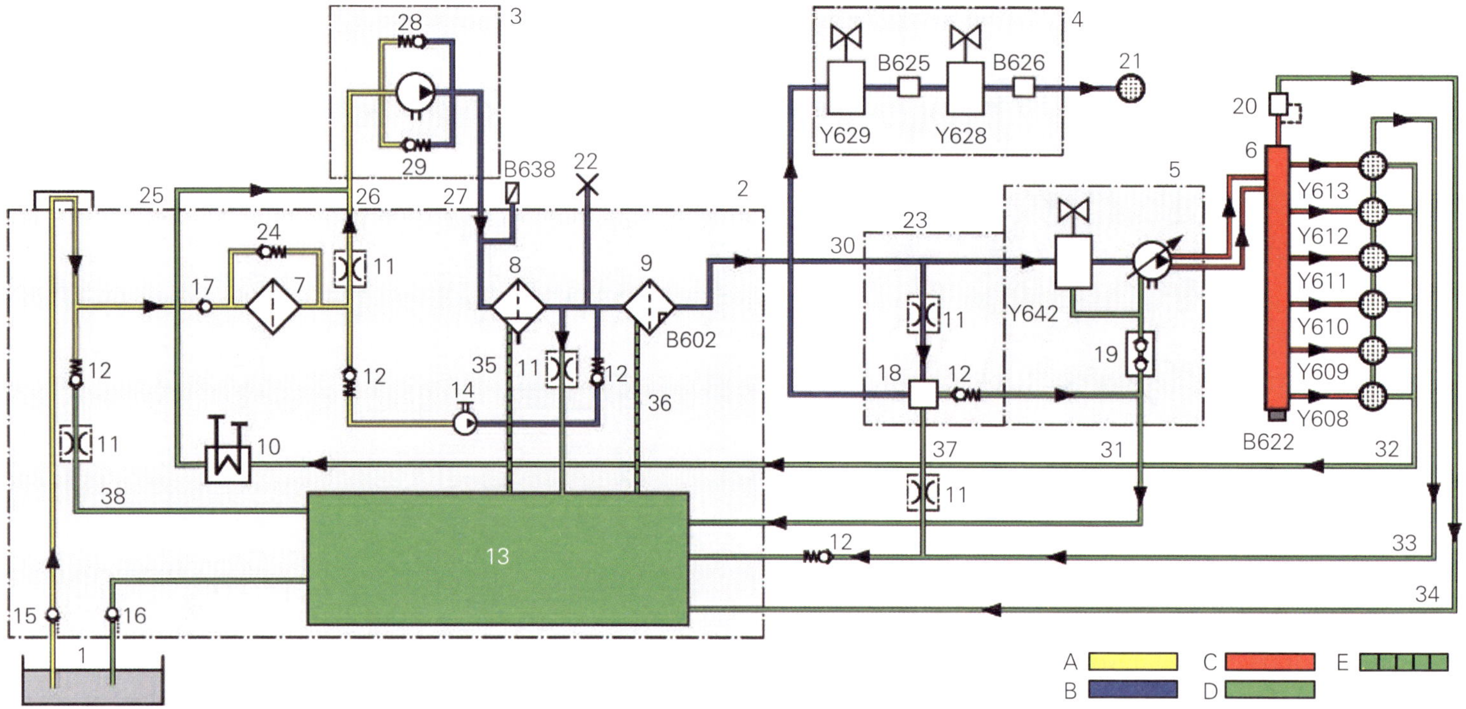

1—燃油箱；2—燃油滤清器模块；3—燃油泵（FP）；4—柴油燃料计量装置1[用于柴油微粒滤清器（DPF）的再生]；5—燃油系统高压泵；6—油轨；7—燃油粗滤器；8—油水分离器；9—燃油滤清器；10—燃油冷却器；11—限制器；12—止回阀；13—集油室；14—手动供给泵；15—燃油供油中的切断阀（锁止在打开位置）；16—燃油回油中的切断阀（锁止在打开位置）；17—切断阀（采用人造橡胶球形设计，可在发动机停止时防止进油道排空）；18—柴油燃料计量装置的缓冲量[用于柴油微粒滤清器（DPF）再生]；19—2级阀；20—限压阀；21—喷油嘴[用于柴油微粒滤清器（DPF）的再生]；22—加注阀；23—柴油燃料计量装置燃料供给压力准备凸缘；24—旁通阀；25—从燃油冷却器到燃油滤清器模块的燃油回油管路；26—从燃油滤清器模块到燃油泵的燃油供油管路；27—从燃油泵到燃油滤清器模块的燃油供油管路；28—限压阀；29—旁通阀；30—从燃油滤清器模块到燃油系统高压泵的燃油供给管路；31—来自2级阀的燃油回流管路；32—增压器回油管路；33—喷油嘴阀门回油管；34—来自压力限制阀门的燃油回油管路；35—排气管（来自水分离器）；36—排气管（来自燃油滤清器）；37—来自用于柴油计量装置燃料供应的蓄压法兰的燃油回油管路（发动机版本欧Ⅵ）；38—燃油回流旁路；A4—发动机管理系统（MCM）控制单元；B602F—燃油温度传感器；B622—油轨压力传感器；B625—燃油压力传感器（出口）；B626—燃油压力传感器（入口）；B638—燃油滤清器模块压力传感器；Y608—1号缸喷油器；Y609—2号缸喷油器；Y610—3号缸喷油器；Y611—4号缸喷油器；Y612—5号缸喷油器；Y613—6号缸喷油器；Y628—燃油计量阀；Y629—燃油切断阀；Y642—油量控制阀；A—进气侧燃油供给；B—推力侧燃油供给；C—高燃油压力；D—燃油回流；E—通风

商用车用发动机—单体泵结构

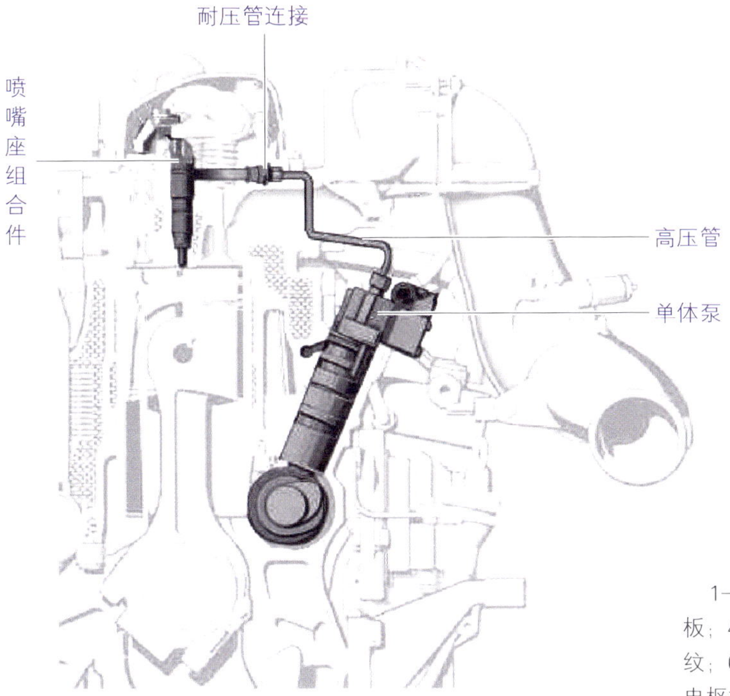

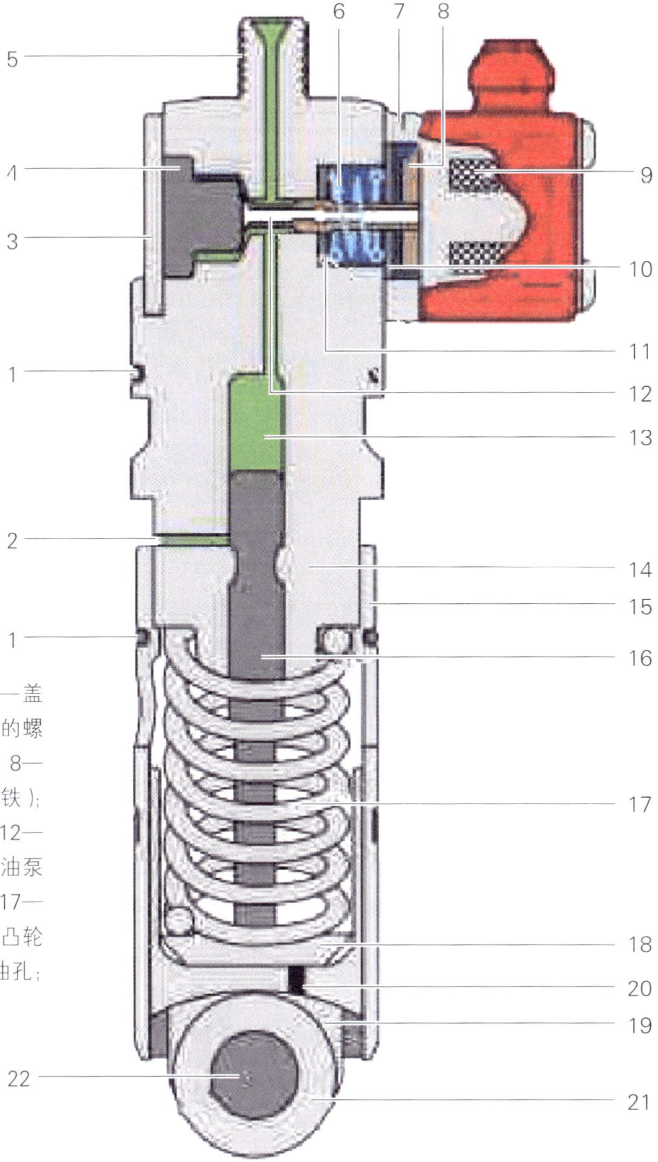

1—O形环；2—渗漏钻孔；3—盖板；4—阀门挡块；5—接头螺帽的螺纹；6—气门弹簧；7—中间板；8—电枢板；9—单体泵螺线管（电磁铁）；10—气门弹簧座；11—弹簧盖；12—浮子针阀；13—高压室；14—输油泵外壳；15—套筒；16—活塞副；17—凸轮挺杆弹簧；18—弹簧挡板（凸轮挺杆）；19—凸轮挺杆；20—机油孔；21—滚子；22—凸轮挺杆销

泵－管路－喷嘴系统（PLD）的燃油高压供给由各单体泵来完成，每个气缸配备一个单体泵。单体泵由凸轮轴的凸轮挺杆驱动，并通过短的高压管和耐压连接件与喷嘴座组合件中的喷油嘴相连。每个单体泵包括一个用于调节喷射开始和控制喷油量的快动电磁阀。电磁阀由发动机控制（MR）的控制单元促动，发动机运转时，此控制单元即根据发动机工况计算供油开始及供油量。

商用车用发动机—单体泵原理

1—喷油嘴；2—高压管；3—耐压管连接；4—喷嘴座组合件；5—活塞副；6—供油通道；7—电磁阀；8—高压室；9—导流室；10—回流通道；11—螺线管；12—电枢板；13—浮子针阀；B—燃油供给；C—燃油高压；D—燃油回流

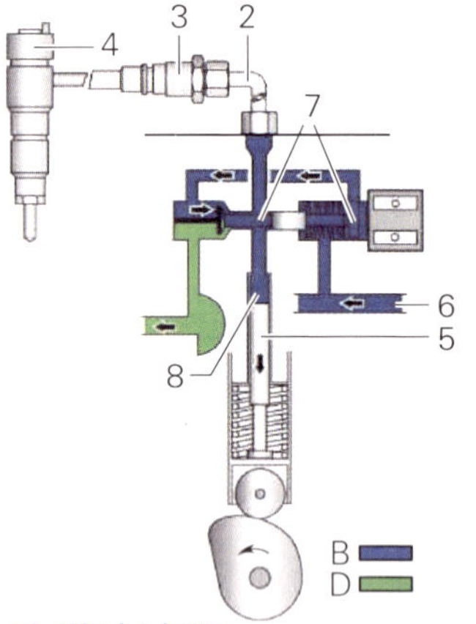

吸入冲程

凸轮超过顶点且活塞副 5 在复位弹簧的作用力下向下移动时，吸入冲程开始。由于燃油低压回路中持续存在 2.0 ~ 6.5bar 的燃油过压，因此高压室 8 经供油通道 6 和打开的电磁阀 7 注入燃油。因此，充有燃油的高压室 8 中的压力与燃油低压回路中的压力相等。

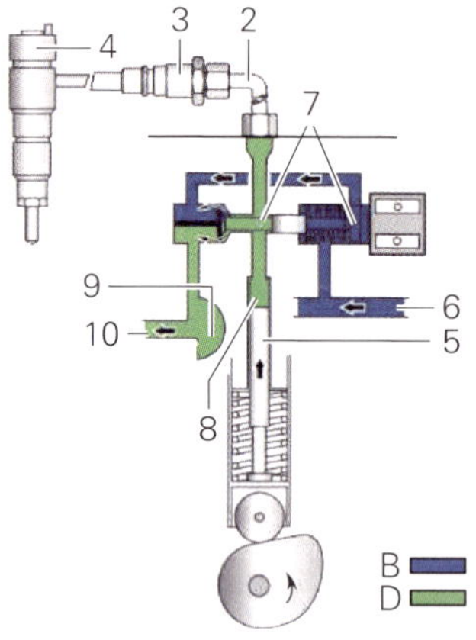

预冲程

吸入冲程完成后，活塞副 5 继续保持在下停止位置，且单体泵的凸轮挺杆从单体泵凸轮的基圆上脱离。仅当凸轮轴继续转动且活塞副 5 由于单体泵凸轮升高而开始向上移动时，预冲程才开始。活塞副 5 的向上运动和仍处于打开状态（断电）的电磁阀 7 将高压室 8 中的燃油首先压入导流控制室 9，然后再压入回流通道 10。

供油冲程

预冲程结束，发动机控制（MR）单元一促动单体泵中的螺线管 11，即开始供油冲程。螺线管 11 利用浮子针阀 13 促动支承板 12，然后，浮子针阀锁止高压室 8 与回流通道 10 之间的连接。如果电磁阀 7 关闭，则高压室 8 中的燃油会因活塞副 5 的向上移动而压缩（供油开始）。随着活塞副 5 继续向上移动，高压室 8 以及高压管 2、耐压管连接 3 和喷油嘴 1 中的压力也进一步增加。压力约为 330bar 时，喷油嘴 1 开启，燃油被喷入燃烧室中（喷射开始）。喷射过程中，燃油压力可升至 1800bar。活塞副 5 一向上移动且电磁阀 7 关闭，单体泵即处于供油冲程。电磁阀 7 的保持时间决定了供油量和（或）喷油量。

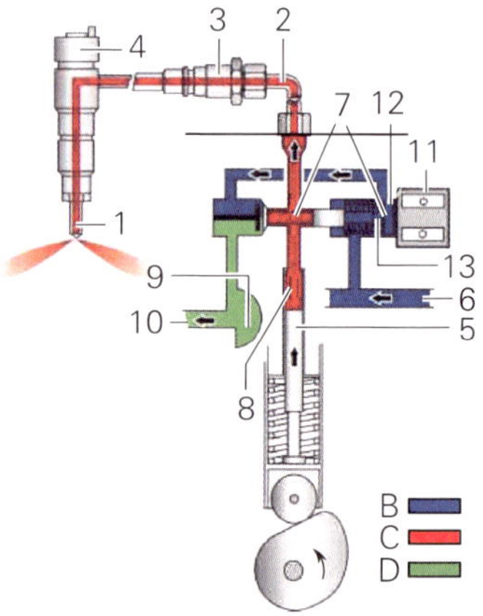

剩余冲程

如果螺线管 11 的促动停止，则电磁阀弹簧的浮子针阀 13 被推回至其关闭停止的启动位置。电磁阀 7 以及高压室 8 与回流通道 10 之间的连接打开。因此，高压室 8 及喷油嘴 1 中的燃油压力急剧下降。喷油嘴 1 关闭，喷射过程结束（供油结束）。在单体泵凸轮到达最高点时，由活塞副 5 输送的剩余燃油通过导流室 9 和回流通道 10 再次输送至燃油低压回路。在剩余冲程中，对于单体泵的最高压力，导流室 9 作为膨胀室是必需的，这可防止回流通道 10 影响邻近单体泵的压力情况。

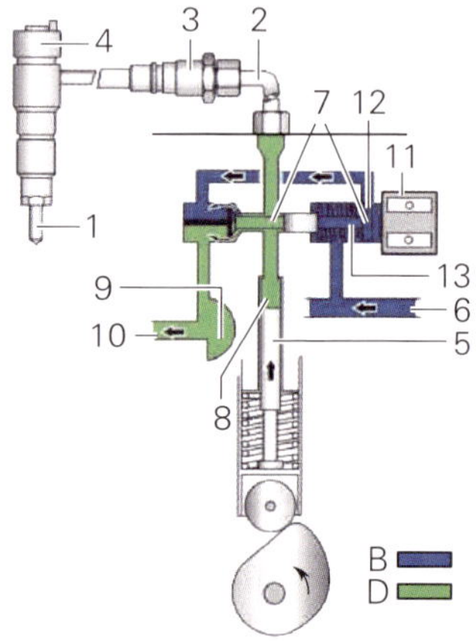

商用车用发动机—润滑系统

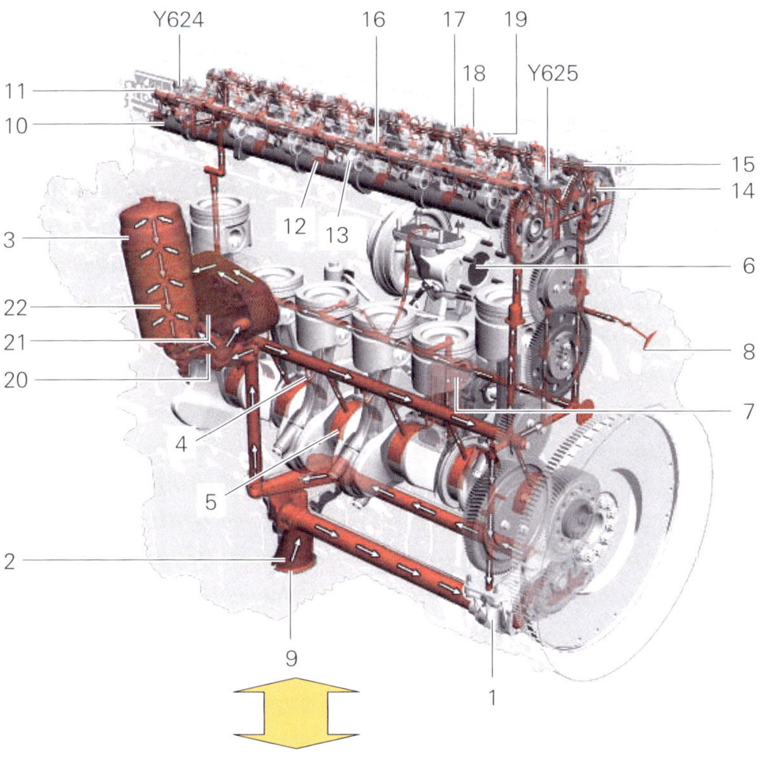

1—机油泵；2—进油歧管；3—机油/冷却液模块；4—喷油嘴；5—曲轴轴承润滑点；6—涡轮增压器；7—曲轴箱通风系统油分离器；8—取力器润滑点；9—机油滤网；10—进气凸轮轴；11—进气气门摇臂轴；12—进气凸轮轴轴承润滑点；13—进气气门摇臂；14—排气凸轮轴；15—排气摇臂轴；16—排气凸轮轴轴承润滑点；17—排气气门摇臂；18—带液压元件的排气气门摇臂；19—制动器气门摇臂；20—机油节温器；21—热交换器；22—机油滤清器；Y624—第1级发动机制动器电磁阀；Y625—第2级发动机制动器电磁阀

1—机油泵；3—机油/冷却液模块；4—喷油嘴；5—曲轴轴承润滑点；6—涡轮增压器；7—曲轴箱通风系统机油分离器；8—取力器润滑点；9—压缩机润滑点；10—进气凸轮轴；11—进气气门摇臂轴；12—进气凸轮轴轴承润滑点；13 进气气门摇臂；14—排气凸轮轴；15—排气摇臂轴；16—排气凸轮轴轴承润滑点；17—排气气门摇臂；18—带液压元件的排气气门摇臂；19—制动器气门摇臂；20—中间齿轮润滑点（凸轮轴）；21—双惰齿轮润滑点（用于下一挡位）；22—中间齿轮润滑点（取力器）；23—中间齿轮润滑点（高压燃油泵取力器）；24—双惰齿轮润滑点（压缩机，用于下一挡位）；25—曲轴箱回流；26—气缸盖回流；27—凸轮轴外壳回流管；28—调压阀；29—安全阀；30—机油滤网；31—机油节温器；32—热交换器；33—机油滤清器；34—止回阀；B604—油压传感器；Y624—第1级发动机制动器电磁阀；Y625—第2级发动机制动器电磁阀；A—凸轮轴外壳；B—气缸盖；C—曲轴箱；D—油底壳；E—齿轮传动装置；F—发动机油

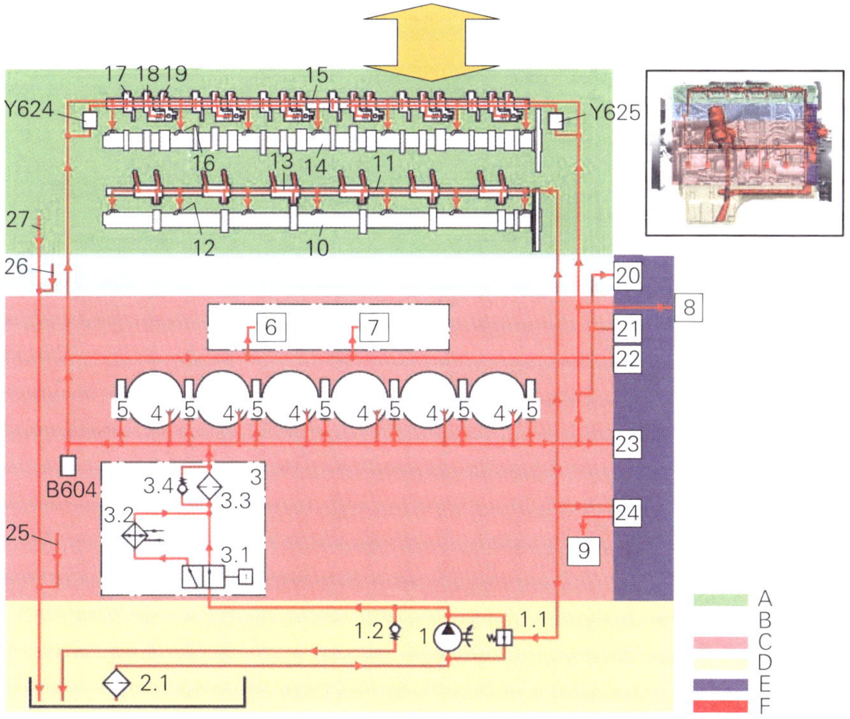

商用车用发动机—冷却系统

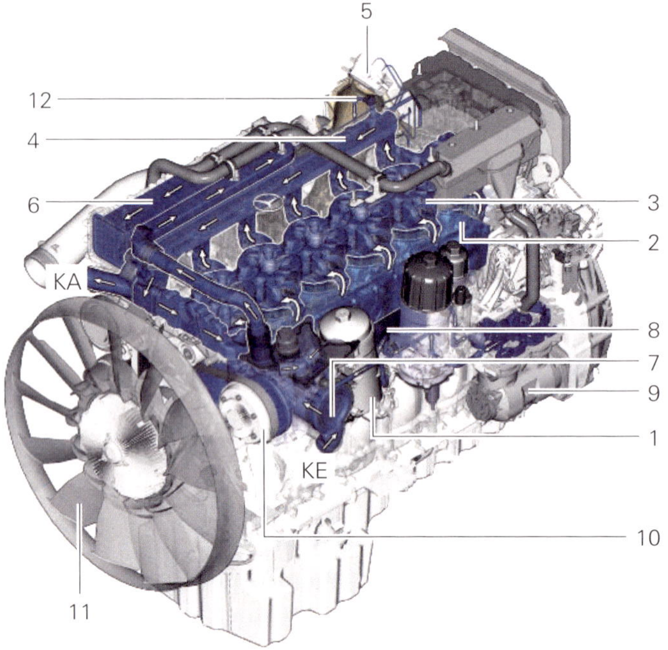

1—机油/冷却液模块；2—气缸套；3—气缸盖；4—冷却液歧管；5—喷嘴装置（用于柴油微粒滤清器（DPF）的再生）（仅适用于欧VI标准版发动机）；6—废气再循环冷却器；7—冷却液节温器；8—燃油冷却器；9—压缩机；10—冷却液泵；11—风扇；12—AdBlue®加热器冷却液供给；KA—至冷却器的冷却液出口；KE—自冷却器的冷却液进口

1—机油/冷却液模块；1.1—冷却液节温器；1.2—冷却液泵；1.3—热交换器（机油－水）；2—气缸衬套；3.1—下部冷却液液位；3.2—上部冷却液液位；4—冷却液歧管；5—喷嘴装置（用于柴油微粒滤清器的再生）（仅适用于欧VI B标准版发动机）；6—废气再循环冷却器；7—限制器；8—燃油冷却器；9—压缩机；10—冷却液膨胀箱；11—散热器；12—风扇；13—AdBlue®加热器冷却液供给；14—AdBlue®加热器冷却液回流；15—缓速器的冷却液供给管（仅适用于二级液力缓速器）；16—缓速器的冷却液回流管（仅适用于二级液力缓速器）；17—缓速器的冷却液回流通风装置（仅适用于二级液力缓速器）；B47—冷却液液位开关；B87—冷却液压力调节传感器（仅适用于二级液力缓速器）；B606—废气冷却液温度传感器；B607—冷却液进口温度传感器；B640—冷却液泵转速传感器（仅适用于可调式冷却液泵）；Y53—冷却液压力调节电磁阀（仅适用于二级液力缓速器）；Y621—废气再循环调节器；Y627—AdBlue®加热器冷却液电磁阀；Y631—冷却液泵电磁阀（仅适用于可调式冷却液泵）；B—气缸盖；C—曲轴箱；NV—压缩空气供给电气附件

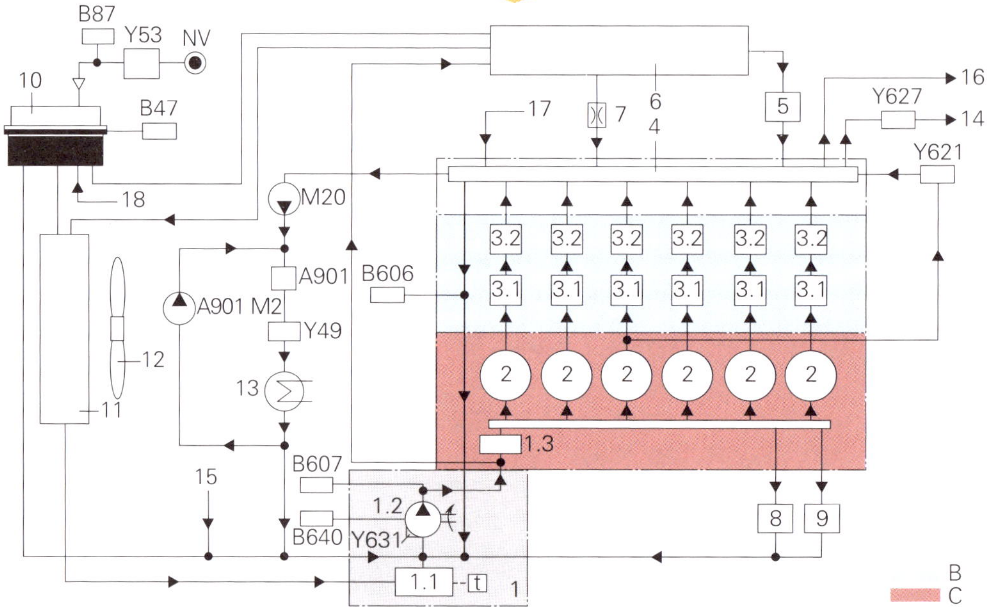

商用车用发动机—后处理系统部件

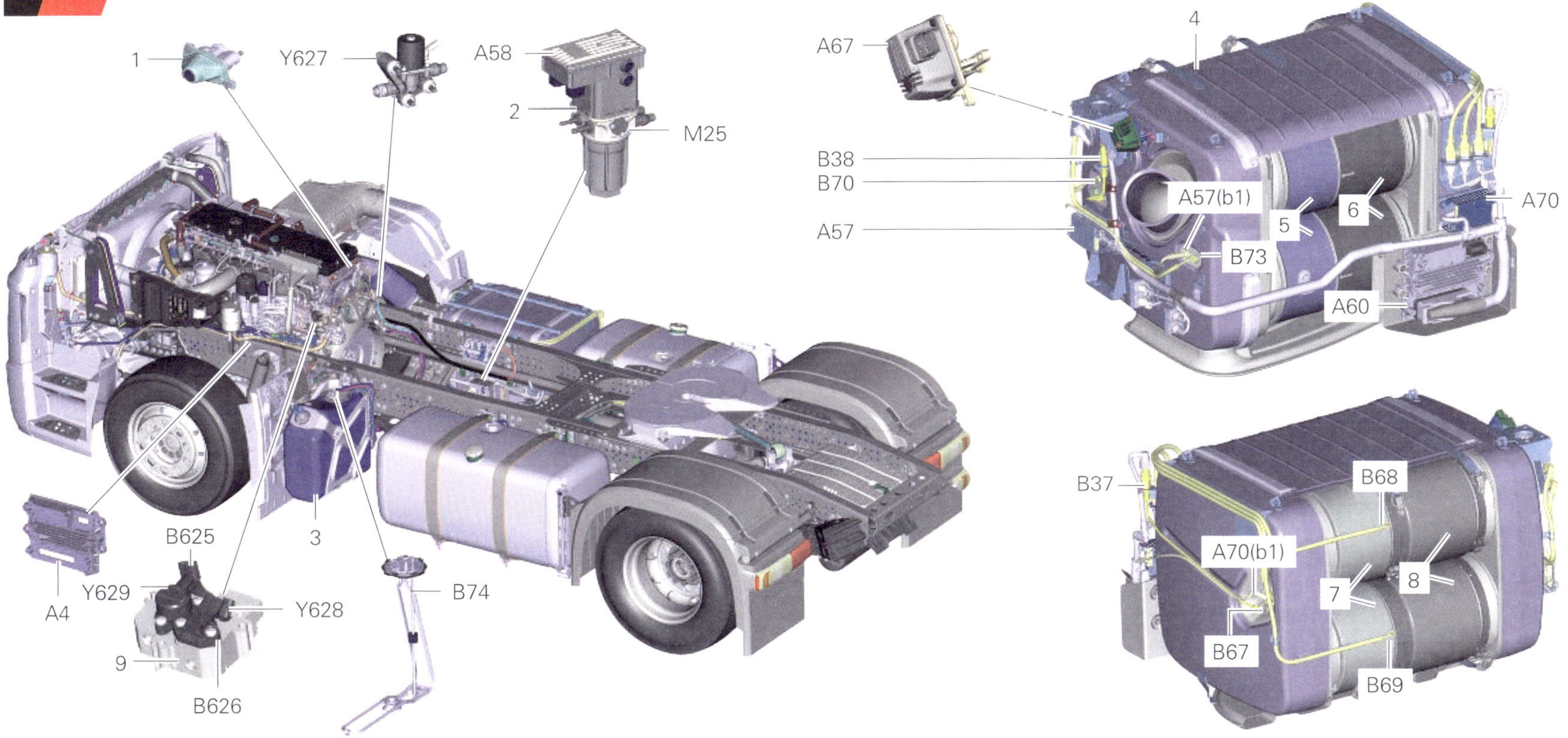

1—柴油微粒滤清器（DPF）A再生喷嘴单元；2—泵模块；3—AdBlue®雾状尿素水溶液箱；4—废气再处理单元；5—氨逃逸催化转化器；6—选择性催化还原（SCR）催化转化器；7—柴油氧化催化转化器（DOC）；8—柴油微粒滤清器（DPF）；9—柴油燃料计量装置；A4—发动机管理系统（MCM）控制单元；A57—氮氧化合物（NO_x）传感器控制单元，废气再处理装置排气口；A57（b1）—废气再处理装置排气口氮氧化合物（NO_x）传感器；A58—选择性催化还原（SCR）控制单元；A60—废气再处理（ACM）控制单元；A67—AdBlue®雾状尿素水溶液计量装置；A70—氮氧化合物（NO_x）传感器控制单元，废气再处理装置进气口；A70（b1）—废气再处理装置进气口氮氧化合物（NO_x）传感器；B37—柴油机氧化催化转化器上游的排气压力传感器；B38—柴油微粒滤清器下游的废气压力传感器；B67—柴油机氧化催化转化器上游的废气温度传感器；B68—柴油氧化催化转化器下游的上部废气温度传感器；B69—柴油机氧化催化转化器下游的下部排气温度传感器；B70—柴油微粒滤清器下游的废气温度传感器；B73—选择性催化还原（SCR）催化转化器下游的废气温度传感器；B74—AdBlue®雾状尿素水溶液液位传感器/温度传感器；B625—燃油压力传感器（进口）；B626—燃油压力传感器（出口）；M25—选择性催化还原（SCR）输送泵；Y627—AdBlue®雾状尿素水溶液加热器的冷却液电磁阀；Y628—燃油计量阀；Y629—燃油切断阀

商用车用发动机—后处理系统原理

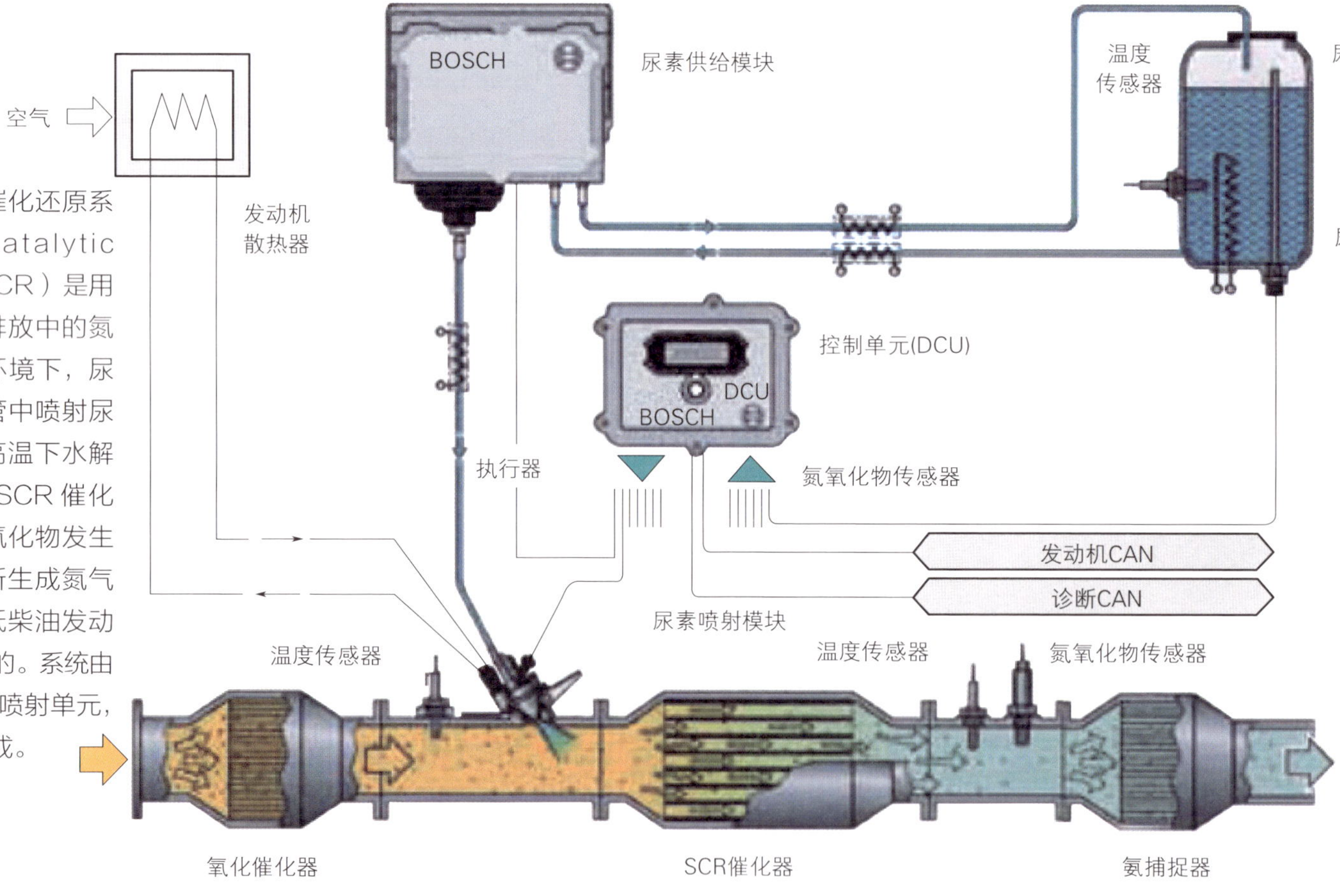

柴油机选择性催化还原系统（Selective Catalytic Reduction，简称 SCR）是用于去除柴油发动机排放中的氮氧化物的。在高温环境下，尿素喷射单元向排气管中喷射尿素水溶液，尿素在高温下水解放出氨气，氨气在 SCR 催化器中与尾气中的氮氧化物发生氧化还原反应，重新生成氮气和水，从而达到降低柴油发动机氮氧化物排放的目的。系统由尿素供给单元、尿素喷射单元，控制单元及催化器组成。

新型车用发动机—水平对置发动机

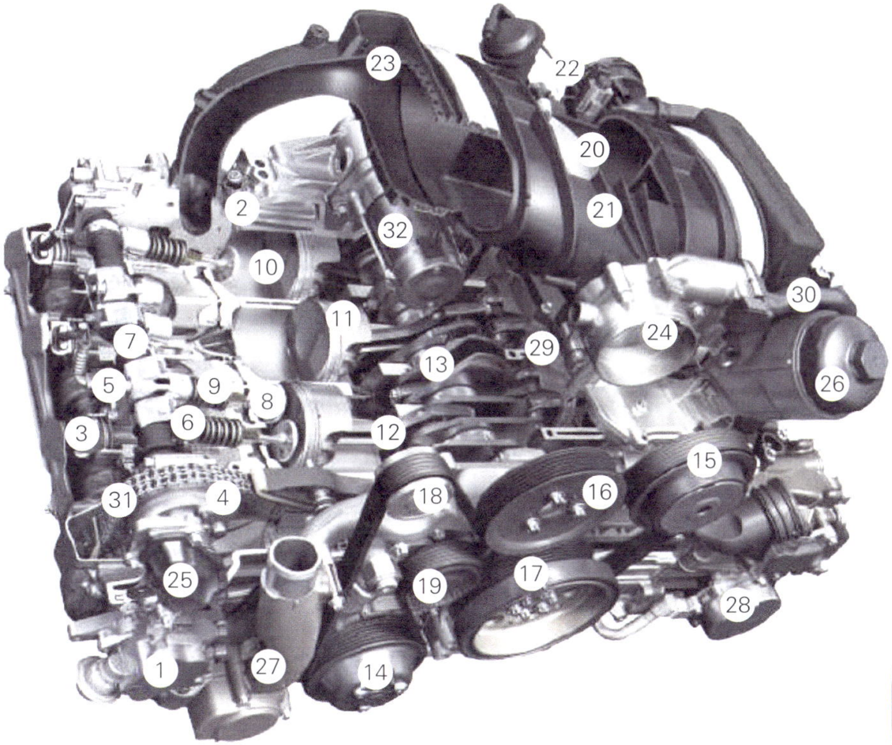

1—高压油泵；2—高压喷油器；3—点火模块；4—凸轮轴调节器；5—气门升程控制调节阀；6—间隙自动补偿的液压挺柱；7—进气凸轮轴；8—进气门；9—气门弹簧；10—由铝硅合金（ALUSIL）缸套组成的燃烧室；11—铝合金锻造活塞；12—锻造连杆；13—曲轴；14—水泵；15—空调压缩机；16—方向助力泵；17—带阻尼减振器的曲轴带盘；18—发电机带轮；19—液力带张紧器；20—调谐活门；21—进气分配管；22—调谐活门开关阀；23—带有音效控制的进气分配器；24—电子控制节气门体；25—曲轴箱强制通风罩盖；26—机油滤器器；27—节温器；28—真空泵；29—水冷式水道；30—曲轴箱强制通风；31—正时链条；32—起动机

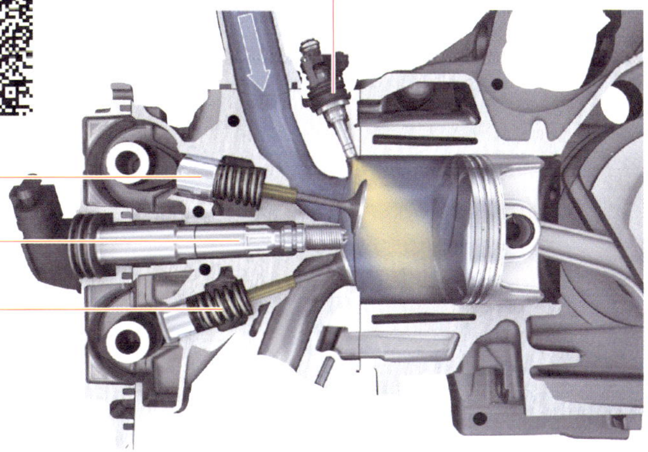

直接燃油喷射技术(DFI)

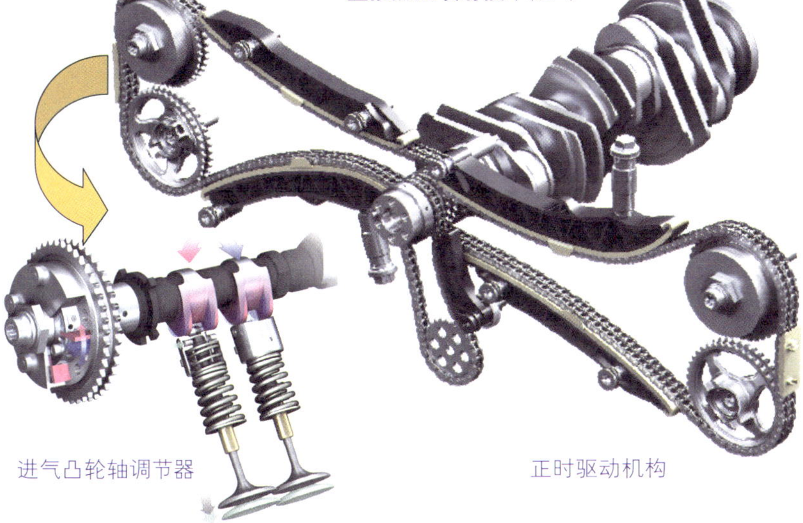

进气凸轮轴调节器　　正时驱动机构

新型车用发动机—转子发动机

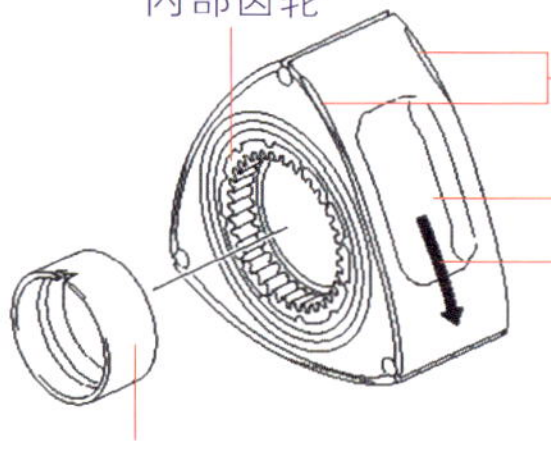

如同四冲程活塞发动机一样，转子发动机通过吸入空气和燃料混合物在发动机内部燃烧和膨胀，并转化能量。

对于活塞发动机来说，这种能量转化是通过活塞的往复直线运动来实现的，通过气门的开启和关闭来实现进气、压缩、做功和排气四个过程。而对于转子发动机来说，通过转子的旋转来开启和关闭进气孔和排气孔，从而实现同样的四个过程。

对于转子发动机来说，三角转子把气缸分成三个独立空间，三个空间各自先后完成进气、压缩、做功和排气，三角转子自转一周，发动机点火做功三次。输出轴的转速是转子自转速度的 3 倍。火花塞上有白色或者黄色（主动端涂漆）、蓝色或者绿色的涂漆（从动端涂漆）。

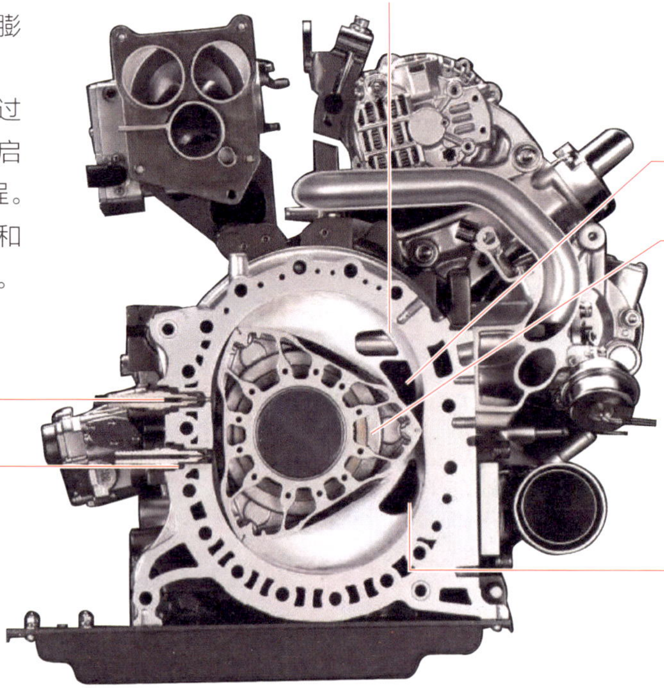

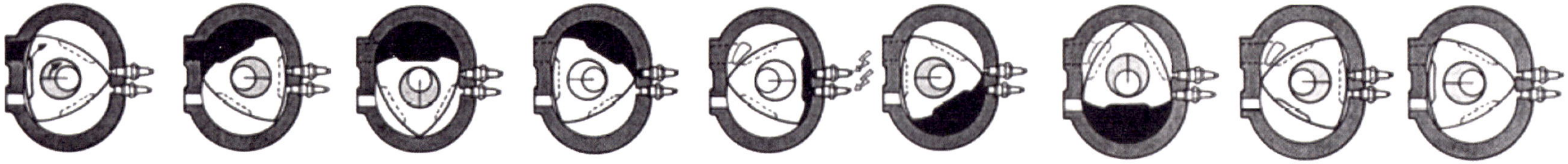

进气： 空气和燃料的混合物随着容积的增大而吸入。

压缩： 容积逐渐减少，压缩压力逐渐增加。

做功： 在将要到达压缩行程的上止点时点火，开始燃烧，气体膨胀。

排气： 从下止点开始排气。

新型车用发动机—燃气发动机

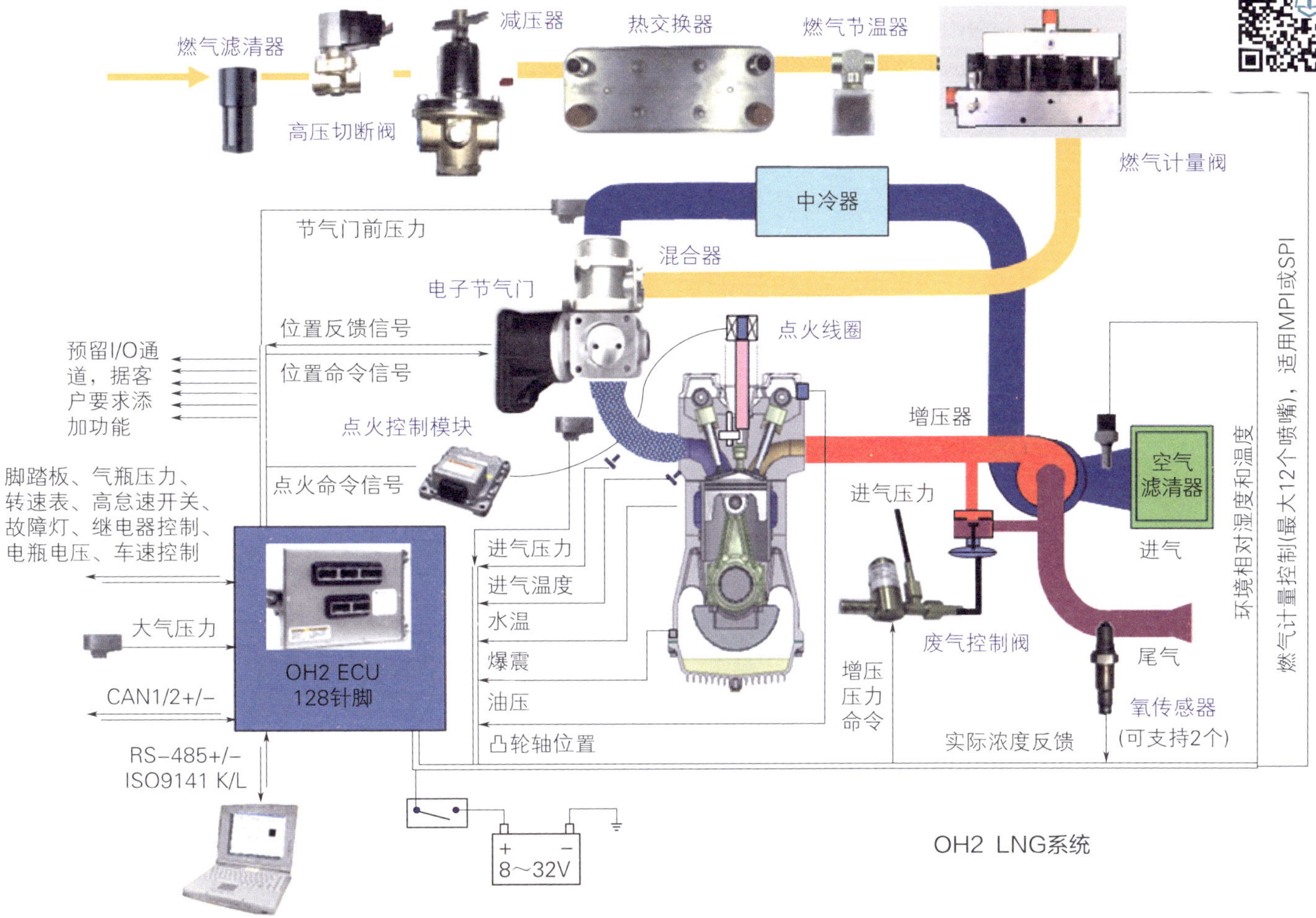

OH2 LNG系统

LNG 从气瓶体通过管路进入气化器加热气化，经过稳压罐稳压后由燃气滤清器滤清，之后通过电磁切断阀控制通断进入稳压器稳压，稳压后的燃气进入热交换器。CNG 从压缩气瓶通过管路进入减压器减压至 7 ~ 8bar 后，经过滤清器进入热交换器。燃气经过热交换器加热后通过节温器进入 FMV，由 FMV 控制喷射入混合器中与增压后的空气混合。电子节气门控制混合气进入发动机气缸内燃烧做功。

新型车用发动机—新能源系统（油电混动）

油电混合动力分为“强混”“中混”和“轻混”三种，丰田“强混”车型配备能量控制单元（PCU）、阿特金森发动机、电子无级变速器和镍氢电池组。混动技术如果按排列方式来分，有“串联”“并联”和“混联”三种形式，丰田采用混联的形式，有效结合了“串联”和“并联”两者的优点。

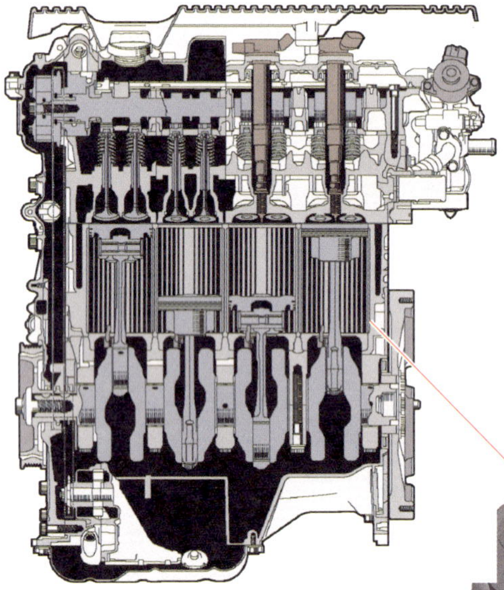

混动发动机(阿特金森循环)

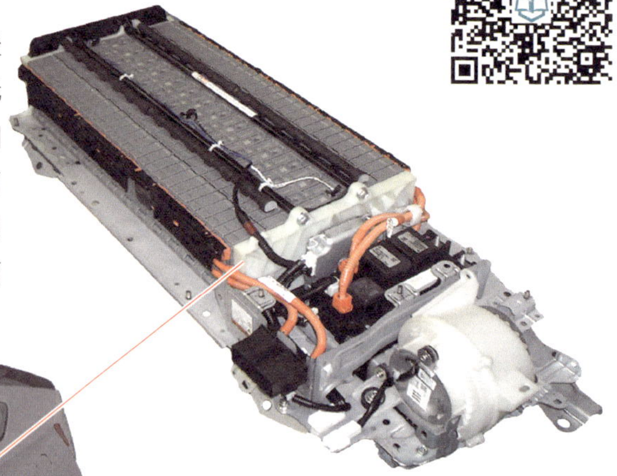

镍氢/锂离子高压电池(带风冷系统)

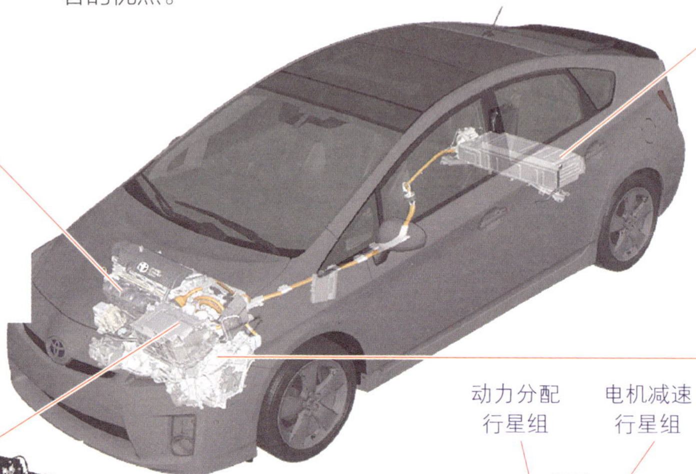

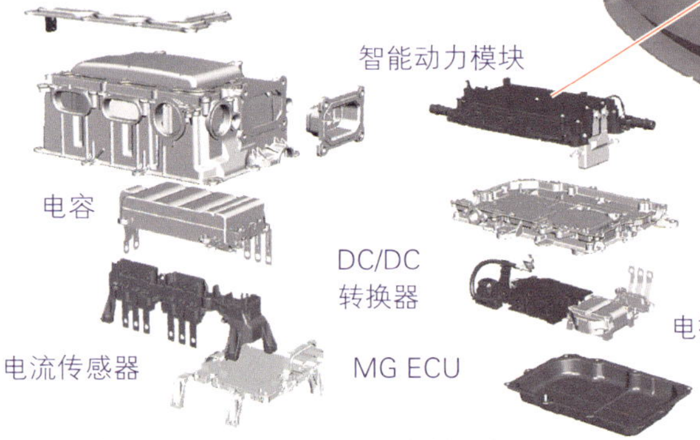

变频器总成(集成DC/DC转换器)

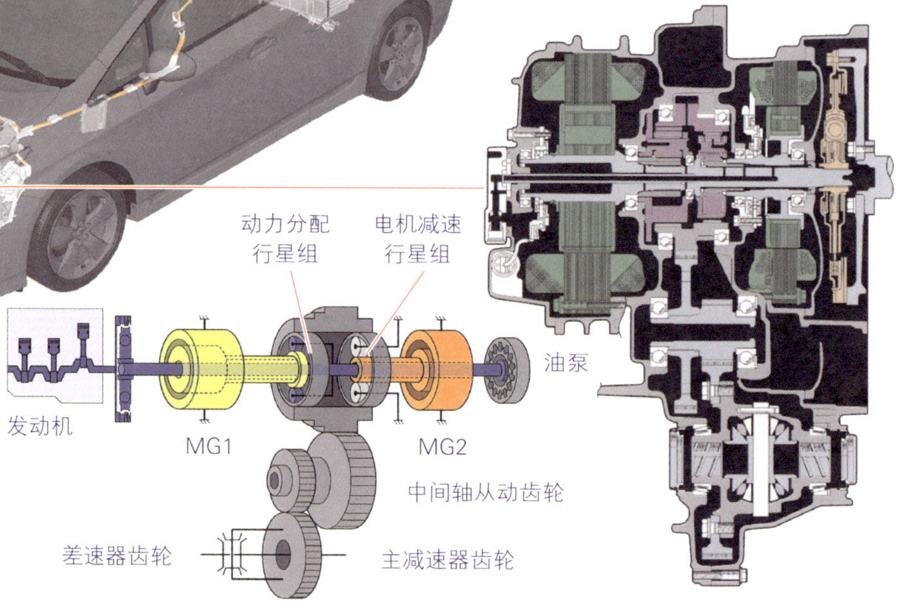

混合动力驱动桥(带电动机与发电机)

新型车用发动机—新能源系统（插电混动）

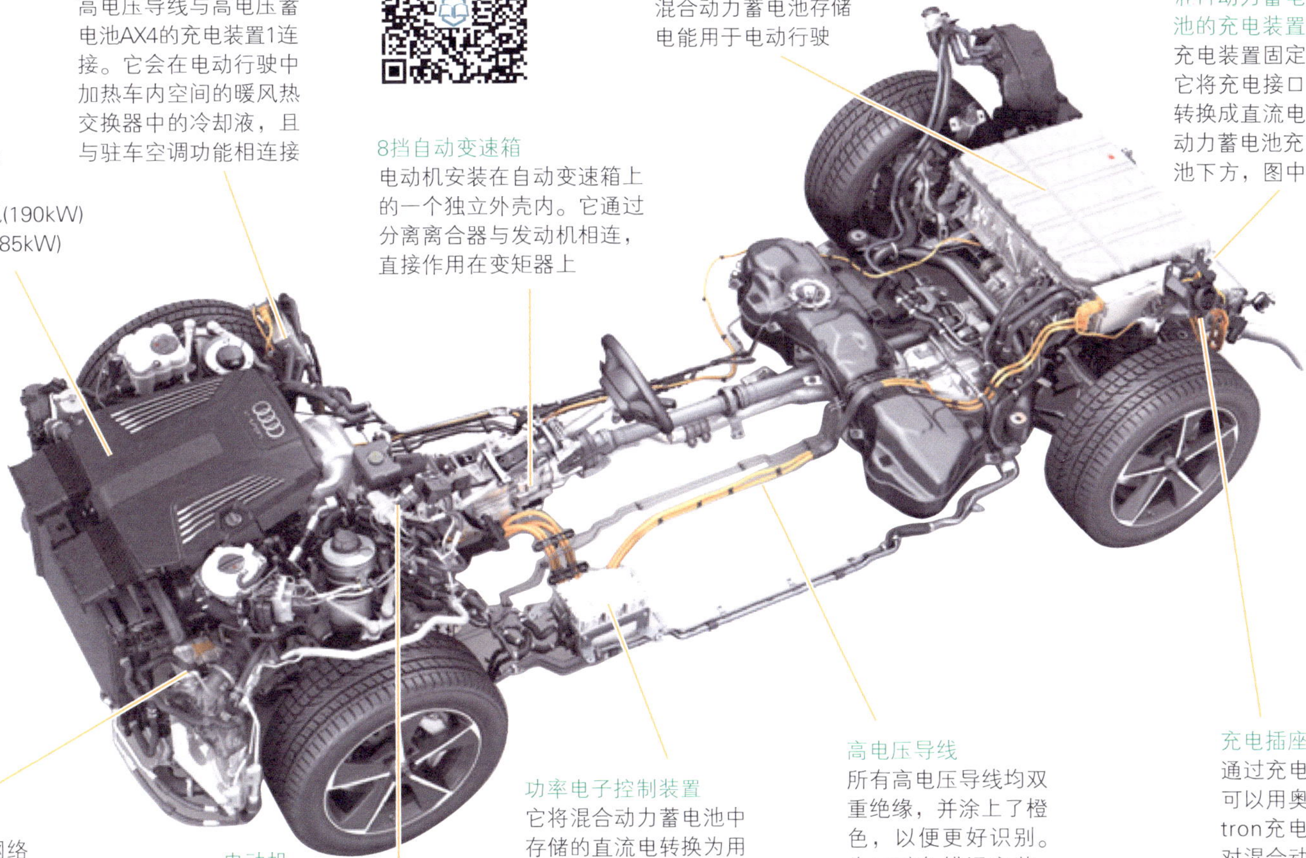

发动机
带涡轮增压器和自动启停系统的发动机：
- 3.0L V6 TDI发动机(190kW)
- 2.0L TFSI发动机(185kW)

PTC加热器
高电压加热器(PTC)经由高电压导线与高电压蓄电池AX4的充电装置1连接。它会在电动行驶中加热车内空间的暖风热交换器中的冷却液，且与驻车空调功能相连接

8挡自动变速箱
电动机安装在自动变速箱上的一个独立外壳内。它通过分离离合器与发动机相连，直接作用在变矩器上

混合动力蓄电池
混合动力蓄电池存储电能用于电动行驶

混合动力蓄电池的充电装置
充电装置固定在汽车下。它将充电接口处的交流电转换成直流电用以对混合动力蓄电池充电(在高压电池下方，图中不可见)

电动空调压缩机
它集成在高电压网络中，根据需要调节车内空间和混合动力蓄电池单元AX1

电动机
电动机可以作为电机以纯电动方式驱动汽车，也可以作为发电机对混合动力蓄电池充电

功率电子控制装置
它将混合动力蓄电池中存储的直流电转换为用于电动机的交流电。功率电子控制装置集成在低温冷却液回路中

高电压导线
所有高电压导线均双重绝缘，并涂上了橙色，以便更好识别。为了避免错误安装，高电压导线进行了机械式设码并通过卡口环下方的彩色环标记

充电插座
通过充电插座可以用奥迪e-tron充电系统对混合动力蓄电池充电

新型车用发动机—新能源系统（纯电动）

高压电池

用螺栓拧在车辆中间，用于支承车身。36个蓄电池模块分为两层，蓄电池壳体通过一根等电位线与车身相连。一个蓄电池模块由12个电池格构成。每4个电池格构成一个并联的组，容量为240Ah。每3个这样的组是串联的，可为每个蓄电池模块提供11V电压。

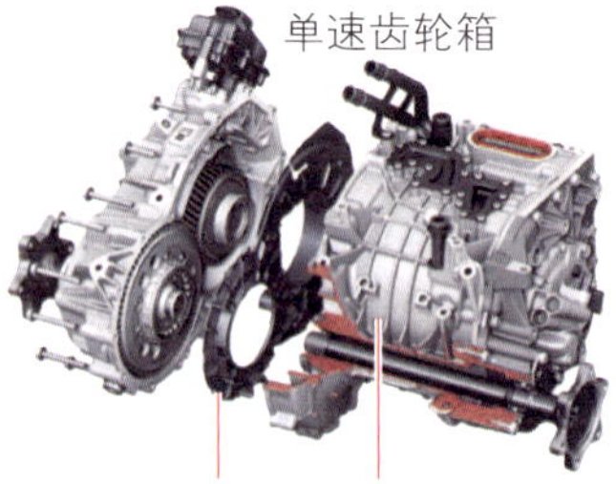

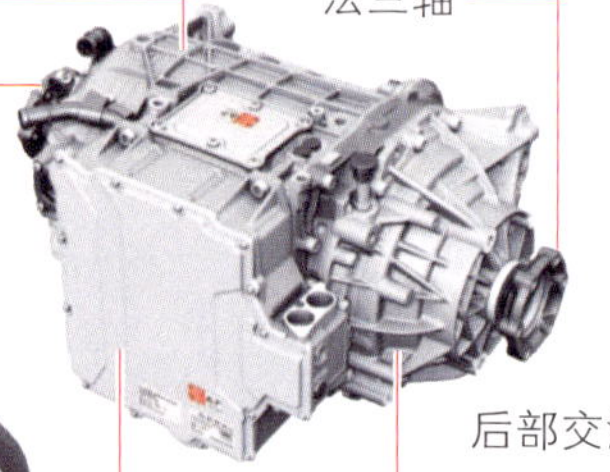

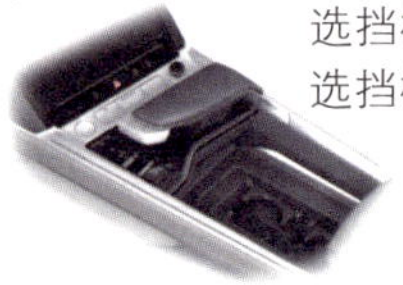

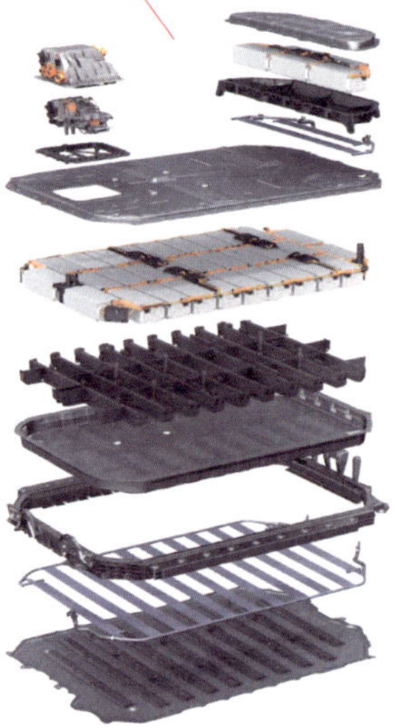

前部交流驱动装置

电动车的基本结构主要可分为三个子系统，即主能源系统（电动源）、电力驱动系统、能量管理系统。其中电力驱动系统又由电控系统、电机、机械传动系统和驱动车轮等部分组成；主能源系统又由主电源和能量管理系统构成，能量管理系统是实现电源利用控制、能量再生、协调控制等功能的关键部件。电力驱动及控制系统是电动汽车的核心，也是区别于发动机汽车的最大不同点。

新型车用发动机—新能源系统（氢燃料）

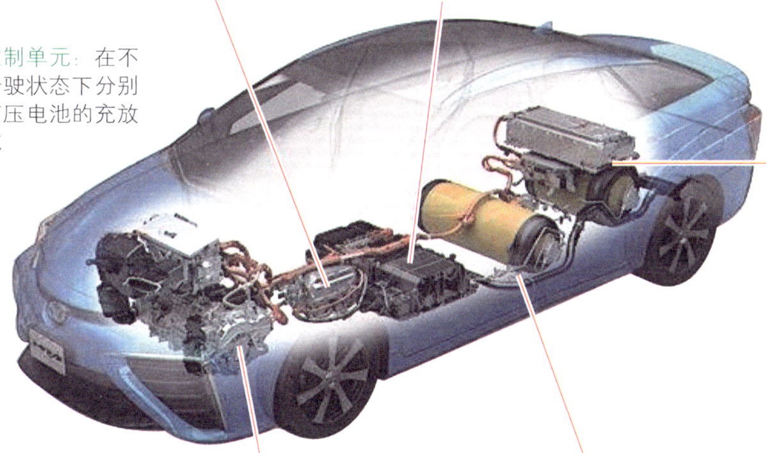

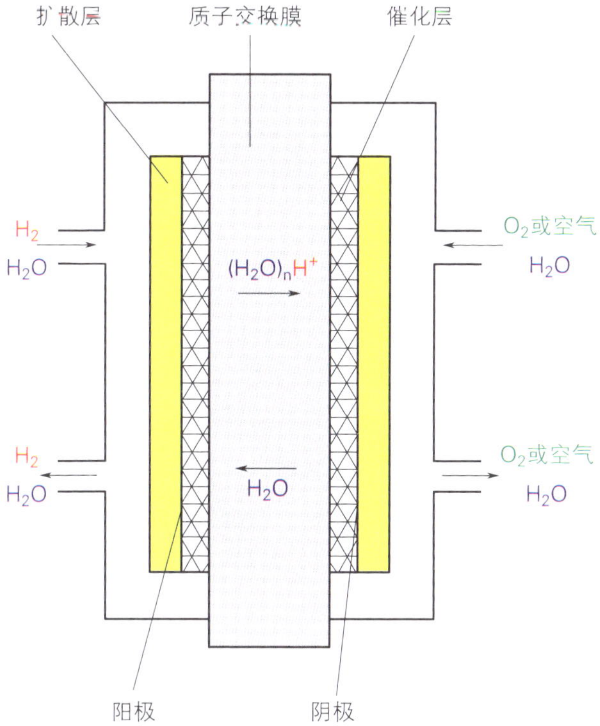

氢燃料电池原理

将氢气送到电池的阳极板，通过催化剂的作用，氢原子变成一个正电荷的氢离子和一个负电荷的电子，其中氢离子通过电解质到达阴极板，而电子不能通过电解质，而只能通过外部电路形成电流。电子到达阴极板后，与氧原子和氢离子重新结合为水。氢燃料电池阴极板供给的氧可直接从空气中获得，因此仅需不断给阳极板供应氢气并及时把水带走，氢燃料电池就可以不断提供电能了。